北京高等学校教育教学改革重点项目
（项目编号：2014－lh05）

行业特色类高校人才培养模式改革与探索

王关义　等著

中国财经出版传媒集团
中国财政经济出版社

图书在版编目（CIP）数据

行业特色类高校人才培养模式改革与探索 / 王关义等著 . —北京：中国财政经济出版社，2016. 12

ISBN 978 - 7 - 5095 - 7117 - 0

Ⅰ. ①行…　Ⅱ. ①王…　Ⅲ. ①高等学校 - 人才培养 - 培养模式 - 教学改革 - 研究 - 中国　Ⅳ. ①G649. 2

中国版本图书馆 CIP 数据核字（2016）第 278335 号

责任编辑：周桂元　牛婧丽　　责任校对：张　凡

封面设计：逸品文化　　责任印制：张　健

中国财政经济出版社 出版

URL：http：//www. cfeph. cn

E - mail：cfeph @ cfeph. cn

社址：北京市海淀区阜成路甲 28 号　邮政编码：100142

营销中心电话：88190406　北京财经书店电话：64033436　84041336

北京京华虎彩印刷有限公司印刷　各地新华书店经销

787 × 1092 毫米　16 开　19. 5 印张　331 000 字

2016 年 12 月第 1 版　2016 年 12 月北京第 1 次印刷

定价：46. 00 元

ISBN 978 - 7 - 5095 - 7117 - 0/G · 0177

（图书出现印装问题，本社负责调换）

质量投诉电话：010 - 88190744

打击盗版举报热线：010 - 88190492，QQ：634579818

北京高等学校教育教学改革重点项目

（项目编号：2014 – lh05）

项目主持人：

王关义：北京印刷学院副校长、教授、博士生导师

韩占生：北京石油化工学院副校长

作　者：

王关义　刘　益　韩占生　张文红　张改梅　魏荷凤

闫　朝　王羽辰　胡慧中　刘　苏　折佩微　张辰旭

目　录

第一部分　总报告

第二部分　研究专论

第三部分　研究专报

第四部分　实验班与招生、培养、就业联动案例：高校的改革与探索

第五部分 高校招生、培养、就业联动机制制度建设

绪　论

中国国内生产总值（GDP）的变化情况：1952 年为 679 亿元，1980 年增长到 4545 亿元，2015 年达到 67 万亿元，与 1952 年相比增长了近 1000 倍，成为世界上第二个 GDP 超过 10 万亿美元的国家。综观世界各国各民族发展的历史，可以看到任何强大的国家或强大的民族都不是天生的，而是靠后天培养和教育出来的，教育的首要功能在于人类文明知识和价值观念的培养和感化。在当今社会，“强国必先强教”已成为世界发达国家和地区成功经验的总结和共识。高等教育是一个国家兴旺和民族振兴的战略性事业，党的十八大提出了“推动高等教育内涵式发展，着力提高教育质量”的思想，对行业特色类高校来讲，落实这一要求最关键的是要从行业高校自身的特点出发，围绕行业和社会发展需求，设立人才培养特区，构建招生、培养、就业联动长效机制。

1. 中国高等教育：现状评估

从国际范围内高等教育发展的历史来看，西方第一所大学是意大利的博洛尼亚大学，于 1088 年创立，至今已有近一千年的历史，中国第一所现代大学，公认的是于 1895 年创立的北洋大学堂，至今也有一百多年的历史。

从本质上来看，大学是教育机构，培养人才为其第一要职，同时大学又兼具科学研究、社会服务和文化传承等使命。

1.1 我国高校的分类

我国高等学校沿用的是卡内基高校分类法，即研究型、研究教学型、教学型、教学研究型、职业技能型五种类型。一般认为39所“985”大学为研究型，“211”大学为研究教学型，两者共计有110多所，定位于教学型的是600多所地方院校，还有不少行业特色鲜明，在以往计划经济时代隶属于相关部委的行业类高校。

从行业类高校的发展来看，相关研究显示，1990年以前除教育部之外，中国其他部委直属高校一共有368所，随着国家“211”工程的实施，大学分化重组，其中有215所高校划归地方，归省区市直属，与原属行业渐行渐远，办学特色日趋淡化，加剧了“千校一面”局面的形成。

在我国的高等教育体系中，除那些综合性大学外，还有一批学科专业面相对较窄但很集中的行业特色类高校。行业特色类高校是指那些具有显著的行业特色和学科专业优势的高校，涉及交通、冶金、地质、矿业、石油、化工、钢铁、电力、煤炭、印刷、纺织、服装、陶瓷、工业、农业、商业、林业、公路、铁路等国民经济诸多行业。由于这些高校长期立足行业办学，形成了各自独特的办学特色与学科专业优势，不少学科专业特色鲜明、水平较高，为国家经济社会发展特别是行业的改革发展作出了突出贡献，培养的专业技术人才在国家建设中发挥着重要作用。在新中国成立65周年之际，新华网推出大型系列报道《致敬！国家工程师》介绍了在代表“中国创造”的重大技术装备制造项目中起领军作用的十位“国家工程师”的卓越贡献。值得注意的是，这十位“国家工程师”中竟有七位毕业于行业特色类大学，足见行业特色类大学教育模式有其自身优势与特点。

1.2 我国高等教育发展现状

1949年新中国成立时，全国高等教育在校人数仅11.7万人，全国高等教育毛入学率只有0.26%；经过近30年的长足发展，1978年全国高等教育在校生人数达到86.7万人，高等教育毛入学率提高到1.55%；2015年全国高等教育在校生人数约3700万人，高等教育毛入学率达到40%。与1949年相比，我国高等教育的规模增长超过310倍，位居世界第一，高等教育毛入学率增长超过150倍，预计到2019年将达到50%以上，进入高等教育普及化阶段。目前，全世界平均每5个在校大学生中至少有1个是在中国高校学习的。相关统计资料表明，大约在2006年中国在校大学生规模超过了美国，成为世界第一大高等教育体和高等教育大国。因此，从纵向发展来看，中国高等教育呈现井喷式飞速发展的态势，教育毛入学率国际数据比较见表1，2007—2011年中国普通高校国家财政性教育经费及所占当年GDP比重逐年升高，见图1。

表1　　教育毛入学率国际数据比较　　单位:%

国家/国家分组	学前教育毛入园率	高中阶段教育毛入学率	高等教育毛入学率
中国	70.5	86.5	37.5
世界	53.7	61.7	32.1
高收入国家	86.3	98.5	75.1
中高收入国家	69.2	75.9	33.9
中低收入国家	49.5	51.5	22.8
经合组织成员国	82.0	91.9	70.8

数据来源：中国数据为2014年数据，世界和经合组织成员国学前教育毛入园率为2012年联合国教科文组织统计研究所（UIS）数据，其余数据为2012年世界银行公布数据。

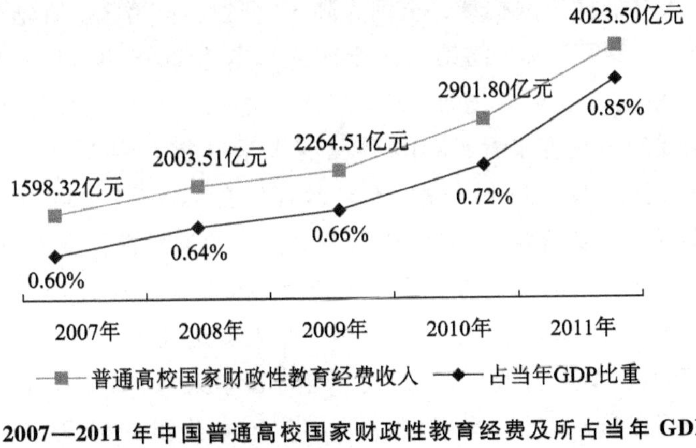

图1　2007—2011年中国普通高校国家财政性教育经费及所占当年GDP比重

数据来源：2008—2012年《中国教育经费统计年鉴》，中华人民共和国统计局网站。

从绝对指标来看，2016年7月6日教育部公布的“2015年全国教育事业发展统计公报”显示，截至2015年年底，全国共有普通高等学校和成人高等学校2852所，比上年增加28所。其中，普通高等学校2560所（含独立学院275所），比上年增加31所；成人高等学校292所，比上年减少3

所。普通高校中本科院校1219所，比上年增加17所；高职（专科）院校1341所，比上年增加14所。全国共有研究生培养机构792个，其中，普通高校575个，科研机构217个。全国各类高等教育在学总规模达到3647万人，高等教育毛入学率达到40.0%，高于全球平均水平，取得了举世瞩目的成就。高等学校在校生规模位居世界第一，各类高校数量位居世界第二。按照英国《泰晤士报》的统计，2000年之前中国大学很少有专业排名进入世界前100位，但在2014年中国有100多个专业位列世界百强，其数量仅次于美国。正如世界银行高等教育前主管贾米尔·萨尔米所言，“以中国为代表的新兴国家高等教育的崛起，正在挑战发达国家的垄断地位，重塑世界高等教育的图景”。可见，中国由高等教育大国走向强国的趋势是十分明显的。

公报显示，我国普通高等学校校均规模10197人，其中本科学校14444人，高职（专科）学校6336人。普通高等学校教职工236.93万人，比上年增加3.36万人；专任教师157.26万人，比上年增加3.81万人。普通高校生师比值为17.73:1，其中，本科学校比值为17.69:1，高职（专科）学校比值为17.77:1。成人高等学校教职工5.13万人，比上年减少1629人；专任教师3.02万人，比上年减少1292人。

国家统计局发布的公报显示，以2015年11月1日零时为标准时点进行的全国1%人口抽样调查推算，全国大陆31个省、自治区、直辖市和现役军人的人口为137349万人。同第六次全国人口普查2010年11月1日零时的133972万人相比，五年共增加3377万人，增长2.52%，年平均增长率为0.50%。从受教育程度来看，2015年具有大学（指大专以上）教育程度人口为17093万人，具有高中（含中专）教育程度人口为21084万人。同2010年第六次全国人口普查相比，每10万人中具有大学教育程度人口由8930人上升为12445人；具有高中教育程度人口由14032人上升为15350人。

据教育部统计，2014年度我国出国留学人员达到45.98万人，其中国家公派2.13万人、单位公派1.55万人、自费留学人员42.3万人。2014年度各类留学回国人员总数为36.48万人，其中国家公派1.61万人、单位公派1.26万人、自费留学人员33.61万人。1978—2014年，各类出国留学人员总数达351.84万人。2014年世界主要留学目的国拥有的留学生占全球留学生比例，美国排名第一（20%），英国排名第二（11%），中国排名第三（8%）。中国依然是世界第一大留学生输出国，出国留学生总数45.98万人，62%的大陆留学生在国外读研3年后已回国。

到2015年年底，我国累计出国留学人数已经达到404.21万人，年均增长率19.06%；累计回国人数达到221.86万人，年均增长率22.46%。根据2015年前后几年的数据，每年回国人数与出国人数的比例为70%—80%，即绝大多数留学人员学成后选择回国就业。从学历构成看，80.7%的留学回国就业人员具有硕士研究生学历，9.49%为博士研究生学历，9.81%为本科和专科学历。

目前，我国已发展成为超过英、法、德，仅次于美国，拥有全球顶尖学科的大学数量第二多的国家。依据教育部高等教育教学评估中心的推算，按照目前的发展速度，中国高等教育毛入学率在“十三五”期间将达到或超过40%，提前实现教育规划纲要中制定的到2020年毛入学率达到40%的发展目标。在10年或更短时间内，预计将达到50%，逼近发达国家平均水平，进入高等教育普及化阶段。

2. 中国高等教育：问题分析

供给和需求是经济学家始终关注的主题，也是经济社会发展中一对重要数量关系。当一种要素或资源的供给和需求达到平衡状态时，表明其配置处于最佳的均衡状态，也是一种理想状态。当供给大于需求时，会出现供给过剩，会造成要素或资源的浪费；反之，当供给小于需求时，会出现供不应求的状况，表明社会需求没有得到有效的满足。近年来，人才培养与社会需求严重脱节，人才供给满足不了国民经济和社会发展的需求，大学生“就业难”成为一种影响广泛的社会现象。

从绝对数量来看，高等教育在校学生数从1998年的643万上升至2013年的2412万人，2015年年底达到约3700万人，17年间增长了近6倍（见图2）。2013年全国高校毕业生规模达到700万，初次就业率只有77.4%，2014年达到727万人，2015年为749万人，2016年超过760万人，大学生“就业难”这一主流现象不仅没有得到有效的缓解甚至愈演愈烈（见表2）。随着大学生就业形势的日益严峻，毕业生就业率和就业满意度成为衡量高校人才培养质量的重要指标，高校人才培养如何紧跟社会需求这一问题成为我国高等教育的重要课题。

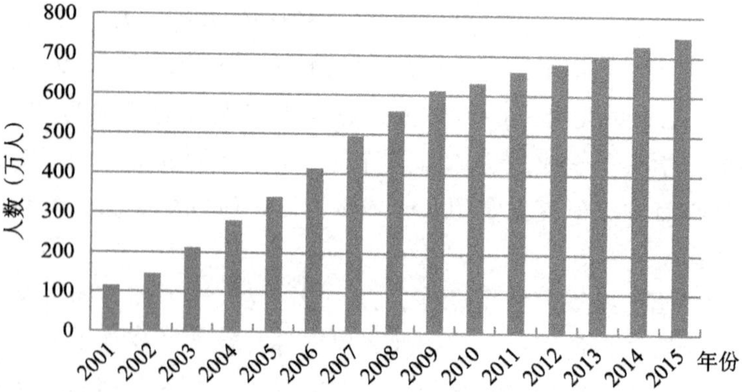

图 2　2001—2015 年全国高校毕业生人数增长情况

数据来源：中国教育在线网。

表 2　2015 年高校毕业生就业状况

单位：%

	专科生	本科生	硕士生	博士生	全部
（1）已确定单位	39.5	27.4	55.8	49.2	33.4
（2）升学（国内）	8.8	22.9	11.8	8.6	18.5
（3）出国、出境	2.5	6.9	4.6	10.2	5.8
（4）自由职业	6.5	4.6	2.3	0.5	4.7
（5）自主创业	7.8	4.1	1.7	3.2	4.6
（6）其他灵活就业	22.3	15.6	8.3	9.6	16.1
（7）待就业	10.1	13.7	12.9	13.9	12.9
（8）不就业拟升学	1.4	2.6	1.1	1.1	2.2
（9）其他暂不就业	0.7	1.5	1.0	1.1	1.2
（10）其他	0.4	0.7	0.5	2.7	0.7
落实率（第 1—6 项）	87.4	81.5	84.5	81.3	83.1

数据来源：北京大学教育经济研究所。

从规模来看，中国高等教育的“体量”位居世界第一，但与世界高等教育强国相比，中国高等教育“大而不强”的问题依然突出。随着高等教育进入大众化发展阶段，我国高校趋同化发展与经济社会发展对高等教育多样化需求的矛盾日益突出。由于高校趋同化发展导致高等教育结构不合理、学科专业结构不合理，从而导致人才培养质量不能适应经济社会发展需要，大学生“就业难”成为高校面临的最大现实问题，其主要表现在以下几个方面。

2.1 学校办学定位不够科学，特色不够明显

科研水平和成果转化率不高，一些重点学科专业建设跟不上社会经济发展和国家发展战略需要。高校办学定位和发展目标与社会需求的符合度不高，高校人才培养、科学研究、社会服务、文化传承创新对办学定位和发展目标的支撑度不强。学科专业设置不能体现学校办学特色，雷同现象严重，上千所不同类型、不同定位的高校都用一个标准评价，形成“千校一面”的局面。高校发展目标趋同，大都追求上规模、上层次，同质化问题严重，多学科或综合性院校越来越多，专科性或专门性院校越来越少。正如李克强总理在高等教育改革创新座谈会讲话中指出，社会对人才的需求是多样性的，高校只有分类发展、错位发展、特色发展才能从整体上更好地适应社会需求，不能都搞一个模式，多样化是创新的动力。当前存在的突出问题主要有两个：一是培养理论学术型人才的高校较多，培养技术技能型人才的高校偏少；二是很多高校搞综合型、大而全的积极性很高，同质化现象严重。要推动高校凝练和突出特色学科和专业形成自己的比较优势，每所高校应各有所长，想把所有的专业都全办好了，既无必要，也不可能。特色就是质量，特色就是竞争力，要引导高校合理定位、特色发展，各美其美、美美与共。教育结构尤其是人才培养结构不合理，已然成为制约中国从教育大国走向教育强国的明显短板，一些院校的专业设置、课程教材、培养模式与产业发展严重脱节。目前我国有近三千所高等学校，已形成全球规模最大的高等教育体系；但另一方面，高等教育大而不强、质量不高，管理和办学模式单一。教育同质化竞争造成“千校一面”，很多大学在“求大求全”中丧失了办学特色和发展定位。以旅游教育为例，全国开设旅游专业的院校 2000 余所，旅游教育规模世界第一，但无论本科还是职业院校都存在着理论陈旧、人才培养同质化等“老问题”。行业加速变革，但符合“新形势”真正需求的高素质创新型旅游人才却严重不足。

2.2 大学更名现象普遍，特色高校、行业类高校逐渐减少，高校趋同化现象严重

近年来，大学“更名之风”愈演愈烈。据报道，2010 年以来我国共有 472 所大学更名，占高校总数的 23%，高校林立的江苏近两年就有 16 所高校更名或升格。总结我国高校更名的具体情况，不外乎四种方式：一是名号

从县市地名到“省区直辖市”再到“中国”，地方院校不再“偏居一隅”；二是从“学院”到“大学”层次不断升级，认为“学院”不如“大学”显得“高大上”，这类基本上是专科升为本科的学校；三是独立学院和母体学校脱钩，独立学院更名为民办学校；四是高校想摆脱某些传统行业形象，于是就想有一个“现代化”的校名，校名中渐渐少了“机械、纺织、化工、农林”等职业方面的字眼，而“文理、科技、经管”等综合性高校逐渐多。相关统计数据显示，2008—2014 年上半年，全国共有 380 所大学更名，其中，行业大学是更名的“急先锋”。例如，北京钢铁学院更名为北京科技大学，鞍山钢铁学院更名为辽宁科技大学，武汉钢铁学院更名为武汉科技大学。2013 年 5 月—2015 年 4 月，全国 215 所高校获教育部批准更名，占到具有高招资格高校总数的近 10%。其中升格更名的有 80 多所，其他大部分是“嫌弃”原校名不够“高大上”而更名。例如，一些专科学校、二三本院校校长在任期内把学校从专科升为本科、从“学校”更名为“学院”或者从“学院”更名升格为“大学”作为重要的任期政绩，并围着升格、更名的要求增设学科、专业，扩大规模，不考虑本校的办学定位和特色。如此更名产生了严重的负面影响：一方面，教学质量和培养水平跟不上，导致“千校一面”失去特色；另一方面，学校原来积累的各种品牌由于“更名”也不能很好地利用，造成资源的浪费。

2.3 专业设置与社会需求契合度不高，热门专业扎堆，“羊群效应”显著

改革开放以来，我国共进行了四次大规模的学科目录和专业设置调整工作。1987 年第一次修订时专业数量多达 1300 多种，经多轮合并裁撤，涵盖面最宽时专业数量降至 249 种，后因扩招、专业雷同和出现目录外专业的问题，专业目录再次进行了扩展。在 2012 年大规模调整中确定学科门类 12 个、专业类 92 个、专业 506 种。据了解，目前教育部的专业目录分为基本专业和特设专业：基本专业是学科基础比较成熟、社会需求相对稳定、布点数量相对较多、继承性较好的专业；特设专业是针对不同高校办学特色，或适应人才培养特殊需求设置的专业。基本专业每五年调整一次，特设专业每年动态调整，撤销不适应经济社会发展的专业，提前部署与新兴产业相关的专业。高校专业设置要满足社会需求，为引导高校主动调整学科专业结构。2012 年 9 月教育部重新修订了《普通高等学校本科专业设置管理规定》，将 92% 的本科专业设置权下放到高校，除了 62 种国家控制布点专业和目录外

专业，其余444种目录内专业的设置均可由高校自主决定。根据教育部公布的资料显示，2012年全国高校新增或调整的本科专业为1850个，而撤销的本科专业数量仅为32个。一段时间以来，很多高校的专业千篇一律，人才培养“同质化”现象严重。在2014年教育部公布的近两年就业率较低的15个本科专业中，英语、计算机科学与技术、法学等是当前高校普遍开设的毕业生规模均超10万人的专业。高校不少专业设置都属于盲目跟风，经济专业热门的时候连文学院都设置了与经济相关的专业。专业设置与就业倒挂存在很强的联系，高等教育专业结构与社会需求存在一定的脱节。针对这种情况，教育部推出了高校专业动态调整机制，为一些就业率较低的专业“降温”。高校应分析社会人才需求，即人才培养数量、层次、结构要与社会经济发展情况相匹配，不能关起门来办学，防止专业设置的同质化倾向，避免供求失衡、盲目从众、贪大求全。应合理利用教育资源办好优势专业，将“好钢用在刀刃上”。政府教育主管部门要对症下药，引导高校结合经济社会发展需要办学定位，合理设置和调整专业，通过全面开展专业综合评价、建设专业信息平台和数据库、支持优势特色专业建设等措施，进一步完善专业设置预警与服务机制，将监管、服务与落实高校办学自主权有机结合，为高校设置专业提供参考。根据全国高校本科专业布点数、在校生规模和各专业近三年就业率等情况，定期向社会公布“建议高校暂缓申请增设专业名单”——专业“负面清单”，及时呼应社会经济的发展，促使高校优化专业结构。高校应把“负面清单”作为专业调整和设置的重要依据，综合使用“停、警、并、转、限”等手段，根据社会需要调整专业设置，提高人才培养的适切性和针对性。根据相关省的改革实践，专业“负面清单”有效地防止了高校盲目、不合理重复设置专业现象的出现；高校应围绕国家和地方经济发展方式转变、产业结构战略性调整的目标任务，坚持社会需求和学生就业导向，结合学校办学实际做好专业发展规划，调整优化专业结构，切实办出特色、办出水平、办出质量。

目前的实际情况是高校专业设置中普遍存在着热门专业“一窝蜂”现象，导致一批热门专业的培养能力远远超过社会有效需求，遭遇“就业寒冬”。《2014年中国大学生就业报告》显示，法学、生物等均是前几年报考的热门专业，早在2010年教育部阳光高考信息平台公布的中国大学“红黄绿牌”专业名单中10个红牌专业就包括法学、生物工程、计算机科学与技术、英语、国际经济与贸易等曾经红极一时的专业。在地方高校这种现象更为明显，以山东省为例，2012 年该省 59 所本科院校中设置法学类专业的学校达到 30 所，不仅综合性大学，理工类、农业类、医学类的专科高校也都开设有法学专业，而近年来法学专业毕业生数量较大，市场需求萎缩，导致在就业方面沦为“红牌”专业。与法学专业的命运相似，英语作为一度红火的热门专业，同样因为招生规模无限制扩张而遭遇就业尴尬。20 世纪 90 年代末，全国有英语学士学位授予权的院校只有 200 多所；2004 年增至 598 所；2011 年则达到 959 所；2013 年全国 2000 多所本科院校中有 1000 所开设了英语专业。经管类专业红透半边天并非“一日之功”，1992 年全国只有 40 多所高校开设经管专业和金融专业，而 2006 年开设这一专业的高校增加到 600 多所，毕业生人数增加了近 10 倍，且录取分数基本都排在本校所有专业的前五。高等学校专业设置领域一哄而上的羊群效应导致这些专业供给侧出现严重的过剩现象。

2.4 校企合作、产教融合等契合度不高

一边是大学生“就业难”，一边却是企业“用工荒”，这就是当前我国社会的现实。这一问题充分反映出我国高等教育供给侧结构与社会经济发展需求侧不相协调。教育理念、办学思想等相对滞后，不少高校人才培养模式、教学方法等因循守旧，专业设置、实验实训等在不同程度上与实际脱离，人才培养目标过分重视学术型而忽视应用型、复合型人才的培养，重理论、轻应用。这种内容的设计对人才培养为社会服务的思想落实不够，高校办学与社会经济发展脱节。

2.5 创新意识和创新精神不强，创新人才培养力度不够

高校创新创业教育仍是“软肋”，高水平教师和创新团队不够，实践资源不足。2015 年世界经济论坛发布的《全球竞争力报告》给包括中国在内的许多发展中国家敲响了警钟。该报告显示中国国家竞争力排名第 28，其中创新排名第 32，而高等教育和培训则排名第 65。

3. 行业特色类高校的特点及问题分析

行业特色类高校主要是指具有显著行业背景、学科分布相对集中、长期

服务于行业发展的高等院校（罗维东，2009；封希德、赵德武，2009）。我国行业大学的设置是从苏联学来的，如今俄罗斯同中国一样仍保留了不少行业大学。例如全世界仅有中、俄两国设有石油大学；而西方国家以综合性大学为主，行业大学不多。在1998年政府机构改革之前，中国有大批国务院各部委所属面向行业，为行业服务的行业大学，如铁道类、石油类、冶金类、纺织类、机械类等行业院校。后来这些院校主管部委在机构改革中被裁撤合并，相关院校则被划归地方或教育部管理，于是不少行业院校通过更名方式淡化行业色彩，逐步“去行业化”成为理工（科技）类大学，有一部分甚至成为文理工经管法样样俱全、同质化严重的综合性大学。但这些行业特色类高校在教学科研上又竞争不过老牌的综合性大学（如北京大学、清华大学），逐步丧失其行业特色与竞争优势。如果仔细分析行业大学“去行业化”带来的弊端，就会发现这种“去行业化”是非常令人担忧的。行业高校多有较强的行业背景，与行业的发展紧密相关，其在办学理念、学科建设、人才培养等很多方面受到行业的指导和影响，成为为行业培养人才的重要基地，也是行业进行科技创新的依靠力量（丰硕，2011）。从人才培养角度来看，行业特色类高校从它成立的那天起就打下了深深的行业烙印。

3.1　行业特色类高校的特点

第一，学校办学定位于为行业发展服务。行业特色大学人才培养的目标明确，主要培养服务于地方产业和行业的针对性比较强的专门人才，从而支撑行业企业发展，突出其应用性和实践性。在人才培养上要瞄准产业链中的具体工作来制订人才培养方案，人才培养针对性十分明确，就是为了满足行业发展对专门人才的急需。人才培养理论应与实践相结合，注重培养学生理论联系实际的能力，在学生的知识能力结构上要结合企业一岗多能的要求，体现出“复合性”。通常采用理论学习与实践实习并重的方式，在教学环节上要强化学生的动手能力培养，体现出“实践性”，其学制设置、专业设置、课程开设、师资配备和毕业考核等方面都紧扣这一目的。

第二，学科、专业设置紧密切合行业发展的特性和需要，以社会需求和就业为导向。培养方案中重视实训实践环节，重视学生进入企业或其他工作单位参与实际工作，积累实践经验。其课程设置含有大量的实践性课程和案例教学，强调学生应用理论知识解决实际问题的能力。在传统的理论课之外，采用研讨班、项目研究、独立研究等教学形式培养学生的实践能力，在校企融合上要互惠互利实现双赢，体现出“紧密性”。

第三，学校实验室、科学研究等硬件条件的建设也是围绕行业属性和需要展开。科学研究主要结合地方产业和行业需求开展接地气的应用型研究，引领行业企业发展。

第四，学校师资队伍建设紧紧围绕办学定位。在师资队伍建设上要求教师既能讲好理论课又能指导实践课，体现出“双师型”。

第五，毕业生的主要去向是行业内的企业或科研单位。

3.2 行业特色类高校发展中出现的问题

行业特色类高校人才培养的一个重要问题就是高校人才培养与行业需求脱节的问题。面对这一问题，高等教育领域的供给侧改革无疑会对推动高校优化学科专业结构、强化优势和特色、实现“双一流”建设目标产生积极的影响。行业特色类高校要在转变教育理念、突出人才培养要以适应经济社会发展和行业需求为导向、设立人才培养特区、加大学科专业结构调整力度、强化实践教学环节、制定科学的培养方案、探索和建立招生培养就业联动的长效机制等方面下工夫，以需求为导向，牢固树立“就业岗位—行业需求—专业方向—专业—学科”思维，从根本上改变原有学校教育与社会需求脱节的现状，真正实现内涵发展，提高行业高校人才培养的质量。

招生就业联动机制指的是在高校招生就业领域，改变过去社会需求与招生专业相脱离、人才培养和学生就业相脱离的不良状态，根据经济社会发展对人才需求的内在关联性，进行联合与协作，通过“市场需求”和“资源共享”整合优势，共同参与人才培养，实现高校的可持续发展和多方共赢。行业类高校招生就业联动机制的构建，要以行业产业需求为中心，建立社会需求与招生专业、人才培养和学生就业之间的内在关联体系，以招生促培养、培养促就业、就业促招生，缩小社会需要与高校人才培养质量之间的差距。

毋庸置疑，人才培养的质量是高等学校的生命线。当前行业类高校在招生培养就业方面存在着一系列问题，远远不能适应行业发展对专门人才的需要，主要表现在：

（1）从办学理念和学科设置方面来看，向“大而全”“全科式”的方向位移

追求规模并日益向综合性大学迈进，有的大学评价机制中的“一刀切”

现象导致行业类高校始终处于劣势（丁晓昌，2010），从而助推其向综合性大学看齐，学校的特色日益淡化，人才培养“趋同化”现象严重。不少行业高校开始向综合性大学看齐，过分强调发展过程中的学科门类齐全，忽视自身长期形成的特色和优势，与行业对专业人才的需求渐行渐远，人才培养不能满足行业发展对人才的急需。

（2）从招生环节来看，面临严峻的生源危机

不少行业高校在没有充分调研社会和行业对人才需求的情况下盲目扩大招生规模。根据中国教育在线的统计，全国高等学校招生统一考试报名人数在2008年达到历史最高峰的1050万人后急剧下降，2009年和2010年部分省市曾出现20%的大幅度下降。直至2014年开始止跌趋稳。根据教育部数据，2015年全国高考报名人数为942万人，较2014年增加3万人，2016年为940万人。伴随全国高考报名人数的不断下降，录取规模的继续增加，高考录取率呈快速增长态势。2013年全国高考计划录取率为76%，2014年全国高考计划录取率为74.33%，2015年全国高考计划录取率为74.31%，均保持较高录取水平。截至2016年5月28日，包括北京、江苏、湖北、浙江等22个省份（自治区）公布了2016年高考报名人数，13个省份今年的高考报名人数均出现不同程度的下降。其中，北京市、辽宁省、江苏省等省份更是创下近年来的新低，各地高校招生难的问题依然存在，招生计划无法完成的现象普遍存在。另据2016年6月8日搜狐新闻报道，通过统计8年来报考人数的变化发现，相比2008年，全国有20个省份的报考人数减少，其中湖北省、福建省、河北省、江苏省、湖南省减量超过了10万人。

以北京市为例，高考报名人数连续10年下降。从北京市的适龄人口变化趋势来看，未来几年高考报名人数下降的趋势不会改变。北京市招生考试委员会公布的数据显示，2016年北京市高考报名人数为6.1222万人，比2015年减少了0.6万人，与2006年的12.6万人相比，则减少了一半。受高考报名人数减少的影响，近几年北京市的高招计划也在不断调整。7年间，北京市高招计划从2008年的7.67万人，调整到了2015年的4.93万人（不含艺术类招生人数），减少35%以上，即便如此北京市也已多年未能完成高招计划。上海市高考人数下降得更早，2016年上海高考报名人数为5.1万人，较2006年的11.38万人的数量缩减超过了50%。考生大省河南省的情况也是如此，2015年河南高考报名人数为77.2万人，作为曾经全国高考录取比例最低的地区之一，近几年河南省高考实际录取率持续走高。2014年河

南省高考实际录取率为 82.18%（含对口招生专升本等），2015 年河南省高考实际录取率为 81.7%。但河南省也已连续 5 年未完成高招计划：2011 年有 5 万多人，2012 年有 6 万多人，2013 年有 7 万人，2014 年有近 7 万人，2015 年有 2 万人。根据江苏省教育考试院公布的数据，2016 年江苏省高考报名人数为 36.04 万人，同比减少 3 万余人，这也是江苏省高考报名人数连续第 7 年下降，相比 2009 年减少了 18 万余人。为了应对生源下降，江苏省也如北京市、上海市一样，逐渐调减招生计划，以避免 0 分考生上大学的尴尬。因为如果保持 2009 年的招生规模，江苏省在 2014 年就会出现报名人数低于招生计划的情况。从 2011 年起，江苏省高招计划连续 5 年下调，累计减少 5.26 万人高招计划。但即便调减，江苏省也已连续 2 年未完成招生计划（见表 3）。

表 3　江苏省近三年招生录取人数　　单位：万人

年份	招生计划数	实际录取数
2013	38.03	38.7
2014	37.88	37.2
2015	35.81	34.9

从各省市考试院公布的 2015 年招生计划与录取人数可以看出，无法完成招生计划已是普遍现象。河北省 2015 年招生计划 37.51 万人，实际录取 36.02 万人，招生计划未完成 1.49 万人；河南省 2015 年普通类招生计划 52.45 万人，实际录取 50.33 万人，招生计划未完成 2.12 万人；江苏省 2015 年招生计划 35.81 万人，实际录取 34.9 万人，招生计划未完成 0.91 万人；青海省 2015 年招生计划 3.91 万人，实际录取 3.87 万人，招生计划未完成 0.04 万人。

更为严峻的是，从各地公布的高招数据来看，很多省市出现了招生计划无法完成的现象，生源危机已经蔓延至全国（见图 3）。统计资料显示，近年来硕士研究生报考数始终处于相对稳定的态势。然而从 2014 年起，研究生考试报名人数出现下滑，保持多年的考研热持续两年“降温”。2013 年全国考研报名人数为 176 万人，2014 年下降至 172 万人，到 2015 年再减少至 164.9 万人，增长比例也迅速下跌，并成为负数。

（3）从培养环节来看，不少行业高校片面追求办学规模

盲目新增新专业，大学定位、专业设置和课程设置没有从行业和企业的岗位需求出发，对行业、对专门人才的需求缺乏科学的研判，忽视行业人才

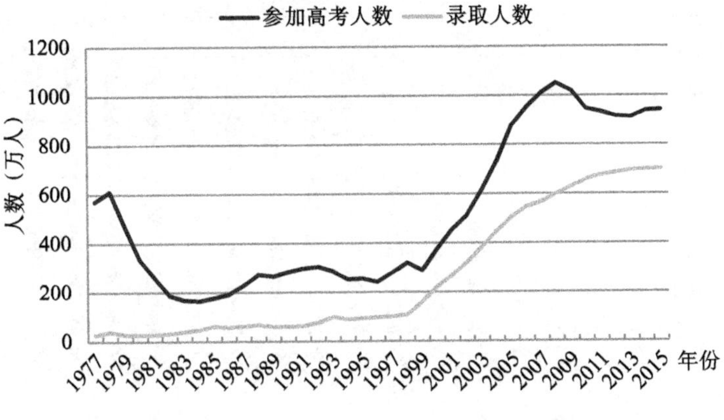

图 3 1977—2015 年全国高考报名人数与录取人数

资料来源：中国教育在线网。

特点和自身办学特色，热衷于向综合性多科性大学的方向发展，专业设置、人才培养定位和培养方案等与行业和企业的需求严重脱节，学校的特色日益淡化，人才培养“趋同化”现象严重。比较普遍存在着培养与需求、理论与实践、校内资源与社会资源结合得不够紧密的问题，导致毕业生的适应性较差。一些行业类高校，沿袭“重理论、轻实践，重科学、轻技术”的观念，不合理的专业指向不仅背离了行业的需要，而且也与多数学生的学习目标和就业方向难以吻合。行业类高校向综合性大学看齐导致高校长期形成的特色和优势逐渐丧失，与行业对专业人才的需求渐行渐远。

（4）从就业角度看，“就业难”现象蔓延，总量的压力依然很大

就目前的就业现状来看，结构性矛盾依然很突出，尤其在专业结构性矛盾即专业和就业方向的问题很突出。行业高校的就业压力也日益增大，2013年全国高校毕业生高达 699 万人（见图 4），初次就业率只有 77.4%，2014年高校毕业生达 727 万人，大学生就业形势更为严峻。高等教育的“产能过剩”问题日益突出。调查数据显示：2015 年全国高校毕业生人数持续突破749 万，超过 2014 年的 727 万，2016 年全国高校毕业生人数持续突破 760万。大学生的就业压力总体回升，就业压力巨大，幸福指数有所下降，同时大量的企业“用工荒”现象又令人费解。

高校毕业生“就业难”的根源在于结构性矛盾，也就是一方面毕业生“就业难”，另一方面行业或区域经济社会发展最为需要的技能型、应用型、复合型人才紧缺。而存在这一结构性矛盾的深层次原因，是我国高等教育体系对经济社会的变化和科学技术的进步响应迟滞。高校“同质化”现象严

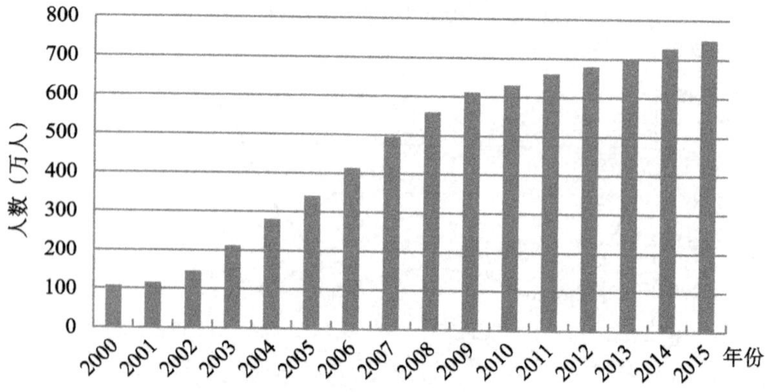

图 4　2000—2015 年全国高校毕业生人数增长情况

资料来源：中国教育在线网。

重，许多高校主要精力还是放在追求学科专业“大而全”，专业陈旧雷同，人才培养方式与实际需求脱节，还有一些学校盲目追求博士点、硕士点的设置数、论文发表数、国家级课题数。一些行业背景非常鲜明的学校热衷于升格或更名，放弃了历史积淀而成的传统优势。归根结底是学校缺乏科学定位，人才培养的类型、层次特征不清晰，办学封闭化倾向严重，缺乏与行业企业需求和区域发展需求紧密结合的机制。

4. 中国高等教育：改革对策

针对我国高等教育发展中出现的问题，政府先后出台一系列文件推进高等教育结构优化和改革。2014 年 5 月 2 日国务院出台了《关于加快发展现代职业教育的决定》，明确提出“引导一批普通本科高校向应用技术类型高校转型，培养技术技能型人才”；2015 年 3 月 5 日李克强总理在政府工作报告中提出“引导部分地方本科高校向应用型转变”；2016 年 3 月 5 日政府工作报告明确提出“推动具备条件的普通本科高校向应用型转变”。中央政府要为高校转型发展提供政策和经费支持，通过实验区和示范区建设引导高校分类发展。通过建立应用型高等教育体系对接服务引领地方产业发展和升级，引导和推动地方高校向应用型转变。推动高校转型是经济发展、产业升级的必然要求，为更好适应社会和行业发展对人才的需求，高校不得不进行一系列更深层次的改革。推进高等教育的改革，实质上是高等教育供给侧的结构性改革。

自20世纪80年代世界高等教育启动大众化进程以来，大学课堂上师与生谁主谁次的争论似乎尘埃落定，世界各国的高等教育几乎不约而同实现了一次历史转向，即以学生的学习和发展为中心，实现从以“教”为中心向以“学”为中心转变，从“传授模式”向“学习模式”转变，从而提高学生的学习质量，使学生在知识、能力和素质上获得全面提升。中国要建设高等教育强国，一方面，必须要把自身质量建设置于世界高等教育改革与发展中，把握高等教育质量建设前沿方向，加强与发达国家高等教育的交流合作，与国际上高等教育强国比肩而行，以“国际实质等效”助推高等教育质量提升，通过参与国际评估不断改革创新，主动用“国际实质等效”的质量新理念、新标准、新方法、新文化指导中国高等教育质量建设，加快从大国迈向强国的建设步伐；另一方面，主动用国际比较的眼光检视中国高等教育发展的成绩和差距，主动制订应对之策参与国际竞争。

提高人才培养质量、探索人才培养模式、设置人才培养特区是我国高校近年来教学改革与实践的重要主题。2007年经国务院批准，教育部和财政部联合发布《关于实施高等学校本科教学质量与教学改革工程的意见》，提出通过“择优选择和重点资助500个左右人才培养模式创新实验区，推进高等学校进行人才培养模式的综合改革，以倡导启发式教学和研究性学习为核心探索教学理念、课程体系、实践环节、管理机制的全方位创新。”在2007年就有220个人才培养模式创新实验区获得批准，每个项目均获得50万元的资金支持。相应地，浙江、江苏、云南、安徽、福建、四川等省份的地方政府也纷纷立项资助，使各级各类的人才培养模式创新实验区如雨后春笋纷纷涌现（王晓晖，2014）。一批高水平研究型大学在探索创新人才培养方面进行了很多很好的尝试，如北京大学的“元培计划”，清华大学的“清华学堂”，他们在借鉴国外一流大学经验的基础上结合自身的办学传统和优势打破框框，积极寻求本科人才培养模式的突破，探索多样化的培养途径，取得了有益的经验和积极的成效（李祖超、杨淞月，2011）。2010年发布的《国家中长期教育改革和发展规划纲要（2010—2020年）》确立全面提高高等教育质量和人才培养质量的发展目标，再次强调“创新人才培养模式”，目前全国已建立了501个人才培养模式创新实验区。中国近80%以上的重点大学都成立了创新人才培养特区（周光礼、黄容霞，2013）。

所谓大学特色就是一所大学集独特的办学理念、办学目标、办学模式、办学举措等而形成的有别于其他大学的“产品差别”。如果把大学本身作为一个产品，那么产品差别就在于大学的精神、学科、专业、水平等。在寻求创新的过程中，大学、学科、学者形成各自的特色，而各自的特色组合便可以彰显大学的人才培养、科学研究等基本功能的过人之处。只有特色鲜明，才有可能成为一流大学，因此大学特色是兴校之源。

行业特色类高校人才培养的一个重要问题就是高校人才培养与行业需求脱钩的问题，建立招生、培养、就业联动机制是行业类高校解决这个问题的重要手段。招生是基础、培养是关键、就业是保障，三者相互联系、相互影响、密不可分。招生、培养、就业联动机制指的是在高校招生就业领域改变社会需求与招生专业、人才培养和学生就业等原有的各自为政的分裂的状态，根据经济社会发展对人才需求的内在关联性进行联合与协作，通过“市场需求”和“资源共享”整合优势共同参与人才培养和就业竞争，实现高校的可持续协调发展和社会高校的多方共赢。行业类高校招生、培养、就业联动机制的构建要以行业产业需求为中心，建立社会需求与招生专业、人才培养和学生就业之间的内在关联体系，以招生促培养、培养促就业、以就业促招生，缩小社会需要与高校人才培养质量之间的差距（郑禹，2008；王志武，2013）。

李克强总理强调：“进一步深化教育综合改革，优化调整教育结构”。2015 年年底，教育部、国家发展和改革委员会、财政部印发了《关于引导部分地方普通本科高校向应用型转变的指导意见》，这表明国家已经着手从分层到分类的思路来调整和优化高等教育结构。2016 年全国教育工作会议明确提出，要牢固树立、全面贯彻五大发展理念，实实在在地把提高质量作为新时期我国教育工作的主题，并将优化教育结构作为提高质量的主攻方向，促进人才培养模式创新、优化教育资源结构，提高行业特色类高等教育质量。

4.1　科学确定办学定位

高校办学定位必须与国家经济社会发展和行业需求相适应，人才培养必须支撑国民经济和社会发展；大学教育始终要围绕国家发展和民族振兴的需要。作为社会的子系统，教育不可能离开一定的社会环境和社会条件而存在。同时，教育的一切活动都要适应社会发展，为社会发展服务，这是教育发展的外部规律。遵循高等教育的基本规律，不断更新教育思想观念，牢固树立人才培养是高校的根本任务、质量是高校的生命线的理念。不同类型的高校应当在各自的定位里争先进位，避免高校精英教育痕迹斑驳、办学定位模糊、资源配置重复、人才培养与社会需求错位的现象。应该更多地尊重规律，客观认识不同学校、学科的发展现状，不同层次高校依据学校的定位和特色不断调整专业结构、类型、层次，加强专业平台建设和高素质的师资队伍建设，适应国家社会经济发展需要，满足人民群众的多样化需求，形成专业建设与社会需求之间的良性互动机制。建设“双一流”的关键是要形成自己的特色和优势。首先，要有先进的办学理念和明晰的办学目标，避免学校之间的盲目攀比、同质化发展，要有先进的人才培养模式，根据教育内在的规律和经济社会发展需求确定人才培养目标。高校必须进行科学分析和准确定位，选好选准骨干优势和特色学科专业，给予重点扶持，一所好的大学必定有好的学科和专业来支撑。建立一批优势特色学科、王牌专业，对于吸引一批优秀生源、培养王牌学生、迈向一流具有重要意义。不同层次的高校要依据学校定位、特色，加快国家及行业紧缺人才培养，与国外知名大学的紧密结合。围绕学校的发展战略、人才培养模式改革与创新、专业结构调整与专业建设、课程体系改革与教学资源建设、教学团队与高水平师资队伍建设、大学生实践能力与创新精神培养、教学管理制度与质量监控体系建设等教育教学改革的相关方面开展研究与实践，避免千校一面，要形成自己的特色和优势。对于学校来说，要明确办学定位，转变“大而全”的观念，客观分析学校校情，结合产业结构强化优势学科专业群建设、调减非优势专业，集中力量办好优势学科专业，突出办学特色。

4.2　以满足社会需求为导向，以需求导向驱动学科创新

在现代社会里，经济、教育向来就与整个社会生活紧密相连。学科的特色是大学特色的核心，它具体表现在独特的研究领域和方向、对接某个特定行业的人才培养和科学研究等方面。有特色的学科往往具有较高的办学水平和广泛的社会影响。学科的形成发展有其特定的规律：通过科学研究产生系统化的知识是学科形成的基础；利用系统化的知识培养专门性人才是学科持续发展的活力；为经济社会和人的发展服务是学科发展的最终目标，也是学科发展的重要的外部条件。高校学科建设必须要以满足社会需求为导向。当下中国的高等教育事业发展遭遇瓶颈期，使高校承受前所未有的考验，在总供给大于总需求的条件下，重视供给还是需求并没有固定的准则，一切要从实际出发。供给侧改革的关键在于提高供给质量和效率，实质就是遵循社会

生产按比例发展规律，生产某种商品的社会劳动量必须与社会对这种商品的需求量相适应。高校的学科专业建设以及学生招生规模的确定，必须按照社会经济发展对各类专业人才的需求量来确定，所谓优势学科专业就是那些办学符合社会经济发展需要，培养学生得到社会认可和追捧的学科和专业。面对高校存在的问题，解决的办法就是转变教育理念，突出人才培养要适应经济社会发展和行业需求的导向，设立人才培养特区，加大学科专业结构调整力度、强化实践教学环节，改变传统的“学科—专业—专业方向—就业”的专业设置思维，转变为“就业岗位—行业需求—专业方向—专业—学科”思维，以需求为导向，从根本上改变原有学校教育与社会需求脱节的现状。围绕行业需求设置和优化专业结构，制定科学的培养方案，探索和建立招生、培养、就业联动的长效机制，真正实现内涵发展，提高行业高校人才培养的质量。

4.3 要解决高等教育供给侧的“产能过剩”问题

按照“统筹规划，分类指导；优化结构，内涵发展；突出特色，注重创新；提高质量，服务社会”的原则，着力解决高等教育供给侧的“产能过剩”问题。数据显示，我国目前在校大学生 3700 万人，位居世界第一，高等学校 2824 多所，数量仅次于美国，位列全球第二；2015 年全国高校毕业生人数突破 749 万，超过 2014 年的 727 万，2016 年全国高校毕业生超过 760 万人，比 2015 年增加 21 万多人，继续创下毕业生人数新高。大学生的就业压力总体回升，与此同时，经济放缓进一步加大了毕业生的就业压力。统计资料显示，2008—2014 年大学毕业生中未就业的大学生约占 20.7%。从总量上来看，我国高等教育人才供给的数量远远超过了当前社会经济发展对人才的吸纳能力，形成供给侧的过剩和人才浪费。然而大量的企业“用工荒”、“工程师荒”现象的存在表明这种过剩也是一种结构性的过剩，反映出高校学科专业设置和人才培养方面结构性失衡现象依然严重。必须下大力气压缩那些供过于求的学科和专业数量，减少那些长线专业的数量和招生规模。

4.4 对政府主管部门来讲，要根据经济社会发展和行业发展对人才的需求合理配置高等教育资源

我国 2800 多所高等院校的 90% 以上属于各省、自治区、直辖市或行业主管部门管理的大学，这是我国当前高等教育布局，目的是让高等院校为当

地的经济社会以及行业发展服务。但现实情况与预期设想出现不少扭曲，不少高校并没有把为地方区域经济社会发展和行业发展对人才的需要当作其办学出发点，而是一味地追求学科“大而全”，仅追求办学的学术含量。因此，政府教育主管部门要加强对这类高校学科专业设置的统筹，根据地方产业或行业对人才种类和数量的需求，规划学科专业设置，避免各高校专业重复设置、设备重复投入、人才培养同质化无特色、专业人才供给远远满足不了社会经济发展对人才的急需。

第一部分

总 报 告

1 行业特色类高校的特点与设立人才培养特区的立足点

1.1 行业特色类高校的基本情况

我国高等教育事业发展的步伐是从新中国诞生开始的，经过改革开放38年来的快速发展，我国高等教育的主要矛盾已经从“上大学”转移到“上好大学”，提高质量成为高等教育改革与发展的核心任务。“创新高校人才培养机制，促进高校办出特色争创一流”是党的十八届三中全会对高等教育改革发展提出的最直接、最明确的要求。然而目前不少高校在人才培养机制上存在着一些不容忽视的问题，其主要表现在：人才培养没有很好地与经济社会发展需求、就业创业状况深度对接和进行良性互动，普遍存在着培养与需求、教学与科研、理论与实践、校内资源与社会资源结合得不够紧密的问题，高校培养的学生不能很好地适应社会需要。与世界高等教育强国相比，中国高等教育“大而不强”的问题依然突出：学科专业设置优化不够，科研水平和成果转化不高。一些重点学科专业建设跟不上国家发展战略需要，校企合作、产教融合等契合度也不高，创新意识和创新精神不强，创新人才培养力度不够；学校的专业设置有些重复，与社会需求也存在一定的脱节，不少高校教育理念、办学思想等相对滞后，人才培养模式、教学方法等因循守旧。2015年世界经济论坛发布的《全球竞争力报告》给包括中国在内的许多发展中国家敲响了警钟。该报告显示，中国国家竞争力排名第28，其中创新排在32位，而高等教育和培训则排在65位。中国高等学校对国际上先进理念传播相对比较迟缓，高等学校对国际质量标准的重视和落实不够，国际组织一直推行通用质量标准和“国际实质等效”等国际质量监测评估项目，在中国并未受到应有重视。

创办行业特色类高校的初衷就是为了满足一些特定行业对专业人才和科技进步的需求，是有特定的办学领域或办学指向，服务和支撑于某一行业发展的高校。高校特色是指一所大学在其发展历程中形成的比较持久稳定的发展方向和被社会公认的、独特的、优良的办学特征。我国的行业特色类高校主要指在世纪之交我国高等教育管理体制改革中，划入教育部或省区市等为主管的原行业部门所属、行业特色鲜明的高等学校，这些学校通常冠以行业的名称，如农业、工业、林业、煤炭、钢铁、冶金、纺织服装、地质、石油化工、矿业、印刷、电影等，秉承专业型人才培养理念、学科分布相对集中、具有密切的行业领域产学研合作的历史。

我国行业特色类高校最早出现在路、矿行业，由满清政府、早期民族资本共同兴办。从新中国成立到20世纪70年代，全国行业类高校已达到300多所，基本涵盖了国民经济各个行业，如钢铁、冶金、煤炭、农业、林业、工业、商业、服装、财经、政法、交通、铁道、建筑、邮电、石油、化工、医疗卫生、航空航天等，改革开放后，行业特色类高校依托各自行业特色得到了较快发展。经过1998年、2000年两次高等教育管理体制改革，国家共对252所普通高等学校的管理体制进行了调整。到2000年，共有205所行业高校划转地方政府管理或以地方管理为主，只有41所转教育部管理。经过多次调整和改革，我国高等教育办学资源浪费、学科面不宽等局面得到一定改善。2007年年底，首届“高水平特色型大学发展论坛”年会由北京邮电大学等高校发起，论坛围绕如何更好地服务创新型国家建设，如何服务和引领行业发展等议题展开，如今已成功举办了六届。2011年成立了由十几所高水平行业特色型大学参加的“高水平行业特色型大学战略合作联盟”。这些举措促成一批科研项目立项，促进了我国行业特色类高校的健康发展。

长期以来，除“985高校”、“211高校”以外，我国其他本科院校没有国家层面的引导性定位，本科院校将自己定位为学术型、研究型、研究教学型、教学研究型或教学型高校，而在社会大众心目中，研究型或学术型高校代表着“高层次的大学”，也是众多行业本科院校竞相追逐的目标。在计划经济时期，像清华大学等教育部直属重点综合性大学与国务院各部委所属行业大学在人才培养类型上是有所区别的，前者侧重培养综合型、通用型人才，可称之为“通才”，而部委所属化工、纺织、石油等行业院校的化工机械、纺织机械、石油机械等特色工科专业则是培养某个行业细分领域的机械专才。本来社会对人才需求是多样化的，既需要宽口径的工科通才，也需要以特色工科专业为代表的工科专才。但行业大学在更名转型为综合型大学后，不再去继续培养自己所擅长的特色工科专才，而是转为培养类似清华大学机械工程专业的综合性、宽口径的工科通才。问题是如果大学都一窝蜂地去培养宽口径工科通才，那又如何满足社会对工科专才即特色工科人才的巨大需求呢？

行业特色类大学更名转型仍应强化行业特色。中国基本已找不到冠名钢铁、纺织、煤炭的高校，仅剩下一个堪称“独生子”矿字头大学（中国矿业大学）在苦苦支撑。目前，我国高校大学生“就业难”问题严重，说到底是就业结构性矛盾比较突出，社会用工需求与高校的人才培养状况不相适应：一方面每年都有一定数量的毕业生找不到合适的工作，难以实现满意就业；另一方面却有相当数量的用人单位招不到合适的毕业生，难以满足用工需求。“招聘难”和“就业难”同时存在，其根本原因在于不少高校存在专业设置重复、与社会需求脱节的现象。专业设置与就业率挂钩既是衡量一个专业举办得成功与否的标准，也是促进毕业生就业、维护社会稳定的前提和保障。

1.2 行业特色类高校的特点

行业特色类高校在办学风格、学科设置、服务面向、行业背景等方面具有鲜明特点。

1.2.1 办学风格独具特色

行业特色类高校各校的办学风格不尽相同，但作为一个类群，还有其共同的、区别于其他大学类群的特质。它们普遍规模适中，学科比较集中，弘扬继承行业特色是办学不可缺少的，在其传统的行业专业领域具有突出的优势，享有较高的声誉，形成了鲜明的办学特色，得到本行业的高度认可和社会的普遍认同。比如北京航空航天大学的笃志强国、敢为人先的航空航天办学特色；西安电子科技大学以走电子信息为特色的办学之路等。行业特色高校的核心竞争力在于自身独特办学特色，经过长期积累实践，形成差异化的办学定位和优势。行业特色高校的办学理念与行业发展密切相关，产业文化与治学文化在校园文化中交汇，形成独特的大学文化现象。

1.2.2 学科优势明显

行业特色类高校是围绕行业需求所建立的，依据其行业自身特点设置学科和课程，与行业需求紧密联系，具有很强的针对性。行业特色类高校的主要特色体现在学科上，它们大都在各自的主体学科领域形成突出的优势，占领学科前沿、引领学科方向，通过学科的交叉和渗透带动相关学科的互动发展，形成较为厚实的学科群。比如北京中医药大学的特色专业是中药学、中医诊断学；中国矿业大学的学科专业特色定位于矿业、能源科技与工程技术，主要培养采矿工程、矿物质加工工程等领域的人才。对行业特色类高校来说，如果没有一个完善、合理的学科体系和一批在国内外有影响力的优势学科，就难以形成有效的核心竞争力。

1.2.3 服务面向明确

长期以来，行业特色类高校以促进行业的发展为己任，具有明确的服务面向。其治学理念、校训和校风、师资队伍建设、学科建设、课程设置、培养模式等都体现出服务行业产业的宗旨；在毕业生就业等环节具有特别鲜明的行业指向。高水平行业特色类高校在长期的办学实践中积累了丰富的办学经验，为其相对应的行业的科技和产业发展提供了人才支撑，形成在就业市场具有竞争优势的特色学科专业，同时也形成了独特的人才培养模式。

行业特色类大学提供相关行业人才的输送支持，服务重点在相关行业，并始终在其相关的行业中保持重要地位，这是行业特色类高校办学的社会定位。按照相关行业对人才、技术理论方面需求，行业特色高校做好对应的人才培养。在我国煤炭行业的高水平专业人才中，80%以上都是由矿业特色高校输送的。铁路、煤炭冶金、航空、水利、通讯、印刷出版、医药等行业都活跃着行业特色高校培养的人才。

1.2.4 与行业联系紧密

行业特色类高校是在与相应行业的互动发展中形成的，其兴衰往往与行业的发展，特别是国家对本行业的重大需求及历史变迁紧密相关，是国家对本领域意志和战略的体现，其发展水平在一定程度上体现了国家在本领域的产业水平和竞争力，其价值和贡献已得到社会的广泛认可，具有稳固的社会地位。行业特色类高校中有不少实行“双导师”制，即除了校内导师外，聘请优秀的本行业专家做校外导师，帮助学生了解行业发展，加强与行业的联系。许多企业也为学生培养提供实习场地，建立大学实验室和实践教学基地。比如中国石油大学（北京）与40多家大型石油石化企业建立87个本科生实习基地和27个社会实践基地，北京印刷学院在全国印刷出版行业的著名企业建立了100多家校外人才培养基地。“动手能力强、上手快”成为用人单位对行业特色类高校人才培养的共同评价。

1.3　行业特色类高校的人才培养定位

行业特色类高校由于其历史和自身学科的特点，其培养的人才定位以专才型、应用型人才为主，以学生的实践动手能力和与就业市场的紧密切合为其主要特点。行业特色类高校以培养应用型专业人才为核心的人才培养目标为特色，要以行业需求和工程能力为导向，持续深化面向行业需求的应用型人才培养模式改革，努力培养与行业需求“无缝隙”，与行业企业市场“零距离”的高质量人才。在一个高度整合的社会，学科交叉、渗透与融合日益加强，对人才综合素质的要求越来越高，决定了行业特色类高校不可能继续过去单一的专才教育模式，而是要强调专业性与通用性的融合，培养“专通结合、注重实践”的专业人才。比如中国民航大学以培养面向一线运行的“实践型”工程人才为目标，质量标准实现“从业资质标准+本科通用标准”，在民航专业实施行业从业标准与人才培养标准相衔接的人才培养模式。

人才的培养与经济不可分离。人才是经济、社会协调发展的根本推动力量，经济、教育、人才与科技四者是互相依存、不可分离的“多环联动”链。经济是社会发展的物质基础，是多环连动的核心，但现代经济增长有赖于以科技进步为动力，推进科技进步则有赖于人才培养，人才的培养基于教育事业的发展，而教育事业的发展又依靠经济增长提供支撑。见图1-1。

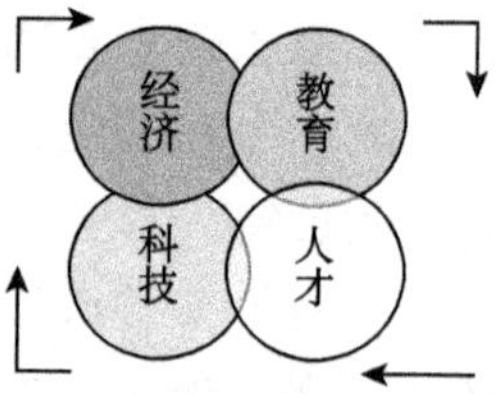

图 1－1　经济、教育、人才与科技多环联动链

行业特色类高校要以服务国家重大战略需求为目标，为社会经济发展提供创新型、应用型人才，将精英教育与大众教育特点结合，制定特色人才培养计划，充分体现"人有我优、人优我特"的人才培养理念，提高学校培养人才的规格和标准，增加学生在就业时的竞争力、适应力和后续发展潜力。中国石油大学就以高素质创新型人才培养为重点，造就具有远大抱负和国际视野的"厚基础、宽专业、强能力、高素质"的油气井工程、油气田开发、油气储运等方面的高级专门人才。行业特色高校与综合性大学在办学层次、办学理念、人才培养、学生就业去向等方面有着显著不同，二者的特点比较如表 1－1 所示。

表 1－1　行业特色类高校与综合性大学人才培养比较

项目	行业特色类高校	综合性大学
办学层次	以一般本科为主	以重点本科为主
特色学科专业	行业性应用型特色学科专业	以强势学科专业为特色
办学理念	为行业培养专门性人才，服务行业发展	培养综合能力人才，服务国家经济社会文化发展
人才培养模式	注重专业教育，强调应用与实践	更加注重基础教育，强调基础理论与综合素质
学生就业去向	以在行业内就业为主	适合各类行业的相关人才

与一般综合性大学相比，行业特色类高校有其鲜明的人才培养特色，在向社会输送专业型人才等方面发挥着重要作用。行业特色类大学的人才培养与相关行业需求紧密联系，相当数量的毕业生在所学专业的相应行业就业。一些高校根据办学历史、区位优势和资源条件等，确定特色鲜明的办学定位、发展规划和人才培养规格，加大了技能型、应用型、复合型人才的培养力度。河北农业大学坚持服务"三农"，开创出了教学、科研、生产相结合的"太行山道路"，培养了一大批"下得去、用得上、干得好、留得住"的

应用型人才。南京信息工程大学主动对接“综合观测－信息处理－预报预测－公共服务”现代气象业务链，形成多学科交叉的专业链，培养了一批相关复合型人才。行业特色高校培养的学生不仅能从事行业一般性科技及管理工作，还应具备创新的潜质、发展的潜质，甚至应具备行业领军人物的潜质。

行业特色类高校以行业需求为导向，其人才培养过程主要体现为专才型理念。高素质人才培养的关键是构建科学合理、特色鲜明的人才培养体系。行业特色类高校人才培养模式的普遍特点是实践与创新并重，因而在人才培养体系构建中，必须实现创新精神和实践能力的完美结合，从办学条件、专业设置、教学模式、课程体系和实践环节等方面积极探索，以形成有利于应用型创新型人才成长的培养模式。大部分学生毕业后进入了相对应的行业企业，基本上都在行业内发展，其中有一些毕业生逐渐成长为行业企业的技术骨干和中高层领导者，为行业的发展和区域经济建设做出了重要贡献。

1.4 行业特色类高校设立人才培养特区的立足点

行业特色类高校围绕行业对专业人才的需求设立人才培养特区的概念源自于国家宏观层面改革开放以来设立“经济特区”的启示。客观上讲，行业特色类高校人才培养特区是培养人才的特殊区域，即在特定的区域内培养高素质的人才，这是我国高等教育办学体制的一个重要探索。其作为行业高层次优秀人才培养基地，与企业联系密切，具有显著的行业背景、专业人才培养理念、通识教育和专业教育相结合的新型培养模式、相对集中的学科分布、优于特区外的政策保障等特征，这些特征促使高校在某些领域的人才培养方面形成比较优势，研究资料表明在国内的高校中，东南大学最早明确提出“人才培养特区”这个概念，其他高校虽然没有明确提出但是实际上也都采用建立“人才培养特区”的形式以发展和培养更多的应用型人才。

调查问卷中，在对建立人才培养特区必要性的看法问题上，八成以上的人认为有必要建立人才培养特区，另外还有一部分人由于对人才培养特区建设缺乏了解，对其必要性表现出一定困惑。从调查结果分析可看出建立人才培养特区具有很大必要性，行业特色高校不仅需要不断更新教育观念、改革教育教学方法，同时还需要面向整个社会统筹教育资源，加强与企业及各种社会力量的合作。无论是从招生、人才培养还是就业的角度，行业特色人才培养特区都在培养高水平特色人才方面发挥重要作用。

1.4.1 设立人才培养特区有利于明确特色专业招生定位

近年来，随着我国高等教育由精英化向大众化转型，为适应教育发展环境变化带来的不确定性，许多行业特色类高校扩大办学规模，调整学科布局和扩大大众化专业招生规模，开始呈现出多科性、非特色化趋势。由行业性较强的单科院校发展成为多学科大学，特色优势学科被弱化，同质化倾向相当突出。在办学定位和特色上出现迷茫状态，导致招生培养模式存在随大流的情况。随着高教管理体制的改革，行业特色类高校正处在分化、转型的重要时期，如何保持自身办学特色，打造持续稳定的高水平的优势学科是行业特色类高校面临的挑战。行业特色类高校亟需改变招生培养定位不明晰、缺乏行业特色等状况，设立人才培养特区成为提高学校竞争力的重要选择。

此外，我国高等教育呈现出一种供给驱动的动力特征，其核心是通过招生计划控制人才供给，进而实现对高等教育的管理。这也导致政府和大学更多地关注供给方面的问题，而对市场是否真正需要却关注较少。因此，我国多数高校在师资队伍建设、培养模式改革等方面存在问题，最终导致了结构性就业矛盾突出。为主动适应区域经济社会发展和学生就业与竞争的需要，行业特色类高校应积极创新人才培养模式，实现由供给驱动向需求驱动转变，探索人才培养的新模式，紧跟社会需求，提高人才行业竞争力。

1.4.2 设立人才培养特区有利于培养高水平行业特色人才

世界范围的科技与经济竞争实质上是人才的竞争。在知识经济时代，优秀的创新型人才是企业发展的动力源泉，是经济社会发展的迫切需要。我国农、林、水、地、矿、油、机、电、化、纺织、轻工等行业的高层次专门人才中，大多是由特色高校输送的，为行业的发展提供高素质人才是特色高校应承担的主要任务之一。基于此，我国不少高校近年来积极进行教学改革与实践，探索创新人才培养模式，设置人才培养特区。

行业特色类高校的发展需要密切关注行业的发展，行业需求是行业特色类高校创新人才培养模式的动力，而行业的发展同样需要大学尤其是行业特色类高校提供坚实的人才和智力支持。若要在激烈竞争、就业压力等系列发展问题中赢得主动，行业特色类高校就应当在更高层次上构建与相关产业紧密联系的新机制，对行业发展趋势具有前瞻性和洞察力。在转型发展中实现工作重心的转移，从规模扩张转向关注人才质量提升，满足产业转型升级的新要求，适应经济发展的新常态，要求高校培养更多应用型、复合型和技能型人才，这些已成为普遍共识。作为行业特色高校，通过设立人才培养特区能够改变过去的封闭办学形态，调整优化人才培养模式，主动融入到行业发展中，将协同创新和人才培养相结合，把学校专业性人才培养与企业的科技进步有机地结合起来，培养具有更高标准的职业能力的应用型人才，能够创新、创业，能够推动行业产业素质的提升。

1.4.3 设立人才培养特区有助于解决就业市场供求矛盾

目前，高校人才培养与社会劳动力市场需求严重脱节，供需矛盾突出。大学毕业生人数逐年攀升，但就业率却不容乐观，大学生“就业难”已成为社会热议话题之一。据人力资源和社会保障部数据显示，2015 年全国高校毕业生人数 749 万人，2016 年增加到 762 万人，再创历史新高，“就业难”问题再一次被提上日程。

行业特色类高校设立人才培养特区主要是基于目前高校毕业生就业市场供求不匹配的现实状况，毕业生就业率和就业满意度是衡量高校人才培养质量的重要指标。我国教育层次结构和新增劳动力供给结构、劳动力层次结构与产业层次结构不匹配是产生大学生“就业难”这一问题的重要诱因。麦肯锡全球研究院发布的《全球劳动力报告：35 亿人的工作、薪资和技能》报告显示，到 2020 年中国用人单位将需要 1.42 亿受过高等教育的高技能人才。如果劳动者的技能不能进一步提升，中国将面临 2400 万的人才缺口；如果中国加大高技能劳动力的培养供给，能在历史增长趋势基础上再增加 2300 万个高技能劳动力供应，进一步改变劳动力结构，这样就可以为中国的劳动生产率增长和整个经济发展打下一个良好的劳动力基础。实际上，600 多所地方本科高校转向应用技术型也是在经济新常态下高等教育积极适应市场环境和竞争环境的举措。

我国高等教育改革给各类高校创造了空前机遇，同时也带来办学资源的竞争压力。高等教育在朝着大众化、普及化和专业多样化方向发展，与就业市场人才供需矛盾突出。因此在新的教育形势下，行业特色类高校应该积极探索新的人才培养模式，设立人才培养特区，培养具有竞争力的应用型人才。

（作者：王关义、刘益，北京印刷学院）

2 行业特色类高校在招生、培养、就业方面存在的问题

我国是一个发展中的人口大国，教育资源相对短缺，虽然中国的高等教育事业在过去几十年里取得了具有历史性意义的跨越式发展，为国家现代化建设培养了一大批高素质人才，但从发展现状来看也存在着不少问题。一些行业背景非常鲜明的高校纷纷升格或更名，放弃了原有的应用型、技能型的传统优势和特色。导致这些问题的原因是行业特色类高校缺乏科学定位，办学趋同现象严重。不少学校的发展已经陷入“学院升格为大学，单科性大学转变为综合性大学，然后向研究型大学靠拢”的逻辑困境，导致人才培养的类型、层次特征更加模糊，办学封闭化倾向严重，缺乏与行业企业需求和区域发展需求紧密结合的机制。因此，设立人才培养特区、建立招生培养就业联动长效机制，其根本目的在于根据国家经济社会发展和行业发展对人才的需求培养适用人才，实现人才供给和需求的动态平衡。立足现状，我国行业特色类高校在其招生、培养、就业过程中存在不少矛盾和问题亟待解决。

2.1　招生环节出现的问题

2.1.1　行业特色类高校招生面临生源短缺

一方面，从社会需求适应度、培养目标达成度、办学资源支撑度、质量保障有效度、学生和用户满意度五个角度综合分析比较，行业特色类高校往往有其独特优势，一些学科专业建设紧扣行业对人才的需求；另一方面，也有部分行业高校在没有充分调研社会和行业对人才需求的情况下盲目扩大招生规模。据中国教育在线统计，全国高等学校招生统一考试报名人数在2008年达到历史最高峰1050万后快速下降，2009年和2010年部分省市都出现20%的大幅度下降。以北京为例，高考报名人数连续第八年下降，从北京市的适龄人口变化趋势来看，未来几年高考报名人数下降的趋势不会改变；上海高考报名人数比北京下降更早 。更为严峻的是，从各地公布的高招数据来看，很多省市的招生计划已经无法完成，生源危机蔓延至全国，对行业高校带来巨大的冲击。

2.1.2　学生缺乏对行业高校的深度认识

我国高考志愿是完全个性化的选择，考生在分数适合的前提条件下优先从自我认识的角度出发，选择喜欢或者适合自己发展的专业。但是在选择学校的过程中，考生普遍存在一些误区：望文生义看大学，只是根据学校的名字来判断学校的专业特色是否适合自己，家长和学生缺乏对行业特色类高校的深度认识，如学生对某农业大学的刻板印象就是农作物的培植，显然不符合自己的兴趣方向，所以在填报志愿时直接排除，这也是现今行业特色高校招生人数下降的原因之一。

2.2　培养过程中出现的问题

2.2.1　教学模式有待改进

以美国为例，美国大部分行业特色高校实行的是完全学分制，注重学生的自主学习能力，教学方式灵活，对学生的教育主要是启发和诱导，学生拥有对专业、课程、时间、教师等全方位的选择，所设的课程横向跨度大，强调学习的广度和深度，给予学生很大的发展空间。

从微观层面来看，我国绝大部分高校实行的学年学分制。虽然不少行业特色类高校也采取学分制，但是旧有的应试教育模式已经根深蒂固。一方面，学生的选课并没有太大的自主权，选择范围较为狭窄，基本上是学校给定的学习科目，每年选修的课程是固定的，因此实际上仍然是学年制；另一方面，课堂上仍然是老师讲课为主导，学生听课为辅，有些老师虽然通过让学生制作 PPT 的方式增加学生学习的自主性，但是互动性并不强，学生只是把它当做学习流程的一部分，在展示的过程中并没有与其他同学和老师进行更深入的思想交流。

从宏观层面讲，我国高等教育实行的是以中央控制为主的教育管理模式，国家对高校实行行政干预，学制、学费及人才培养模式要由中央统一管理，高校自身对院系的管理缺乏灵活性，因此我国的行业特色类高校普遍缺乏活力和创新力。虽然近年来，国家教育主管部门把部分权力下放到高校，但还远远不够，先进的教育理念和落后的教育模式之间还有较大差距。国外对教育的管理实行的是中央和地方“分而治之”的方式，政府只在教学质量和拨款方面实行统一宏观监控，而学校的办学理念、人才培养模式及学术发展则由学校自主管理，这样可以使学校按照自己的方式培养人才及规划学校的未来，使各行业高校突出自身的优势，呈现多样化和个性化的发展。

2.2.2 现行培养方案不尽合理

我国行业特色类高校现行人才培养方案不合理主要表现在两个方面：第一是过分注重专业教育忽视通识教育；第二是课程的轻重搭配不够合理，并缺乏特色课程与特色教材。

就前者而言，通识教育是一个柔性的课题体系，它将自然科学和人文科学融为一体，课程内容涉及各个领域。哈佛大学校长在北大百年校庆的中外大学校长论坛上演讲时说：“大学的教育不仅是赋予我们较强的专业技能，而且使我们善于观察、勤于思考、勇于探索，塑造健全完善的人格。特别是通过不同学科领域知识的渗透，使从事科学研究的人开始懂得鉴赏艺术，从事艺术创造的人逐渐了解科学，使我们每个人的生活更加丰富多彩。正是这样，尽管在复杂的条件下，无论是哈佛还是美国其他大学都在竭尽全力为更好地传承文理融合的通识教育而努力。在本科生四年的学习中，除主修像化学、经济学、政治学或是文学一个专业外，还要跨越不同的学科，从道德哲学、伦理到数学逻辑，从自然科学到人文，从历史到其他文化研究的广泛涉猎。”可见通识教育对于培养全方位优秀人才的重要性。将通识教育和专业教育结合在一起有利于培养学生合理的知识结构，有利于激发学生的创新思维。但就现实情况来看，我国行业特色类高校更注重专业性，甚至于按照工厂生产流水线的工种进行专业化培训，专业过分细化，培养出来的人才并不是社会所需的创新型人才而是“螺钉似的人才”。

另外，不少行业特色类高校在申请专业时候扎堆申请热门专业，学校的特色日益淡化，过分强调发展过程中的学科门类齐全，向综合类大学看齐，缺乏特色课程和特色教材，忽视自身长期形成的特色和优势，使得人才培养“趋同化”现象严重。

就后者而言，首先，我国行业特色类高校课程的设置的普遍现象是：大一大二的课时较少，学生在这两年空余时间较多，专业课学习压力小，学校管理不够严格，给学生大量的自由支配时间，并且实行弹性学制，学生在期末考试失败时给予补考或重修的机会，那么学生必然将不及格课程带进高年级并不断积累，形成恶性循环。因此在经过紧张的高中学习阶段后立即进入十分松弛的大学阶段，学生极易养成惰性，逐渐放弃原有良好的学习习惯，缺乏刻苦的学习精神；其次，不少行业高校普遍实行大学外语、计算机学习情况与学位能否获取直接挂钩的政策，学生为了应付学位要求，学习精力分配严重失调；最后，行业特色高校为了完成专业教育，将大量的专业课程后移到大三和大四阶段，但是到了大四，学生需要同时面对教学实习和人才市场面试招聘，极易分散对专业课学习的注意力，若专业课知识基础不牢固，则在实际工作过程中不能满足行业对专业知识的需求。

2.2.3 在培养过程中重理论轻实践

我国行业特色类高校教育现行趋势是，研究性学习开始受到普遍重视。美国行业特色高校一般把本科生科研纳入课程计划，参加科研项目的学生可以获得学术学分，成为总学分的一部分。与此同时设置独立学习和研究的课程，强调举一反三和知识的融会贯通，使学生接受特定的科学研究方法训练，并为本科生提供项目资助，学生需要参与标准科学研究的每一个阶段。而我国大部分行业特色高校还是“粉笔+课堂+书本+考试”的传统模式，本科生几乎很少参与科研项目。而且，对于研究方法论方面的教育也很缺乏，本科教育基本不涉及，即使进入研究生阶段，方法论教育也不是作为一门正规的课程列入课程学习当中。总而言之，我国不少行业类高校沿袭重“理论、轻实践，重科学、轻技术”的观念，不合理的专业指向不仅背离了行业的需要，而且也与多数学生的学习目标和就业方向难以吻合。这种现状导致行业特色类高校开始向综合性大学看齐，长期形成的特色和优势逐渐丧失，与行业对专业人才的需求渐行渐远。

2.3 就业方面出现的问题

2.3.1 人才培养目标与企业用人标准吻合度不高

作为行业特色类高校，应当把培养社会需要和行业科技进步需要的人才作为工作的出发点和落脚点。但是人才培养的周期性、滞后性与企业用人需求的动态性、不确定性造成了学校人才培养与企业用人需求之间存在一定的差距。加之校企双方缺乏稳定长效的合作机制和激励机制，学校人才培养往往滞后于企业用人需求。随着管理体制的变更，行业特色类高校为适应经济建设与社会发展的需要，确保在行业高校中的“一席之地”，它们试图淡化原来的行业色彩，实现办学定位及发展目标的有效转型，因此，学科专业设置没有坚持直接面向行业生产的第一线，也没有坚持将行业产业结构和行业企业人才需求的变化趋势作为确定学科专业发展的依据，而是一味地追求学科专业的“大而全”，专业陈旧雷同，人才培养方式与实际需求脱节。这就使得课程设置和教学内容不能及时反映企业的需求，学校的人才培养目标与企业的用人标准的不吻合导致一方面毕业生就业困难，另一方面企业用人单位找不到适合的人才，使行业或区域社会经济发展所需的应用型、专业技能型、复合型人才紧缺。

高校的办学必须与经济社会发展和行业需求联系起来，由于人才培养结构与社会需求存在脱节现象，近年来高校毕业生就业遇到困难。以 2012 年为例，全国有普通本科在校生 1427.1 万人（绝大部分在地方高校），其中艺术专业 121.6 万人、文学专业 266.9 万人、管理专业 256.2 万人，分别占到 8.5%、18.7%、17.9%。这种人才培养结构明显偏离了当前经济社会发展和行业发展对人才的实际需求。

2.3.2 专业实习实践教育与企业需求匹配度不高

专业实习实践教学是培养学生实践能力和创新精神的重要途径，是培养应用型高素质专业人才的必要环节。但是，目前一些行业特色类高校开展的实习实践教育并没有真正反映企业的需求。调查显示：一方面，不少企业对高校毕业生都存有一种看法，他们认为毕业生的专业技能不足、动手能力差，对工作的适应期太长；另一方面，高校毕业生也反映在校学习期间理论课程太重而实习实践课时偏少，同时实习实践教育内容与未来职业技能关联不大。于是，企业等用人单位对毕业生的需求减少。导致这种问题产生的原因一方面是因为我国行业特色类高校长期重理论轻实践，另一方面则是由于现有的实习实践教育多属于“知识验证型”，是对书本知识的一般验证与应用，没有及时反映当代科技变化及企业的现实需求。加之目前对企业参与人才培养缺乏激励机制，企业参与人才培养的动力不足，致使高校大学生的实习实践教育内容与企业需求匹配度不高。

2.3.3 行业特色类高校培养的人才在本行业领域中的就业率不高

行业特色类高校培养出的人才大多是针对该行业就业领域的需求，但近年来，行业特色类高校培养的人才在该行业领域就业率并不高。究其原因，一方面是因为有些毕业生主观上并不喜欢本行业，行业与自己的兴趣爱好不对接，有些毕业生认为本行业就业前景差强人意，不能满足自己的择业标准。另一方面，我国传统的家庭教育模式是父母插手于孩子的各个成长过程，为避免孩子毕业后面临严峻的就业形势和就业压力，有相当一部分父母早已为孩子安排好了他们认为最好的工作，而这些工作的内容往往并不是与学生所学的专业相关的领域。

行业特色类高校是培养高层次人才、行业专业型人才和创新型人才的重要基地和平台。从历史的角度看，行业发展对专用人才的需求是行业特色类高校产生及发展的基础，在高校多年服务于行业的过程中，他们的特色与优势得到彰显与强化，实力得到不断的发展与壮大。社会环境、教育管理体制的变化并不意味着这些高校为国民经济建设和行业发展服务功能的削弱。相反在新的形势下，行业特色类高校应该对其发展过程中出现的问题以真思考，转变教育理念，加大学科专业结构调整力度，认真考虑学校的办学定位，采取积极措施加强对行业的服务能力，特别是加强对行业共性关键技术的研发能力，不断提升为行业服务的水平。将传统的“学科—专业—专业方向—就业”的专业设置思维转变为“就业岗位—行业需求—专业方向—专业—学科”思维，以需求为导向，主动投身国家经济建设需要，充分发挥智力优势，积极与企业建立广泛的业务联系，了解他们急需解决的问题，组织开展有关课题研究，为国家、地区和行业发展提供决策咨询，提高行业高校人才培养的质量，在服务社会的过程中走出强校之路。

（**作者：**王关义、刘益，北京印刷学院）

3 行业特色类高校设立人才培养特区的基本情况及主要做法

3.1 高校人才培养特区建设的探索

高校人才培养特区是指高校在学科建设和人才培养过程中，为实现总体建设目标，构筑人才资源高地，设立实验班，从优秀师资配备、资金扶持、实验实践环节等方面给予倾斜支持，通过优化资源配置提高人才培养质量，使优秀人才脱颖而出，从而带动学校人才培养模式创新。

新中国成立后的首个创新人才培养特区可以追溯到1978年中国科学技术大学成立的全国第一个少年大学生集中培养基地——少年班，开创了我国高校对优秀人才特殊培养之先河。1984年前后，北京大学、清华大学、复旦大学等12所重点大学获批开办“少年班”。真正意义上的创新人才培养特区是在1984年浙江大学创办的工科混合班。20世纪80年代，华中科技大学率先在全国引入“第二课堂”的概念，在教学计划之外组织学生开展具有教育意义的第二课堂活动。在因材施教理念的引导下，华中科技大学涌现出Dian团队、联创团队等数十个有影响力的课外创新团队。

2010年发布的《国家中长期教育改革和发展规划纲要（2010—2020年）》确立全面提高高等教育质量和人才培养质量的发展目标，再次强调创新人才培养模式，而目前全国已建立了501个人才培养模式创新实验区。据初步统计，中国80%以上的重点大学都成立了创新人才培养特区，积极探索多样化的人才培养模式。其中比较有影响力的创新人才培养特区有北京大学的元培学院、清华大学的清华学堂、浙江大学的竺可桢学院、中国科技大学的少年班学院等，此外还有教育部为回应“钱学森之问”而启动的创新人才培养计划——珠峰计划。由于国家政策积极推动，在示范效应下，许多大学纷纷效仿这些先行者，创新人才培养特区得到普遍推广。

3.2 行业特色类高校设立人才培养特区的基本模式

行业特色类高校作为高等教育体系的重要组成部分，有自身的独特办学风格与人才培养模式。调查显示，国内很多行业特色类高校为培养适应行业发展与市场需求的人才，纷纷设立人才培养实验班，目前主要有以下四种模式：行业人才培养实验班、国际化人才培养实验班、对接企业的人才培养实验班和突出基础素质能力培养实验班。

北京印刷学院课题组针对“高校招生培养就业联动机制与人才培养特区建设”做了问卷调查，关于“建立人才培养特区模式”一题的调查结果如图3-1所示。完整问卷内容见书后附录。

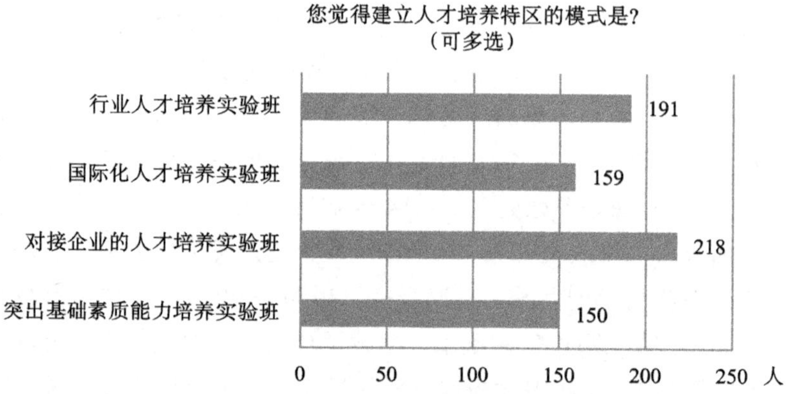

图3-1 关于人才培养特区模式调查问卷结果

注：受访人数305人，回复率90.0%。

3.2.1 行业人才培养实验班

行业人才培养实验班就是高校以某一行业为依托，围绕行业需求，定向培养人才的一种模式。在人才培养特区模式调查受访的305人中，191人认为行业特色高校应建立行业人才培养模式。以中国政法大学为例，设立法学人才培养模式改革实验班。2010年中国政法大学以“六年制法学人才培养模式”为基准模式的“高级法律职业人才培养体制改革”被确定为国家教育体制改革试点项目。其培养目标就是对接行业、专业，培养具有厚基础、宽口径、高素质、强能力的复合型、应用型、创新型高级法律职业人才。依托国家“卓越法律人才教育培养计划”，在多年来应用型法律人才培养探索与实践的基础上，2013年9月华东政法大学启动了研究生“高端法律服务人才培养创新实验班”项目。该项目探讨法科研究生教育精细化、职业化和市场化培养目标及法律服务领域的人才对接等问题，特别关注高端法律服务人才培养创新实验班项目培养方案。并加强了与国内外知名律所、企业的合作，培养学生适应投资、贸易、金融、航运等行业涉及的高端法律相关业务领域的从业要求。

上海财经大学经济学院“经济学人才培养模式创新实验区”于2007年12月建立，是教育部、财政部共同批准并拨款的首批国家级人才培养模式创新实验区之一。实验区以“国家经济学基础人才培养基地”（基地班）和“数理经济学专业方向”（数理经济实验班）为主体。近些年来，实验区在教育理念、培养方案、管理与运行机制等多方面进行了大胆创新和改革。目前，已拥有一支优质、稳定的师资队伍，基本完成了与国际接轨的课程体系设置，建立了高效运转的教学管理体制，实验区的创新性特征正逐步凸显，复合型、外向型、创新型人才的培养目标初见成效。

2014年北京交通大学主办的交通运输类专业人才培养模式创新实验区以“詹天佑班”为试点，结合交通运输系统的特点，开展研究型、工程应用型、管理型等多样化的拔尖创新人才培养与教育。在交通运输类专业培养计划中，设立了融通各种运输方式共性基础理论和某种运输方式专门技术的课程体系，强调面向“大交通”的专业基础教育与专业特色教育的结合，设置专业平台系列课程及体现运输方式特殊要求的专业特色课程。将“本科生教育-研究生教育-科研团队”一体化，由教师指导研究生，研究生带领本科生，本科生、研究生和教师间的参与和互动构建了人才培养的运作体系，以此鼓励学生个性化发展，强化学生的综合素质和实践能力。

3.2.2 国际化人才培养实验班

21世纪全球一体化达到新的高度，面对激烈的全球竞争，培养国际化具有行业特色的创新型人才成为高等教育的重要任务。全球化发展趋势要求行业特色高校具有关注国际性学科领域发展动向的敏感性，具有积极进行国际沟通的素质，具有国际水准的研发能力。

行业特色类高校人才培养通过制定可行的战略规划，提高合作创新能力，建设国际化的研究团队，建设国际化研究平台等措施以实现世界一流大学的战略目标。很多行业特色类高校积极探索国际化人才培养，加强国际合作。比如北京物资学院的国际物流实验班、中国矿业大学与德国高校成立产学研合作班等。

2006年北京物资学院开始设立国际物流实验班，每期招收20—30人，于大一学年第二学期末在学院内进行选拔，择优录取。实验班学生在校期间采用校企合作双轨制培养模式，进入国际物流实验班的学生全部到国外进行为期一年或者半年的学习和交流。为进一步加强大学之间的国际交流与合作，学校物流学院与德国巴符州立大学、德国维尔茨堡－施因韦富特应用技术大学、丹麦VIA大学学院、韩国中央大学签署了互换学生的项目协议。根据协议要求，学院将国际物流实验班的学生以交换学生的身份，到以上四所大学进行物流管理方面为期一年的学习，课程包括英语教学的专业课程、实习环节和语言课程。良好的国际化学习环境提高了学生英语实用能力，掌握先进专业知识的能力以及跨文化交流能力。

围绕我国煤炭行业的关键问题，中国矿业大学把产学研合作拓展到国外高校、研究机构和企业，推动国际层面的产学研合作。联合德国亚琛工业大学、杜伊斯堡－埃森大学等五所高校，以及鲁尔集团、RWE能源集团和DWE研究所成立“中德能源与矿区生态环境研究中心”，建立中德产学研合作平台，德国前总理施罗德担任名誉主任。其所承担的“徐州北部生态示范区”项目成为两国政府签署的环境合作项目。此外，学校发起成立“国际矿业、能源与环境高等教育联盟”，秘书处常设于中国矿业大学，美国、德国、澳大利亚、俄罗斯等主要产煤国的涉矿高校成为首批成员，联盟正成为国际矿业领域推动产学研合作培养人才和研究共同关心问题的重要平台。

为适应石油企业国际化人才的需求和我国石油业“走出去”战略，中国石油大学与国内大型石油企业、国外石油高校联合建立的一种以国际石油合作项目为平台的招生、培养、管理与就业一体化人才培养新机制。2006—2009年，学校与中石油、中石化合作向俄罗斯古勃金石油天然气大学和乌法国立石油技术大学派遣100余名留学生，这些学生完成理论课程学习后，经过一段时间的语言培训进入国外大学，并在国外导师的指导下完成学位论文，最后答辩合格者可获得两校的硕士学位，这些与国外大学“亲密接触”的学生绝大部分都进入企业从事海外项目研究或相关工作。

3.2.3 对接企业的人才培养实验班

调查显示，对于人才所应具备素质的排序，企业和高校的看法存在较大的差别，企业更注重在实践方面的创新素质，而高校更侧重于学术研究方面的创新能力。因而行业特色高校在人才培养过程中，要有针对性的培养方案。根据行业特色高校人才培养特区模式问卷调查结果，多数行业特色类高校更倾向于建立对接企业的人才培养模式，可见这种人才培养对于满足企业需求以及招生就业方面具有重要意义。

“订单式”人才培养模式作为一种新的产学研合作方式，不同于传统的在于企业和高校间相互建立人才培养基地，也有别于传统的定向培养，更有别于高职订单式教育，是高等工程教育领域的一种教育模式的创新。作为石油行业特色高校，中国石油大学采用了“订单式”人才培养模式，毕业后，订单班的学生全部根据协议到相关企业就业。目前，中国石油大学已为东方地球物理公司、中原油田、江汉油田、长城钻探等企业“订单式”培养本科生100多名，约占毕业生的10%，受到了用人单位的欢迎。北京印刷学院和雅昌文化集团共同创办的“雅昌班”采用校企共同选拔、共同制订培养方案、共同参与培养过程，进入实验班的学生毕业后，若个人自愿即可进入企业工作。

行业特色高校学校整合优化校内外优质资源，着力构建科学基础、人文素养、实践能力协调发展的拔尖创新人才培养体系，把优质办学资源转化为人才培养能力，培养学生独立思考、敢于质疑的品质。作为航空行业的特色高校，北京航空航天大学探索校企协同创新和联合培养的新机制，与中国商飞集团合作创办“大飞机班”，与中国航空工业集团共同推进发动机和动力学院综合改革。此外，北京航空航天大学注重培养具有全球视野、能够参与国际竞争的国际化人才，其成立的中法工程师学院借鉴法国工程师教育经验，与包括11家世界500强企业在内的中法著名企业集团进行实质性合作，建立了由国内外教育界人士和知名企业家组成的董事会和管委会，着力培养具有国际水准的通用工程师，平均每名毕业生获得国内外10多个就业机会。

3.2.4 突出基础素质能力培养实验班

目前很多行业特色类高校在人才培养方案的设计上突出基础素质能力，与学生实践能力、研究能力相结合，培养具备健全人格、个性突出、基础宽厚、视野开阔、创新意识强、综合素质优秀、具有能够引领相关科技和管理领域发展的潜质，具有一定国际竞争能力的拔尖创新型人才。部分行业特色类高校也有注重学生基础素质能力培养模式，比较典型的有湖南农业大学经济学院创办的"农经创新实验班"注重学生基础素质能力，培养高素质的创新型人才，还有北京交通大学注重基础教育的"2+2"模式创办的"思源班"。

2005年湖南农业大学经济学院开始进行农业经济管理专业人才培养模式改革，建立"农经创新实验班"，以"加强基础、拓宽专业、因材施教、重点培养"为指导思想，利用优质教育教学资源，采用研究型教学模式和更加灵活的管理模式，针对当前教育形势和社会形势构建"教与学、理论与实践、学校与企业（或农村）紧密结合"+"全方位素质教育"的人才培养体系。通过"实验班、实践基地+开放式教育"的教学平台，培养"零适应期"的本科生与具有创新精神的复合型、应用型农经管理人才。

2005年北京交通大学开始试办"思源班"，探索和培养拔尖创新人才的跨学院、跨学科的教改试验班。2007年对其培养模式进行了进一步构架与整合，并被教育部批准为"多学科复合型人才培养模式实验区"。依托优势学科和两个国家工科基础课程教学基地、文化素质教育基地，强化科学研究与人才培养、理论教学与实践教学、知识传授与自主学习的"三个有机结合"，实施前两年厚基础教育和后两年宽口径专业教育的"2+2"培养模式。前两年的学习在注重通识教育、加强人文社会科学熏陶、培养德智体全面发展的高素质人才的基础上，特别强化数学、物理学科的基础教育，课程基本按照理学专业配置，培养学生优良的数学、物理应用功底。学生从三年级开始可以根据个人的兴趣和发展需要自主选择我校各学院的优势专业，并通过个性化培养计划完成专业课程的学习。入学一年后不适应思源班学习的学生，可在专家指导下从思源班转入适合的专业学习。

3.3　行业特色类高校建立人才培养特区的主要做法

通过问卷调查，行业特色类高校建立人才培养特区主要是基于以下几个方面原因：培养目标对接社会需求、创新人才培养模式、优化课程体系、强化实践教学环节和建设优质师资队伍。不过每个行业特色类高校的具体实施方案各有侧重，但总体思路是有共通之处。北京印刷学院所做的调查问卷中，关于“人才培养特区环节”的问卷结果如图3－2所示。

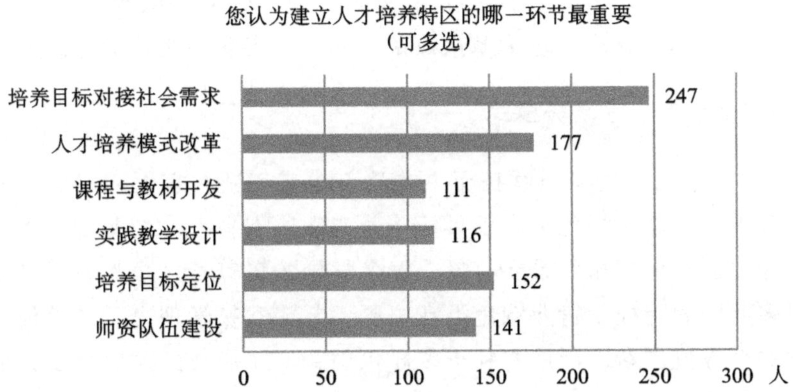

图3－2　关于人才培养特区环节调查问卷结果

注：受访人数323人，回复率95.6%。

3.3.1　培养目标对接社会需求

调查结果显示，受访的绝大多数人认为建立人才培养特区最重要的环节是培养目标对接社会需求。从目前来看，国内主要的行业特色高校设立人才培养特区也是着眼于社会人才需求兼顾学生的实践能力培养，深化教学改革，构建产学研合作的新型培养模式。行业特色类高校大都在积极探索需求导向的学科专业优化机制、就业导向的人才培养类型调整机制。中国矿业大学、中国地质大学、华北电力大学等行业特色高校都建立了对接社会和行业需求的人才培养模式。

目前，很多行业特色类高校在创新人才培养模式中建立与相关行业企业的合作，为企业培养稀缺人才，实现“订单式”人才培养模式，比如中国石油大学、中国矿业大学等。校企合作就是充分利用行业特色高校和企业的资源优势，高校与企业在各自不同利益的基础上寻求共同发展、谋求共同利益的一种组织形式，是一种以培养高技能人才为主要目标的人才培养模式。通过合作，高校可以逐步找准与企业的连接点，设置并完善供需对接的专业，推动课程体系和教学内容改革，建立和拓展实训实践基地，拓展人才服务领域，提升人才培养质量。

中国矿业大学技术矿工“量体定做”培养模式，以满足企业对紧缺人才、特殊人才的需求为主要目的，根据所需专门人才的知识和能力结构，在满足相关专业基本要求的前提下，增设企业需要的课程和培养环节，与企业共同制订“订单班”人才培养方案。针对现代化煤矿的高技术人才需求，采取企业招工、学校培养、再回企业顶岗实习的方式对一线矿工进行“订单式”专门化培养。迄今，已为基层煤矿培养一万多名一线技术型矿工。

3.3.2 创新人才培养模式

“钱学森之问”的实质就在于人才培养模式创新，它促使我们深入反思人才培养模式变革。特色类高校具备培养高素质创新人才的基础、条件和优势，是建设创新型国家的重要力量。每个学校的培养特区虽然各具特点，但也有很多共同的特征。行业特色类高校要不断探索教学理念、培养模式和管理机制的全方位创新，形成有利于多样化创新人才成长的培养模式，满足国家对社会紧缺的复合型拔尖创新型人才和应用型人才的需要。

作为外语领域的特色高校，北京外国语大学将人才培养目标定位是培养和造就复语型、复合型、高层次、通晓国际规则的国际化人才。创新人才培养模式：第一，突出双语特色，强化“英语＋法语”高水平语言能力的培养；第二，搭建跨学科、中外联合培养平台，落实多渠道研究生出国留学机制，积极探索中外双硕士学位和主修、辅修硕士学位培养新模式；第三，采用跨学科、跨行业导师组“1＋1＋1”培养制度，即全程三导师（语言文化＋专业＋国际组织实务）联合指导机制，专业导师由校内外法学、外交学、经济学与管理学科专业教师担任，语言文化导师由校内优秀的外语教师担任，实践导师由具有国际组织实务经验的人员（如联合国与其他国际组织官员、中国政府相关机构人员、国外专家、知名研究机构的研究人员等）担任；第四，积极开展研究生实习模式创新，开拓海外实习渠道，满足学生在学习期间赴国际组织及相关机构实习的需求，提高研究生综合素质及创新实践能力。

华北电力大学构建工程创新人才培养体系，与“卓越计划”相适应的创新人才培养体系包括知识优化系统、能力强化系统、素质提升系统、创新支撑平台等4大系统，重点实施12项改革项目，即“3423工程”。通过“知识结构优化改革”“教学方法与手段改革”和“工程创新课计划”优化学生知识结构；通过“学习能力提升计划”、“工程实践能力培养计划”、“社会实践计划”和“创新能力培养计划”强化学生能力；通过“理想信念教育计划”和“品德养成计划”提升学生素质；通过“‘四模块’创新实践基地建设”、“师资队伍建设”和“质量监控与保障体系建设”打造创新支撑平台。学校从2011级学生开始，结合行业背景和特点，依托优势学科，在若干国家级特色专业开展试点，“卓越计划”试点班在“工程创新型”和“工程实践型”两个层面上实施。以现有创新人才培养实验班为基础，强化研究与创新，实施“课内外统合、学研双驱”培养模式，实行导师制、个性化培养方案。加强数理基础，注重综合能力和研究能力培养，实施“学行并重、校企联合”培养模式，强化工程实践，注重企业实践环节，培养方案由校企双方共同制定；加强学科基础与专业基础，注重解决现场工程问题能力、开发能力和设计能力培养。

中国政法大学针对法学专业人才培养开设的“法学人才培养模式改革实验班”实行对本科与专业学位研究生六年两阶段贯通培养模式，将基础学习阶段与应用学习阶段有机结合，突出了对学生法律职业能力的训练。法学专业学生毕业后，适合从事审判、检察、司法行政、律师、公安等实际工作，也可从事立法、法学教育、法学研究以及行政管理和公司、企业的法律顾问等工作。

3.3.3 优化课程体系

调查显示，课程体系优化也是行业特色高校人才培养特区建设重要环节，针对传统模式下课内教学和课外学习、课外活动脱节的问题，优化课程体系有利于统筹融合课内教学与课外学习，着重培养学生学习主动性创造性。不少行业特色类高校进行科学的课程体系设计以及教材开发，使学生逐步树立起良好的学风和理论学习兴趣，不仅形成了较高的理论素养和较强的科研能力，而且具备了突出的创新精神和实践能力。要着重构建两个体系即理论教学体系和实践教学体系，完善由通识教育课程、专业课程和创新教育课程构成的“三位一体”课程体系。

上海财经大学经济学院“经济学人才培养模式创新实验区”一直致力于拓展学生的专业基础，淡化专业意识，实施宽口径招生，注重通识化培养。其借鉴国内外大学的先进经验，设计了相应的课程体系和培养方案。课程体系特别强调抓好本科阶段数理基础、资本论、微观经济学、宏观经济学以及计量经济学五门基础课程的教学，并设置了一些具有前沿性和前瞻性的选修课程，如产业组织、博弈论、发展经济学、实验经济学、卫生经济学等，使学生能够学习和了解现代经济学最新的发展动态。实验区的核心课程都由最优秀的师资任教，并广泛使用双语教学和国际化的原版教材。经过几年的建设，除了向社会各界输送人才外，平均每年有近50%的实验区学生继续攻读研究生学位。另外，每年还有多位学生到国外高校继续深造，其中包括英国伦敦政治经济学院、法国图卢兹大学、澳大利亚国立大学、新加坡国立大学等世界知名大学。

作为行业特色类高校，湖南工业大学原归中国包装总公司管理，学校坚持长期形成的办学特色，积极探索特色的人才培养模式，以课程体系改革为核心，构筑理论教学体系。首先，在课程目标指向上，强调以包装行业需求为主线。学校正确处理本科教育的厚基础与强能力的辩证关系，形成了以包装类优势学科专业为主干课的专业课程体系，并在教学环节中增加了单独设课的包装综合实验，加强教学环节的针对性。其次，在课程设计理念上，注重技术与艺术的结合，现代包装是技术、艺术与功能的统一体。在课程资源开发上，加大对课程模块的研究与应用，作为学校有计划编制的教育内容。课程是联系学习者和社会的有效中介，为此学校加强课程整合，根据不同的培养方向将相关知识单元组合成课程模块。各模块之间既相互独立又相互联系，形成了包装类知识体系结构，不但为包装类专业学生提供了多元的专业方向，而且也为其他专业学生选修包装类课程创造了有利条件，改变了传统教育中彼此分割的课程模式，体现了课程的综合培养功能。

3.3.4 强化实践教学环节

在以培养应用型高级专门人才为目标的基础上，行业特色类高校在建立人才培养特区过程中加强对学生实践能力的培养，逐步建立以特色优势学科为支撑的实践教学体系。实践教学是人才培养的重要环节和最好方法，根据人才培养模式的差异加强和完善实践教学体系，该体系包括课程实习、以课程教学为主的多样化的实验环节、专业实习、毕业实习、社会实践和第二课堂等各类实践教学环节。将实习教学从课内引申到课外，大大提高了教学质量，同时激发学生学习思考的积极性与主动性，其实践与创新能力得到锻炼。

中国地质大学重点建设基础地学教学实验示范中心、物理实验示范中心、计算机实验示范中心等。各实验室均向学生开放，不仅提高了实验设备的共享程度和使用效率，还为大学生创造了良好的实验条件和更多动手操作的机会。其地质专业实践教学体系包括课间野外实习、北戴河地质野外认识实习、周口店野外教学实习、国际化野外教学的跨国跨地区实习等，通过野外实践教学，学生的科学素养、实践能力和创新能力得以进一步提升。

中国政法大学强化实践教学环节是提升法学专业人才培养质量，尤其是提升学生法学实践能力的核心环节。在专业实习的工作机制方面，探索建立“高校－实务部门联合培养”机制，主要措施包括：高校与实务部门共建人才培养基地和课程体系；聘请实务部门工作人担任专业实习导师；实务部门专业实习导师与校内专职教师联合承担学生专业实习考核工作。在专业实习的教学内容方面，探索实施“分站式”专业实习模式：设置专业实习必修课课组，根据典型法律职业设置专业实习站点，学生根据自身的兴趣、就业方向在实习课程中选择参加两站进行专业实习。在专业实习的组织实施方面，探索“练学交替”的运行方式。专业实习课程教学内容由实务技能理论课程讲授与业务实践两部分组成，将专业实习业务实践划分为若干阶段，每阶段业务实践对应一次理论课程讲授，在遵循理论知识转化为实践能力所需的渐进性、反复性规律的同时，加强对专业实习的过程控制。

3.3.5 建设优质师资队伍

国以才立，业以才兴；百年大计，教育为本；教育大计，教师为本。一个不争的事实是一所大学是否拥有一流的师资队伍，决定了其办学特色、人才培养质量、学科水平是否一流。人才培养特区在享受特殊政策支持并在资源配置等方面给予扶持之外，还应不断探索包括人才遴选和培养激励、学术研究等方面的新办法，优化教师队伍，广纳海内外高端人才，实践高水平专业化顶尖人才培养方案。教师是科学教育观的践行者，是办学的主体。根据学校的办学定位和办学特色来建设教师队伍，深化人事制度改革，帮助教师提高自身素质和能力，特别是提高教师应用型教学和科研的能力。行业特色高校采取各种措施拓宽师资来源，积极引进行业顶尖人才，兼顾优势学科专业的特点，保证数量的同时也注重质量。

为适应创新人才培养的要求，建设一支强大的师资队伍是基本保证。行业特色类高校要重视青年教师的培养工作，通过选送青年教师出国培训、培育教学团队和教学名师、老教授“传帮带”和参加国际合作等多种形式来促进青年教师成才，为学校的整体师资水平注入新鲜血液。另外，为拓展学生知识面，了解世界、企业、社会上专业的动向和最新趋势，定期聘请国内、外名师和企业专家为学生授课。以中国地质大学的能源学院为例，学院聘请法国道达尔公司教授为学生讲授国际油气勘探进展课程，德国爱尔兰根 - 纽伦堡大学和北巴伐利亚州地学中心的 Koch 教授、科罗拉多矿业学院的 Cross 教授为学生讲授沉积学课程，中国石油经济研究院江怀友教授为学生讲授国际油气勘探项目管理课程等等，这已形成为学院专业教学的一个特色。

实际上，建设人才培养特区是一个复杂的系统工程，需要有配套的组织、制度、资金等作为支撑。从长远来看，我们既要看到目前人才培养特区取得的成绩，同时更应考虑如何在总结经验基础上，把实践证明行之有效的措施制度化、规范化，使这些人才培养特区建设为我国高等教育改革与发展提供宝贵经验与财富。

（**作者**：王关义、刘益，北京印刷学院）

4　行业特色类高校人才培养特区建设中出现的问题及保障措施

4.1　人才培养特区建设中出现的问题

4.1.1　人才培养目标定位出现的问题

北京印刷学院的调查问卷中关于“人才培养特区建设中最为突出的问题”的调查结果如图 4－1 所示。

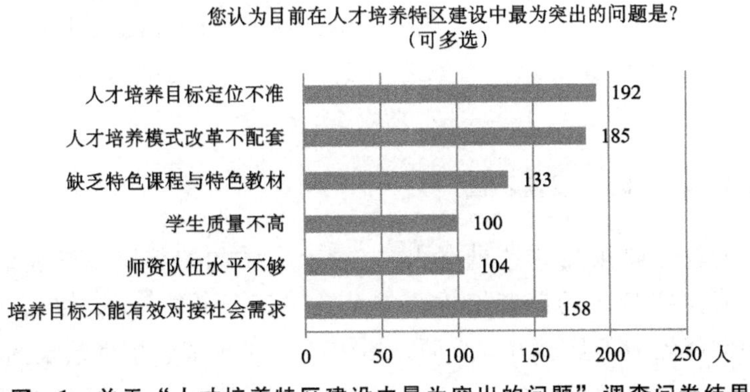

图 4－1　关于“人才培养特区建设中最为突出的问题”调查问卷结果

注：受访人数 320 人，回复率 94.7%。

调查结果显示：在人才培养特区建设过程中主要出现的问题有如下几个方面：

（1）培养目标功利性

目前各大培养特区的培养目标存在着“成才”与“成人”之间的观念差异。“成才”即培养掌握某种专业专业知识、技能的专门人才，专门人才是为了适应社会发展的需要而培养出来的；“成人”是指对人才的培养不仅仅是专业知识和能力的传授，更重要的是精神的培养、正确价值观的树立、人性和人格的建立和完善。但是随着当今社会的就业压力与日俱增，部分行业特色类高校人才培养特区建设中的短期功利主义育人理念比较严重，培养目标普遍追求的是“成才”而非“成人”。

（2）培养目标不能有效对接社会需求

在部分人才培养特区的宣传主页上可以普遍看到他们的培养目标定位是“建设高素质创新性人才”、“争创全国一流高校”、“综合性大学”。这样的培养目标不能有效对接社会需求，主要表现为：某些高校脱离本行业、本地区的人才需求，盲目扩大规模；眼界过高，过分追求声誉、地位，忽略了培养高素质人才的办学宗旨；同时也忽略了人的个体需要，不重视个体从获取知识到养成素质的转变。过于空泛的培养目标导致各行业高校的培养模式大同小异，即不同类型的培养、不同的专业、不同层次的各大高校在培养路径上却都很有“默契”地采取“课程 + 实践”的模式，课程传授专业知识，实践培养专业能力，缺乏特色课程与特色教材，最终导致培养人才的过于雷同。

社会对于人才的需求是多种多样、多层次、多规格的，而各大高校的培养目标趋同，培养目标单一、泛化、不确定性使得培养的人才偏离了社会和人的发展需求及自身实际，必然会导致人才培养质量的下降而进入恶性循环。

4.1.2 学生培养质量不高

我国的教育政策是“严进宽出”，进入大学的门槛高，毕业的门槛低。几乎“一卷定终身”的高考模式造成大批“高分低能”的学生，表现在实践能力和创新能力不足。另一方面，招生政策的改革、招生数量的扩大使高校学生培养质量出现滑坡的趋势，具体表现为：学生入学后没有明确目标，得过且过，对未来生活缺乏规划；学生旷课现象严重，出席率低；有些学生学风不正，考试作弊屡禁不止，抄袭成风；缺乏学习热情，课下又不主动学习，考前临时抱佛脚，导致课业通过率低，挂科现象严重；学生心理脆弱，性格孤僻，自我保护意识薄弱，抗压能力低下，近年来大学生自杀、被骗入传销组织等现象时有发生。这种现象已经成为高校可持续性发展的巨大障碍。

4.1.3 师资水平有待提高

学生水平的高低和教师水平的高低是呈正相关的，高水平的教师是培养出高水平的学生的保障。近年来，我国各大高校已经开始重视教师的聘任选拔工作，但是与国外知名大学相比我国大学整体师资水平不高。国外大学基本上都有十分严格的聘任和晋升制度，如耶鲁大学在终身教授评定上的标准是高之又高，一般都是在世界范围内该领域顶尖人物的竞争中产生。此外，欧美国家的高等教育十分重视国际化，注重大学教学、科研的国际合作与交流，为创新型人才的培养提供了广泛的空间。我国行业特色高校在人才的引进和教师的选拔、聘任上还没有形成制度化。曾经培养出 20 名英国首相的牛津大学和培养出 60 名诺贝尔奖获得者的剑桥大学，其培养人才的秘诀就是被人们津津乐道的导师制。这种制度经过 600 多年的实践，证明是符合人才培养规律的。我国各大行业高校也开始实行导师制。由于近年来各个高等院校不断扩招，许多教师被“破格”提拔上来，而这其中有相当一部分教师的专业知识积累不够、缺乏经验，并不足以胜任导师的工作。另外一部分教师虽然有一定的学术水准，在学术界也享有一定的声誉，但同时还担任行政职务，教学任务和科研任务过于繁忙，很难有充足的时间给学生全面的关心和指导，学生和导师缺乏交流沟通。另外在国际、国内高校合作方面，虽然某些院校已开始相关的合作，并且交流的步伐不断加快，但是总体来说交流面比较狭窄，没有制定具体的交流合作方针和策略，而且师资构成和研究经费和国外相比还有很大差距。

4.1.4 人才培养模式改革不配套

《国家中长期教育改革和发展规划纲要（2010—2020 年）》提出要更新人才培养观念，树立多样化人才观念，尊重个人选择，鼓励个性发展，不拘一格培养人才。近年来，为了响应国家人才培养模式变革的号召，促进行业发展，培养大量优秀的专业性高素质人才以应对社会对各种各样人才的需求，不少行业高校相继迈上人才培养模式的改革之路。按照现代人才培养理念，行业特色类高校培养出的人才应该是知识结构合理、实践能力强、综合素质高、全面发展、可持续发展的人才。但是不少行业特色类高校在其人才培养模式改革过程中的现状是：过多强调专业教育，注重“专才型”人才培养，导致在教育过程中专业设置过窄，且学习过程模式单一，在教学方法与模式的选择、设计和安排上忽视了学生的个体差异性，常常采取“一刀切”的做法；教学方法与模式过于强调对预定的知识体系的传授和学习者对知识的接受，是一种注入式的知识教育，缺乏特色课程和特色教材；教师与学生之间缺乏互动和沟通，学生难以积极主动地参与教学活动。这种教学方法与模式不利于培养学生的发散性思维、批判性思维和创造性思维，也不利于创新能力的养成和创新型人才的成长。显然，不少高校的人才培养模式与现阶段培养模式的改革是不配套的。

4.2 建设人才培养特区的保障措施

调查结果显示，针对上述人才培养特区中出现的问题应采取以下措施来解决：

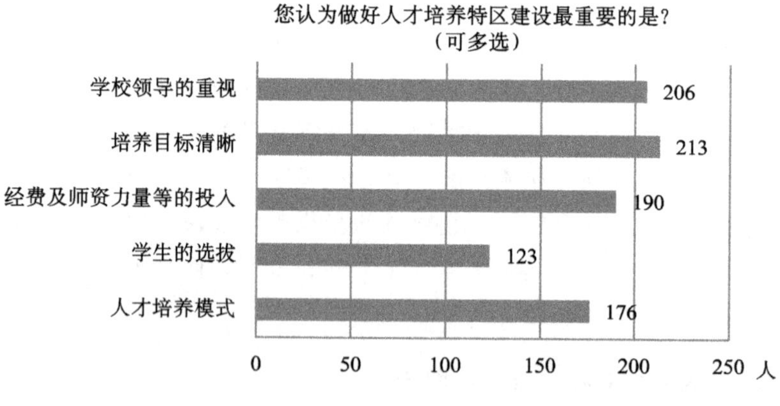

图 4－2 关于“人才培养特区建设最重要的是”调查问卷结果

注：受访人数：320，回复率：94.7%。

4.2.1 科学地确定人才培养目标

在科学地确定人才培养目标时，要以科学发展观和先进的教育教学理念为指导，人才培养的目标要符合时代精神、符合学校的人才培养定位、符合学校的生源质量水平。

为科学确定人才培养目标，行业特色类高校要研究人才成长的规律，研究人与社会发展之间的相互关系；要以大学生的成长成才为基本出发点，深入分析研究影响大学生成才的各个要素（关于人的发展可以从三个方面综合考虑：一是从心理学方面，体现在人的人格和认知的发展；二是从社会学方面，体现在对推动社会发展作出贡献；三是从哲学方面，体现在不断否定低层次的自己，使自己进入更高的层次）。研究当今和今后一个时期社会的政治、经济、科学和技术发展的趋势，研究社会和各行业对人才需求的状况，根据行业发展周期性制定招生计划，还要研究学校自身的情况如发展历史、办学条件、社会地位，根据自身的实际情况制定人才培养目标。有了这些研究作为基础，才能科学地确定学校的人才培养目标。

总而言之各大高校的人才培养总体目标应该是综合素质的全面提高，通常具体体现在思想道德、专业知识、通识知识、应用能力和创新精神等方面。

4.2.2　建设高质量的师资队伍

高校师资队伍是培养高素质综合型人才的基本保障。针对部分高校师资水平不高的问题，首先，应该建立严格聘用及绩效考核制度，学校在用人制度上要严格把关，并建立公平合理的多维多重考核激励机制；其次，引进竞争机制，实施教师队伍“淘汰制”，学校要保证政策的透明化和机会的均等化，保证现有人才和引进人才平等竞争，保护公平的分配资源，保护现有人才的积极性，使引进人才尽快融入学校发展中；再次，在职称评审（聘任）工作过程中，要根据师资队伍的结构现状及学科专业的需要来定编、定岗，在主管部门下达的专业技术岗位数额内确定各学科高、中、初级专业技术岗位，在职称评审（聘任）工作方面，坚持以岗位推荐人选的原则，改变只注重任职条件而忽略岗位需要的做法；最后，构建制度化、系统性、实效性的高校教师继续教育的培训体系，采取多种形式加强教师在职培训工作，不断提高教师的业务水平和学历水平。作为师资队伍的管理部门，应贯彻思想政治素质和业务水平并重、理论与实践统一、有计划培训、多种形式并用的原则。为尽快改善师资队伍的学力层次，鼓励广大中青年教师在职攻读硕士、博士学位，或以同等学历申请硕士、博士学位等，并且制定各种优惠政策，使他们安心读书，学成后回校工作。

4.2.3 人才培养模式的革新

（1）合理设置人才培养体系

专业教育要和通识教育相结合。随着知识分类、学科分化的不断加深，不少行业特色类高校走上了专才教育之路，专业教育受到广泛的重视，当前应着力建立一种专业教育与通识教育统一和融合的人才培养体系。

拓宽专业领域是当前人才培养体系要重点解决的另一个重要问题。近几年，人们对我国大学专业设置过窄不利于培养创新型、复合型人才这个问题已经达成广泛的共识，改革人才培养模式，设置新的人才培养体系要充分考虑拓宽大学的专业领域问题。要按照“厚基础、宽口径”的思想设计教学计划，淡化专业意识，增加基础课课程的比重，加强相邻学科知识的教学，加大通识教育的比重，增强专业设置的适应性，实现人才的宽口径培养。

大学的课程设计要以学生的发展需求为出发点，培养方案和课程设置要在类型、形式与内容等方面适应学生多样化的发展要求。要建立以模块化为基础的知识整合与知识建构模式，根据社会对专业人才需求多样性的具体要求，在制定培养计划时可以按照基础模块与拓展模块、通识模块与专业模块、选修模块与必修模块、以学科为中心的模块与以问题为中心的模块等不同维度建立模块式的课程体系。

（2）精心设计人才培养过程

对于人才培养的过程要精心地设计。整体学程可以分成若干段，充分运用系统论的理论，即每一段确定一个培养的目标，目标之间既要有所区别又要有所联系，每个目标都要为总目标服务。

要按照开放式办学的思想精心设计人才培养的空间过程。要采用课堂内、课堂外相结合，校园内、校园外相结合，甚至境内、境外相结合的方式进行人才培养，要充分有效地利用社会资源、国际资源为人才培养服务。

在教学方式与方法上要改变以教师为中心、以传授知识为宗旨、以注入式教学为主的传统教学模式，采用以学生为中心、以提高素质为宗旨、以参与式为主的互动型教学方法与模式积极进行启发式、讨论式和研究式教学方法改革的探索。

（3）与时俱进地建立人才培养机制

人才培养机制主要体现在学校的教学管理制度上，教学管理制度的建立要以促进大学生的成长为基本宗旨。当前的高等学校管理是经验型、科学型和文化型的混合体，为了适应人才培养的需要，学校要努力探索、尝试实施文化管理。文化管理是管理的最高层次，是一种已取得共识的激励人、培育人、发展人的有效管理模式。

要建立弹性化的学制。为了适应现代社会、经济发展的需要，学生在校学习时间应该是弹性化的，也就是说学制可以长一些，也可以短一些，可以是连续的，也可以是间断的。

要建立以学分制管理为主和以学年制管理为辅的教学管理制度。学分制是适合于现代人才培养的教学管理制度，学习进程体现了灵活性，学习内容体现了选择性，有利于实施个性化培养和人才成长。

要建立多元的学习评价制度。以多元质量观为指导，要建立以公正、公平原则为基础，以多元质量标准为主要内容，以多方参与为主要特征的多元的学习评价制度和有效的质量监控体系，以激励学生的上进，促进其全面发展。

4.3　人才培养特区与招生培养就业联动机制之间的关系

招生就业制度的改革要使高校成为办学主体，面对招生市场和就业市场的双重考验。调查数据显示，我国高校自 1999 年实行扩招政策以来，招生规模逐年递增，招生人数从 2001 年的 268 万人增加到 2014 年的近 698 万人。相应地，高校毕业生人数也逐年递增，从 2001 年的 114 万人至 2009 年的 600 多万人，2012 年达到 680 万人。据报道，2013 年曾被称为“世上最难就业年”，将近 700 万大学生离开校园加入就业大军。2014 年 727 万毕业生涌入市场，2016 年大学毕业生更是高达 762 万人，加上前几年毕业未就业的大学生，就业形式更严峻。然而现实的就业情况是，一方面毕业生找不到工作，另一方面许多用人单位找不到适合的人才，高校人才培养机制与社会需求结构的错位是导致“就业难”的根本问题所在。因此高校要想缩小社会需求与人才培养之间的差距，提高就业率，提高学校知名度，实现自身的可持续发展，必须搞清楚招生、培养、就业三者之间的内在关系，建立起招生、培养、就业联动三位一体的良性互动机制。

招生、培养和就业是高校人才培养的三个紧密联系的内容：科学的招生方法是人才培养的前提；先进的培养模式是人才培养的关键；完善的就业服务体系是毕业生高就业率的保障。三者之间又是相互联系、互相影响、密不可分的。招生生源的优劣直接影响人才培养质量的高低；人才培养质量的高低又直接影响到学生的就业率；就业率的高低反过来又直接影响到高校招生生源质量的好坏，这已成为教育工作者的共识。在此基础上招生、培养、就业联动就是指在高校招生就业领域，改变社会需求与招生专业、人才培养和学生就业等原有的各自为政的脱节状态，根据社会发展对人才需求的内在关联性进行联合与合作，通过“市场需求”和“资源共享”整合优势，共同参与人才培养和就业竞争，实现高校的可持续协调发展和社会、高校的多方共赢。高校要想通过提高办学声誉，争创世界一流大学，增加毕业生的就业率和就业质量来实现高校的可持续性发展，就应该积极地推动招生培养就业联动机制的建设，以质量促进就业，以就业促进招生，进入良性循环机制，提高学校的竞争力。

行业特色类高校人才培养特区的建立不仅仅是高校自身发展的战略性选择，还是我国知识经济建设和教育制度改革发展的迫切需要。行业特色类高校设立人才培养特区的一个重要问题就是要克服高校人才培养与行业需求脱钩这一难题，而建立招生培养就业联动机制是行业类高校解决这个问题的重要手段。行业特色类高校招生培养就业联动机制的构建，要以行业产业需求为中心，建立社会需求与招生专业、人才培养和学生就业之间的内在关联体系，以招生促培养、培养促就业、就业又促招生，缩小社会需要与高校人才培养质量之间的差距。通过培养特区培养出高级专门性人才才能更精准地满足企业和社会对专业化人才的需求，进而提高就业率；而企业和社会对人才的需要得到满足才会给予行业特色高校人才培养特区持续发展的动力。因此行业特色高校人才培养特区的建立是招生培养就业联动机制发展的关键，而招生培养就业联动机制的建立与完善也会促进行业特色高校人才培养特区的可持续性发展，二者之间的关系是相互影响、相辅相成、相互促进的。

（**作者**：王关义、刘益，北京印刷学院）

5　行业特色类典型高校成功经验：案例分析与启示

近年来，行业型特色高校毕业生的就业形势十分严峻，并有不断加剧之势。根据《国家中长期教育改革和发展规划纲要（2010－2020年）》的相关精神，立足行业需要，以就业为终极目标，建立招生、培养、就业三位一体的良性互动机制已经成为很多教育工作者的共识和摆在各大行业高校面前一剂良药。很多行业高校形成了一些成功做法和经验，值得借鉴。

从实现路径来看，构建招生、培养、就业联动机制，重点要加强以下几个方面：

一是科学性原则，要强化招生与需求双向互动。行业特色类高校要增强主体意识，力争把本校人才培养计划纳入地方经济社会发展和行业发展规划，在积极争取政府对教学资源配置力度加大的同时，加强与社会产业的合作，保持高校在竞争教育资源中的优势地位。

二是行业需求导向原则，积极引入用人单位参与。通过深入的市场调研和科学预测，掌握行业需求的变化趋势，并将其作为设置和调整专业设置、制定招生计划和人才培养方案的重要依据，从而高效培养适应社会需要并具有市场竞争力的毕业生。高校要充分调动用人单位的积极性，邀请用人单位或企业全方位参与高校人才培养工作，共同研究人才培养的目标和规格，设置专业的方向和模块，拟订每个方向和模块的培养人数和招生规模，同时在培养过程中引入企业资金和设备，在校内或企业内共同建立专业实习实训基地，加强实习和实践环节，以促进人才培养和社会经济发展的无缝对接。

三是目标性原则，要建立双向信息反馈机制。高校要引入毕业生就业和社会需求双向信息反馈机制，推进人才劳务网络市场进校园工作，建立健全能够供高校毕业生和企业、社会各界资源共享、规范运作的现代化信息网络平台。高校应逐步完善“高校毕业生就业信息反馈系统”、“高校毕业生工资市场价格信息反馈系统”和“企业用人需求信息反馈系统”，拓展就业信息渠道。

北京印刷学院是一所面向新闻出版行业的特色鲜明的行业类高校，是教育部卓越工程师教育试点单位，也是首都卓越工程师教育联盟理事单位。近年来，在围绕行业需求培养应用型人才方面进行了一系列改革和探索。北京印刷学院实现转型发展的过程中重点探索了人才培养模式的改革，围绕新闻出版行业人才急需，在设立人才培养特区，校企和行业联合培养应用型人才，建立“招生、培养、就业”联动机制方面进行了有益的探索和实践。

一是根据学院教学实际把传统的四年大学校园教育模式改变为“1 + 2 + 1”模式。即大学第一年按照“通识教育 + 学科教育”模式培养，设置通识教育平台课程、学科教育平台课程，把能够体现学校办学特色的“出版概论、印刷概论、艺术概论、管理概论、大学语文”等课程培养学生博雅素质的课程作为全校每个专业必修的公共基础课。中间两年按照“专业教育 + 企业技术教育”模式培养，设置专业教育平台课程、职业技能平台课程，学生以企业岗位需求和职业能力为导向选择专业出口。最后一年安排学生赴行业企业实践，进行毕业前岗位能力的训练，从中发现研究课题，在教师和企业工程师的联合指导下完成毕业论文。

二是设立人才培养特区，推动人才培养模式改革以形成育人特色。自2011年起，学校围绕行业需求建立了若干个人才培养“试验区、试点先行”，启动了“卓越工程师培养计划”。2012年开设了“毕昇班”“卓越班”“韬奋班”“雅昌班”等特色班，同时“中美实验班”“中德实验班”等相继开班，实验班采取“双导师制”培养模式，实验班的培养方案重点突出实践能力，学校和企业联合制订培养方案，联合制订培养标准，联合检验培养效果。坚持“校企合作育人、科教协同育人”为重点，推进实施行业人才、卓越工程师人才培养计划。

三是培养方案兼顾理论知识和实践技能。人才培养方案制订的坚持“10

+10+10”原则，即每个专业人才培养方案的制订必须调研10所国外同类高校、10所国内高校和10家行业著名骨干企业的需求，研究分析后制订出本专业的培养方案。通过这些改革，校企人才联合培养效果逐渐显现，学校人才培养的质量显著提高，2012年5项成果获得北京市教学成果一等奖并获批国家级大学生校外人才培养基地，2014年获得国家级教学成果二等奖，2015年获批国家级实验教学示范中心，2014年南京全国青运会吉祥物的设计者出自北京印刷学院，还有一批学生先后获得德国设计红点奖等有影响的奖项，有一批学生考取了北京大学、清华大学、南京大学、中国人民大学、中国传媒大学等高校的研究生，这都是对近年来人才培养质量的充分体现。

同时，北京印刷学院在办学定位、特色发展，在围绕新闻出版行业需求办出水平、争创一流，着力推动教学管理机制的改革，在推进“卓越工程师计划”“双培计划”“外培计划”“实培计划”以及同国内其他高校如杭州电子科技大学、天津科技大学、广东财经大学、河北民族师范学院等高校的跨校交叉培养、课程互选、学分互认等方面进行了卓有成效的探索。在推进招生、培养、就业联动长效机制以及实行弹性学制等方面也进行了一些改革尝试，取得了一些成绩，在人才培养方面积累了一些经验，值得总结、梳理和推广。

5.1 招生环节与招生培养就业联动机制

招生环节是招生培养就业联动机制的先决条件，因为生源的优劣直接影响到人才培养质量的高低，人才培养质量的高低又影响到学生的就业率，就业率的高低反过来又影响到学校生源质量和学校的声誉，因此对整个机制的顺利完成和良性循环有着重要的作用。

5.1.1 参考就业形势制定招生计划

2014年是山东工商学院实行招生培养就业联动机制的第一个年头，根据各学科往届毕业生的就业形势，学校缩减了招生计划，较前一年减少170人，对三个专业减招，两个专业停招，新增投资学专业。其优势专业，如财会、金融、财务管理、国贸及审计等，因每年的就业质量较高，招生情况与往年相比基本持平。

5.1.2 与优质中学共建“优质生源基地”

南京理工大学为推行招生培养就业联动机制，校长助理、学工处、招生办、就业创业指导服务中心的领导和老师走访了四川省重点中学，并与他们共建“优质生源基地”。对于中学而言，可以以共建“优质生源基地”为契机，加强联系，让更多的学生可以走入南京理工大学的校园和课堂，提前感受大学气息，借助其雄厚的科研、师资等力量推进中学的学生培养，进一步提高中学人才培养水平，更好地实现“教书育人”的办学目的。而对于南理工而言，四川省一直是南京理工大学十分重要的生源省份，学校每年在四川省投放的计划位居前列，四川重点中学为南京理工大学输送了大批优秀人才，希望通过共建“优质生源基地”揭牌为契机，进一步加深了解，建立长期合作关系。如通过开展科普讲座、暑期夏令营等形式多样的合作，为中学创新人才培养、推进中学素质教育进程做出应有的贡献。

5.1.3 根据行业周期等特点及时调整专业设置和招生人数

行业高校毕业生就业与本行业紧密相关，毕业就业质量与行业发展好坏及周期性特点有很大联系，行业的周期性不可避免，高校应顺应形势作出及时调整，甚至应该具有适当的超前性，做出前瞻性预判。北京工业大学是率先制定招生培养联动机制的高校之一，2006 年经校长办公会研究决定将校本部本科招生计划与就业率相挂钩，2007 年在正值全球金融危机之际，停招了国际经济与贸易（外英、外日）两个专业的招生。

5.1.4 “直通车式”的招生就业模式

国家和地方政府为了促进农林高等教育的发展和加强高素质农林业人才的培养，允许部分农林院校在招生时对第一志愿的考生实现“加分投档”或“降分录取”的措施。浙江农林大学充分利用政府政策，破格录取了很多有志于投身“三农”或对农学有强烈兴趣的学习者。2012 年 6 月浙江省农业厅、浙江省教育厅、浙江省人力资源和社会保障厅、浙江省财政厅联合发布了《关于开展定向培养基层农技人员试点工作的通知》。该校根据此项通知为温州市、湖州市、金华市等 8 个地区定向培养本科生 133 名，涉及农学、植物保护、食品质量与安全、动物医学 4 个专业。此次定向招生计划放在第二批提前录取批次招生，招生对象要求必须是立志为基层农业事业服务，并与户籍所在县（市、区）农业部门签订定向就业协议的学生。在招生方式上，为定向培养基层农技人员工作实行的招生与乡镇农技推广机构公开招聘工作人员并轨进行。按照“先填志愿，后签协议”的原则，按考生户籍以县（市、区）为单位实施定向招生（招聘）。从 2012 年的实际招生情况来看，生源充足，录取分数较高，考生表现出了充分热情和兴趣，这种“直通车式”的招生就业模式将会吸引越来越多的考生参与。

5.1.5 确立培养定位，树立特色品牌

在人才培养过程中，行业各高校根据自身条件与优势确定培养定位，例如中国传媒大学立在培养传媒行业精英人才，而同处传媒行业依托新闻出版产业的北京印刷学院的培养定位是“传媒类、应用型、行业性”的综合型人才。明确的定位有助于高校的差异化竞争，强化品牌特色，提高学校知名度，进而吸引优秀生源，良性循环。

5.2 人才培养与招生培养就业联动机制

高校基本的职能之一是培养人才。学校重视建立以社会需求与培养相结合为导向的培养体系，建立满足经济建设与社会发展需求的人才培养目标。只有社会需求与人才培养目标相吻合，培养的毕业生才能“出口畅”；毕业生就业形势好，学生就会踊跃报考这个学校，才能“入口旺”，从而实现学校发展的良性循环。

5.2.1 以人为本，实行多层次、个性化教育

高校认识到录取的学生内部存在能力差异，兴趣、优点也各有不同，很多高校采取内部分流，制定多层次多方向的培养模式，为学生在行业内就业创造差异化优势。例如南京信息工程大学（原南京气象学院，是新中国第一所气象高等学府）设立了精英型、应用型、国际型三个导向的多层次教育，尊重学生天性，扬长避短，创办精英班，为创新型高精尖人才开辟加速进化通道；中国矿业大学在传统能源面临危机的背景下，发展以光伏发电作为新能源，学校整合资源，从校内召集 50 名优秀学生，建立“中能光伏班”进行定向培养。

5.2.2 通识教育、交叉学科为创新铺路

高校虽然有行业特色烙印，但基础的文化教育有助于培养学生的人文素质，拓展思维方式，建立科学精神，为探究式学习打下基础。很多高校都意识到了这点，突出的例子有东北农业大学的“通才教育”、华北水利水电大学的“文理渗透”等。当今很多伟大的发明都是学科交叉的产物，因此巧妙的交叉学科、融合知识有利于培养复合型高素质人才，提高就业质量，并可以拓宽学校影响力。成功案例有北京印刷学院曾经的出版传播与管理学院，该二级学院建立于 2003 年 4 月，由原出版系、管理系和外语系组合而成，以管理的角度、国际化的视野进行“出版产业研究”，开国内先河，效果显著、硕果累累，不但出了很多交叉性的研究成果，还因此赢得北京市哲学社会科学规划办公室的青睐，最终选择将“北京出版产业与文化”人文社科研究基地设在该校。

5.2.3 高校与行业紧密联系，“产学研”合作互助发展

中国矿业大学是我国最早实行就业联动机制的高校之一，1989 年首创成立高校董事会，随后逐步建立校企全面合作战略联盟、校企科技创新联合体、产业技术创新联盟等，目的在于从根本上进行高等教育体制改革。第一，沟通学校与企业的联系，增强高校办学活力。企业参与制定培养方案，实行“订单式”的人才培养模式；第二，利用企业便利条件，增加实践、实验、实习在培养方案中所占比例，提升学生的实训能力。实行产学研联合培养的“双导师制”和以实践为导向的研究生教育模式，不断提高研究生的实践能力和创新能力。第三，构建校企双向互动的应用型人才培养新模式，做到将企业工程师“请进来”，把实际案例带入课堂，并将校内教师“送出去”，参与企业的一线培训，打造双师型工程教育师资队伍。切实将产学研的合作规范化、固定化。校董会成员有徐工集团、中煤能源等行业内数十家著名企业，通过与董事单位企业签订科技合作项目合同，使学校科技创新工作更直接与企业需求相结合，促进企业创新体制建设，帮助攻克制约企业发展的重大难题和关键技术，推动了科研成果在生产中的发展和应用。为了满足成果转化与产学研科技合作的需要，学校注册了徐州中国矿业大学科技发展总公司，借助这个平台，学校目前已有的 60% 的应用技术成果得到转化，刺激了以专利技术入股的教授型高科技企业产生，为“知识制造”提供动力

和运作空间。

5.2.4 政府牵头局省共建，地方、行业、高校协同进步

2009年河南省人民政府和水利部共同签署了《共建华北水利水电学院协议》，为国家解决了水利水电行业应用型人才短缺的问题，也为河南省经济社会发展提供了更有力的人才支撑，华北水利水电大学在此过程中不断丰富办学层次，不断提升办学势力，增强学术声誉，学生的初次就业比例、质量显著提升。

5.2.5 建立创业型行业高校

我国正面临严峻的经济形势，就业形势不容乐观，然而自主创新是我国经济转型的重要因素，创业是解决就业问题的重要手段，为保证就业联动机制的顺利完成，学生就业的另一条出路就是自主创业。东北农业大学动物科学专业的创业人才培养模式，以培养具有创业意识和创业能力的创业型人才为培养目标，实行“三导师”制度，即思想导师、专业导师和企业导师，围绕科学知识、就业技巧、创业能力进行培养。据不完全统计，截至2011年该专业毕业生有1000多人创办了400多家饲料和动物养殖企业，企业总资产达200多亿元，年产值为200多亿元，不仅解决了学生就业问题，还为社会创造了5万多个就业岗位。

5.2.6 将毕业生的自我定位与择业就业相结合，将行业价值观植入学生人生观

在大学阶段，行业高校仍需要将学生的思想品德教育摆在与学业同等位置，将行业价值观植入学生价值观。例如国家会计学院将朱镕基总理题词“诚信为本，操守为重，坚持准则，不做假账”中的“不做假账”刻在巨石并将之放置于学校正门口，时刻提醒着来往的教师和同学。近几年的考公务员热潮也是现在年轻人贪图安逸的一种体现，若是行业高校辛苦培养的人才并没有在行业内就业，也是对教育资源的一种浪费。西安电子科技大学实施“价值定位与引导工程”，在思想政治教育中引导学生树立正确的成才观、世界观、人生观等，增强大学生的历史使命感和社会责任感，引导毕业生树立“到国家最需要的地方去”、“扎根基层、建功立业”的远大理想，在保证为电子信息行业提供高质量人才的同时，实现毕业生均衡就业，为国家边远地

区发展作出了巨大贡献。

5.3 建立招生培养就业联动机制

招生环节是招生培养就业联动机制的龙头，而就业成果就是对联动机制的阶段性检验，就业工作是建立长效联动机制的重要环节，因此很多高校高度重视就业工作的开展，努力提高就业工作质量。

湖南信息学院的就业办公室着力构建就业反馈机制，以就业人员就业后的信息为基础，通过分析、提取、加工，将处理后的信息提供给招生与人才培养部门，从而使学校的招生培养工作更适应社会变化及企业要求。为了便于在信息反馈的基础上对于一些重要问题及时取得一致意见，学校建立由招生就业处、教务处、学生处、研究生院和相关学院定期参加的联系会制度，集中研讨协调重点工作。校内专家、企业高管、人才服务机构负责人、优秀校友等组成指导委员会作为咨询机构，为高校招生、专业设置和课程改革、就业市场开拓等提供决策咨询，并参与高校人才培养模式改革、专业和课程的开发与改革、学生实习指导与考核和就业指导教育等。

北京建筑大学构建了专兼结合的“全员化”就业队伍体系，成立“学生就业指导中心”和“职业生涯教研室”，建立了大学生职业类课程教学团队；采用校内师资与校外专家相结合的方式组成的兼职就业创业教育教学团队；加强辅导员队伍建设，遴选就业创业指导经验丰富的一线辅导员组成就业创业指导团队。并对这三支就业创业指导教师队伍分批、分专业、分层次进行培训，不断提高就业工作队伍的工作技能，实现了专职就业指导教师全部持证上岗，兼职就业教师全部接受系统培训的目标。在就业服务方面，一是通过学校的就业信息网站，以及微信、QQ 群等新媒体技术为毕业生提供快捷、高效的多渠道信息服务。二是学校坚持“走出去，请进来”的工作理念。一方面就业工作人员赴各地参加校企见面会，走访用人单位；另一方面将校园招聘活动贯穿全年，多层次开拓就业市场。每年通过学校招聘会求职成功学生的比例占毕业生总数 80% 以上。三是构建了“七个一”基础服务体系。《大学生就业指导》为学生集中整理就业信息；《就业金钥匙》为学生解疑答惑；就业超市为学生量身定做就业指导；就业网实现就业信息最大化和就业指导的随时化、随地化；搭建一个“微平台”实现就业信息实时推送；组织一系列双选会为毕业生拓宽就业渠道；为每位毕业生写一封书信，做到了叮嘱一句、温暖一程。为毕业生全方位提供服务。四是“一对二”实施帮扶。学校党委把帮扶经济困难和学业困难学生作为学校的重要工作之一，2014 届我校“双困”毕业生总数 158 人，100% 都落实了工作，特殊群体就业率高于学校毕业生就业总体水平。

招生、培养、就业环环相扣，每一环都对联动机制的长期高效运行起着至关重要的作用。行业各高校还应进一步完善“招生、培养、就业”联动机制，进一步推动学校形成招生“进口旺”、就业“出口畅”的良好局面。

5.4　典型案例：北京印刷学院“毕昇卓越工程师班”招生培养就业联动机制实施情况

2011 年 9 月北京印刷学院成为教育部第二批卓越工程师教育培养计划高校。2012 年 1 月经北京市教育委员会倡议，由北京航空航天大学牵头，北京 16 所入围教育部“卓越工程师教育培养计划”的高校，组成北京市“卓越工程师教育培养计划”高校联盟。参加联盟的 16 所高校将开展实验室开放、实践基地共享、教师交流互访、学生联合工程创新训练等实质性合作。我校印刷工程专业和机械工程专业成为我校第一批实施该计划的专业。

学校积极落实该培养计划，不断深化教育教学改革，创新教育教学方法，为创新人才培养模式探索出新的途径。2012 年 11 月学校发布了《卓越工程师教育培养计划实施方案》，12 月卓越计划试点班——毕昇卓越工程师班”举行开班仪式。近三年来，“毕昇卓越工程师班”不断完善学生遴选方式，建设优秀师资队伍，探索改革创新人才培养模式，加强实践教学建设，为学生就业创造机会，在招生、培养、就业联动方面起到了一定的引领示范作用。

5.4.1　“卓越工程师”培养理念

“卓越工程师教育培养计划”（简称“卓越计划”）是贯彻落实《国家中长期教育改革和发展规划纲要（2010—2020 年）》和《国家中长期人才发展规划纲要（2010－2020 年）》的重大改革项目，也是促进我国由工程教育大国迈向工程教育强国的重大举措，旨在培养造就一大批创新能力强、适应经济社会发展需要的高质量各类型工程技术人才，为国家走新型工业化发展道路，建设创新型国家和人才强国战略服务，对促进高等教育面向社会需求培养人才，全面提高工程教育人才培养质量具有十分重要的示范和引导作用。卓越计划遵循“行业指导、校企合作、分类实施、形式多样”的原则，具有三个特点：一是行业企业深度参与培养过程；二是学校按通用标准和行业标准培养工程人才；三是强化培养学生的工程能力和创新能力。

5.4.2 学生的遴选

“毕昇卓越工程师班”的学生从一年级新生中进行选拔。每年根据学生学业成绩、专业兴趣和就业背景等综合条件，从印刷工程、包装工程、高分子材料与工程 3 个本科专业的学生中遴选优秀学生，每届均有 200 余名学生报名。根据资格审查确定 100 名左右的大名单，再经过面试、笔试等环节，最终确定 35 名入围者。“毕昇卓越工程师班”至今已有四届，分别是 2011 级、2012 级、2013 级、2014 级，每届一个班，共 138 人。

5.4.3 人才培养

5.4.3.1 人才培养方案

“毕昇卓越工程师班”具有独立的人才培养方案，采用校企联合培养模式，把工程师培养分为校内学习和企业学习两个培养阶段。校内学习阶段的培养按照印刷工程专业本科卓越工程师培养标准和培养方案严格执行，企业可参与到校内的课程实训、毕业设计、人文和技术讲座以及大学生科技周等活动中；企业学习阶段按照学生在企业学习期间的培养目标、培养标准和相应的培养体系进行工程实践能力的培养，学习企业的先进技术、先进设备和先进企业文化，企业在学生岗位设置、任务分配和实习考核中具有更大的主导权。企业实践包括认识实习（1 周）、印刷专业实践（4 周）、印刷专项工程师实践培养（18 周）、毕业设计和毕业实习（18 周），共计 41 周。

（1）课程体系的构建

1）合理构建公共基础、学科专业基础教育平台，确保学生具备扎实的基础知识、良好的素质。

2）凝练 7 门专业核心课，即颜色科学与技术、信息记录材料及应用、图文信息处理及原理、印刷材料及适性、印刷原理与工艺、印后加工原理及工艺、印刷品质量测控与标准。其中 1 门课程被评为北京市级精品课程。

3）本着“拓宽口径、夯实基础、系统优化、少讲精讲、重视实践、增强能力”的原则，优化本科专业培养计划整体结构的设计，加大课程体系的优化与重组力度，压缩课程总学分，通过主辅修制以及校企合作等多种培养模式实现复合应用型人才培养目标。

（2）2014 版本科人才培养方案的调整

1）培养目标的变化

2013 版本科人才培养方案以培养面向传统印刷模式的专业技术人才为目标，以印刷复制技术为基础，以印刷工艺设计能力培养为目的；2014 版本科人才培养方案以培养能够面向印刷及其应用行业，能够引领行业发展方向的高级专业人才为目标，以信息处理及再现原理为基础，以印刷复制技术为手段，突出现代印刷技术运用与工艺设计开发能力，以及针对各种媒体输出方式的信息加工技术的应用能力。

2）增加和调整的课程

针对培养目标的变化，对“毕昇卓越工程师班”的课程进行了如下调整：

①增加了程序设计课程，提高学生编程能力及应用能力；

②为学生设置两个选修方向，从材料科学和数字能力方面培养学生，引导学生根据自己的兴趣偏重特定的学习目标；

③增加了限选课的门数，将以前作为选修，但属于在培养学生研究能力和知识架构系统方面比较重要的课程设置为限选课。其中包括《数据处理与实验设计》、《数字化工作流程》和《文献检索与论文写作》；

④增加了适应现代数字复制技术和质量控制技术的课程，例如《可变信息印刷技术》、《印刷标准与应用》课程；

⑤扩展了印刷工艺技术课程的讲授范围，例如《功能印刷》替代原来的《特种印刷》课程；

⑥开设了 3 门双语教学课程，增加学生在专业领域对英语的应用和把握能力。现有双语课程为《印刷品质量检测与控制》、《数字化工作流程》和《印刷标准与应用》。

5.4.3.2 “1+2+1”人才培养模式

根据卓越计划要求，学校推出了“1+2+1”的人才培养新模式，即第一学年在校内进行通识课教育，第二、三学年完成学科基础课和专业课程，第四学年在企业进行专项强化实训和毕业设计。

（1）专业实习和毕业实习相结合

打破第八学期做毕业设计的限制，学生从第六学期末开始进入选题阶段、第八学期开始进入毕业设计（论文）课题研究阶段，由专业指导教师带领学生到相关企业或研究院所实习，把专业实习与毕业实习结合起来，实习时间为20周，在实际的学习与工作中，培养劳动观念、安全观念和工程技术观念，第七学期末进行毕业答辩中期检查，第八学期第八周进行答辩。

卓越班学生大三暑期7月初开始，学生就被派遣到企业进行生产实习和岗位实训，10月中旬在学校或企业开展毕业设计任务，第八学期的4—6月份继续深入企业，结合就业进行有针对性的毕业实习。这一举措既强化突出了企业实习实训在卓越计划中的重要性，又保证了学生按质按量地拿到毕业学分，正常毕业。实习过程由工程实践经验丰富的企业导师和学校的指导教师共同来指导和管理。同时，学校设置了“图文信息处理工程训练课”（2周）和“色彩管理实训课”（1周），邀请中国印刷技术研究所和北京今印联图像设备有限公司的工程师担任培训教师，以实际任务制进行实操训练，在企业或学校交叉进行，增强了实训效果，见图5－1、图5－2。

图5－1 2012级卓越班学生设计打印作品

图5－2 2011级卓越班学生在上色彩管理实训课

（2）毕业实习实行集中安排或分散实习

毕业实习方式实行自愿原则，需要集中安排的学生，由学院统一和企业联系安排实习，其他学生结合自己的实际情况可自行联系企业进行实习，上报企业名称、地址及联系人方式，便于学校监控管理。

（3）企业与学校共同监控管理

每一项工作要求指导教师首先到位，明确工作任务和职责，正确向学生传达各项任务和规定，积极开展工作，二级学院为此印发了《生产实习记录手册》，实习开始前二级学院与学生签订《实习安全协议书》。实习过程由企业和指导教师共同管理，学生需记录实习日志或科研日志，汇报实习内容。实习指导教师不仅要监督学生的实习记录，还要耐心解答学生在实习过程中遇到的专业问题和生活问题，保证学生安心实习。实习企业积极配合二级学院工作，对学生加强实习纪律管理。2014 年学校为"毕昇卓越工程师班"实习学生制定了《企业导师实施办法》，在几个优秀知名企业里选拔德才兼备的工程人员承担在企业的实习指导任务，负责实习内容规划，合理安排学生的实习过程，提高了行业和企业参与人才培养的深度，为下一步在普通班实行实习质量"校企共同监管"积累了经验。

完善学分认定的制度和标准，制定了《实习课程学分认定实施细则》。完善毕业实习的种类，增加了科研类、创新大赛类及生产实习类，具体实施由指导教师具体负责并监控。

5.4.3.3 教学改革

（1）课程考核方式改进

采用多元化考核方法由传统考核注重实验成效改为注重结果、过程统筹，正确评定学生实验成绩，引导学生由过去的"学习、考试"型向"学习、思考、研究、创新"型转变。开设了《印刷工艺工程训练》课程，要求学生自行设计作品，选择印刷方式，并选择本中心的相关设备系统进行实验制作，获得最终的加工产品。通过现场的实操打分、实验报告提交后的评判，以及实验中随机设问抽查的方式，对学生进行考核。

（2）企业进课堂

在 12 级"毕昇卓越工程师班"的教学过程中，本学年加大了企业进课堂的力度。例如《印后加工原理及技术》课程在教学过程中，引入了多次企业技术专家来课堂讲座，分别是：北京黎马敦太平洋包装有限公司专家讲解烟包工艺及样品分析；德国汉高公司专家讲解装订黏合剂的组成与应用；北京鸿博昊天印刷有限公司将学生带到企业，进行现场观摩和讲解；另外在课上特意聘请了本校设计艺术学院韩济平教授对书刊装帧的艺术设计进行了讲解和展示；北大方正的技术人员在《信息技术和跨媒体传播》课程中讲解了方正飞翔软件的电子书制作工艺。这种将企业引入课堂的教学方式让学生在接收新知识的过程中，体会了技术实际应用的现状和效果。并在课程结束后要求学生制作立体书、装帧书作品，力促印后作品展览，虽然首次仅收到为数不多的作品，但是个很好的开端，见图 5－3、图 5－4。

图5-3 汉高装订黏合剂课程

图5-4 韩济平教授讲解书籍装帧

(3) 多途径人才培养

针对当前印刷行业面临变革和转型的现状，学校首次从“毕昇卓越工程师班”挑选并派出15名同学参加2014年11月份在上海举办的中国国际全印展，力争给他们创造更多直接了解行业的机会。各位参加展会的同学回校后向卓越班的其他同学汇报了展会现场的所见所闻。汇报会在老师的组织下进行，通过老师的现场讲解和现场答题加深了同学们对行业发展和现状的印象，见图5-5。

(1) (2)

图5-5 13级卓越班展会归来交流现场

2014年暑期实习结束后，学生的实习成绩由指导教师、企业导师、以及回校后的实习汇报三部分组成，实习监控与结果评价真实代表学生的实习表现与实习收获。学校设立“创意印”印刷专业竞赛，引导学生利用所学知识提出设计和加工方案，以解决实际问题，并接受专业人士的检验和评价。另外，学校鼓励并推动“毕昇卓越工程师班”学生参加印刷模拟软件“Shots”的国际竞赛，由大赛组委会聘请前届获奖者针对学生进行专业培训，并积极组织学生的训练过程，将学生推向国际大赛，接受更加严格的考验和评选。

5.4.3.4 实践教学体系建设

(1) 实验室建设

为了进一步提高学生的实践能力，学院加大实验室和实践环节的建设力度，印刷工程实验中心负责承担专业课程中的实验，学生专业技能的训练则由印刷工程综合训练中心来完成。印刷工程实验中心现有面积1000平方米，设备价值1500万元，主要由色彩与视觉实验室、图文处理实验室、纸张油墨实验室、印刷适性实验室等组成。印刷工程综合训练中心为北京市的实验教学示范中心，占地面积1200平方米，主要由机房、CTP中心、数字印刷实验室、模拟印刷实验室、凹版制版和打样实验室、柔版制版实验室、印刷加工实验室等组成，硬件设备国内一流。

(2) 实践教学体系的构建

1) 增加了专业课程中的实验课时，减少验证性实验，增加综合性、创新性、设计性实验。

2) 培养方案中的实践环节时间增加到40周，实践环节包括与印刷工程相关的4个工程项目的训练、认识实习、专业实习、顶岗生产实习、毕业实习等。其中专业实习设计约15个模块，还预计增设约10个创新训练模块。理论部分由实习指导教师承担，实践部分主要是由实习工厂专职的实习师傅来承担，每周4个小时，为期一年。同时聘请校外印刷工程师指导色彩管理工程项目、图文处理工程项目、印刷材料工程项目和印刷工程项目等强化训练。专业实习结束后，学生将在校外实习基地再进行18周的顶岗生产实习，进一步提高学生的实践能力。

3) 建立多层次、模块化、能力培养与技能培训相结合、科研与实验教学相结合的实践教学新体系，包括：课程实验、实习实训、工程训练、科学研究、个性化培养等环节。课程实验和实习实训是对学生的基本要求，是每个学生必须完成的实践教学环节；工程训练和个性化培养则是在素质教育和通才培养的基础上，针对学有余力的学生和突出人才，结合印刷工程学科的实践性特点为学生增设了创新人才培养的重要环节。科学研究实践教学则分为两方面：一方面，促使学生参加教师的课题研究，使其了解并亲身感受科学研究的整个环节，了解学科的前沿发展；另一方面，毕业设计（论文）要求严格做到一人一题，内容与教师所承担的科学研究或工程实践项目密切结合。

(3) 实习基地的建立

学院已经与北京雅昌彩色印刷有限公司、北京华联印刷有限公司、中国印刷集团北京新华印刷有限公司、北京隆达印刷包装集团有限公司、北京瑞禾彩色印刷有限公司、北京双燕商标彩印有限公司、正元（北京）包装有限公司、北京国瑞和包装印刷有限公司等30多家印刷包装企业签订了建立实习基地、联合培养学生的协议，同时聘请了10位校外企业工程师担任实践教学教师，为产学研合作和卓越计划的实施提供了良好的实践平台和条件保障。

5.4.3.5 校企合作

校企合作是实施卓越计划的根本手段，企业全方面、多角度地参与计划实施的全过程，参与培养标准、培养模式和方案的制定，将有助于计划落到实处，有助于学生工程创新与开发能力的培养。

（1）贯彻四层次、多方向的企业阶段培养方式

卓越计划企业培养部分贯彻四层次、多方向的培养方式。四层次是指认识实习、印刷工艺实践、印刷专项工程师培养、毕业设计。多方向是指结合卓越计划培养方案和行业企业发展现状及问题，在企业开展多种形式的印刷新技术和印刷企业管理讲座，共计48学时（3学分）。学校通过与北京雅昌彩色印刷有限公司、江苏凤凰新华印务有限公司、四川日报报业集团印务中心等企业友好合作，把认识实习、学生科技课题、企业专项训练和毕业设计等教学内容直接放到企业，由企业和学校联合指导，拓展了学生对行业的认知和自信，加深了他们对实践环境和技术工艺的了解。以上3个企业，学校均有学生课题和毕业设计在企业完成，与企业需求相关的北京市级大学生科研计划课题就达200余项，提升了学生的科技创新能力。还有些企业与学生达成了初步就业意向。

中国印刷集团北京新华印刷有限公司、北京国瑞和包装印刷有限公司、汕头东风印刷股份有限公司、深圳市裕同印刷包装有限公司、北京今印联图像设备有限公司、永发印务有限公司、蚌埠金黄山版印刷有限公司、杭州松裕印刷包装有限公司等20余家企业以不同合作方式参与了印刷工程专业的卓越计划，使“1+2+1”的人才培养模式真正落到了实处。

（2）拓展合作空间和领域，达到互利和双赢

卓越计划是校企合作的前提和基础，产学研用是学校和各工程实践教育中心合作的延伸和终极目标。人才培养、科学研究和社会服务等高校的三大功能均可以借助校企合作的平台来实现。学校和签约企业在多层次、多维度加强了沟通与协调，除了派遣学生去实习实践和参观，学校的青年教师也可

以以一定的方式去企业锻炼，了解企业的运作模式和市场开发能力，掌握全印刷流程中的关键技术和改进措施。

校企双方通过项目课题研究的方式，共同解决技术和生产难题。学校与北京雅昌彩色印刷有限公司、贵联控股国际有限公司和利奥纸品印刷集团等企业合作开展科研项目50余项，其中包括国家科技支撑计划项目“书画艺术品知识分析关键技术研究与应用服务示范”。产学研用既培养了一批动手能力强、富有创新精神的优秀学生，又促进了科技成果转化，实现校企双赢。

2011级“毕昇卓越工程师班”第四学年的实习过程，采取分散实施的方案，让各企业能够集中力量针对性地指导进入企业的学生的实践。在安排实习前，学校挑选出地处北京、四川、广东、山东、汕头、安徽、江苏等地的12家合作的印刷企业，并从每个企业聘请1—2位技术或管理人员作为企业导师，共计19名。在实习过程中，企业导师结合本单位的生产特征以及同学的特点制定了实习的总目标和周计划。要求学生定期撰写或上交总结报告，从而跟踪并针对性地指导学生的实习过程。企业对“毕昇卓越工程师班”学生在实习中的表现给予了高度的认可，并且推荐4名学生将毕业设计放在企业完成，也有多名同学与实习单位就就业意向进行商榷。这个严格管理和针对性指导的过程拉进了学生与企业的距离，增进了相互了解和信任。毕业设计将由学校教师和企业工程师共同指导，并邀请企业工程师参与学生答辩环节。

5.4.3.6 国际化

国际化内涵的建设定位为语言的运用能力，和对国际科技发展动态的掌握和了解。针对语言的应用能力，注重双语课程的开设和邀请国外专家举办讲座两个方面。双语课程顺利开设的基础是拥有良好素质的学生，为了提高学生对英语的感知和应用水平，本年度邀请了两名瑞士专家和两名德国专家，分别给学生举办了防伪印刷、印刷行业技术标准、金属印刷等方面的讲座，学生在接触专业知识的同时，体验了专业英语的交流和应用，见图5-6、图5-7。

这几项讲座和授课在面向“毕昇卓越工程师班”学生的同时，也为普通班学生提供了机会。

同时，为加强卓越计划的国际化，学校与瑞典林雪平大学（Linkoping University）签订合作培养交换生协议，拟每年在“毕昇卓越工程师班”和其他班级选拔2—5名优秀学生前往该校进行为期1年的专业学习和语言培训。

图5-6 瑞士专家讲解行业技术标准

图5-7 德国专家讲解金属印刷

5.4.4 以人才培养促就业

（1）创新创业

学生积极参加学校科研平台、开放实验室的科技创新活动和校级大学生科技节，申报和主持市级大学生研究计划项目，参与各级各类专业设计大赛、创新创业大赛和职业技能大赛，取得过意大利印刷技术奖，获得全国印刷行业职业技能大赛、首都大学生课外学术科技作品竞赛、北京国际创意设计大赛和全国大学生包装结构设计大赛等国内外大赛的奖项，既锻炼、提升了自己，又为学校赢得了荣誉。

（2）专题讲座

学校为“毕昇卓越工程师班”学生举办了有关凹印、金属印刷和票证印刷方面的专题讲座，现场邀请了来自中国印刷技术协会、德国高宝公司和鸿博昊天科技有限公司等协会或企业的专家为同学们答疑解惑，创造学生与行业专家面对面交流的机会。

为了让学生了解并感受行业电子书方面的新技术和新发展，学校将学生带到北京知凡天一文化传播有限公司，由该公司针对电子书的制作和未来的技术发展进行讲解，推进学生与企业相融合的步伐，见图5-8。

（3）专项实践训练

为了有效落实卓越计划，学校积极开拓企业资源，在已有的教学实践基地和新签约的校外实践教育基地中遴选3—5个作为卓越计划专用的工程实践教育中心，并聘用了19名企业导师，重点强化学生在企业的印刷流程或模块的专项实践训练，通过课题研究、印品印制解决方案或工艺设计与开发等模式的培养，加强学生实习实践岗位锻炼，培养独立发现和解决印刷技术故障的能力。

图 5-8　北京知凡天一文化传播公司召开的电子书技术讲座

在校企交流过程中，企业对学校实施的卓越计划非常赞同，并表示一定要大力支持和积极配合好这项工作，使培养出的“卓越工程师”人才名副其实，能在企业中快速进入角色，并逐步具备独当一面的能力。目前，根据行业需求和人才培养的特点，学校优选出北京雅昌彩色印刷有限公司、江苏凤凰新华印务有限公司、四川日报报业集团印务中心、运城制版有限公司、蚌埠金黄山凹版印刷有限公司等在艺术印刷、大数据管理与云印刷、传统报业轮转印刷、凹版雕刻与包装印刷领域有很强竞争力的企业作为卓越计划的工程实践教育及人才培养基地。这些企业为卓越计划专门设计了实习实践教学方案，并提供实习岗位，进行阶段性考核和实习成绩评定，并在后勤服务上为学生实习实践提供了便利。

（4）毕业实习动员

为加快学生实践学习进度、提高就业意识、了解实际生产流程，印刷与包装工程学院于 2014 年 6 月 12 日召开了 11 级“毕昇卓越工程师班”毕业实习动员会，分别就实习去向、实习规定、实习注意事项等进行了讲解，并下达了实习任务，要求同学们在实习过程中严于律己、尽心尽责，不放过实地生产流程的每一个细节，做到：“勤记录、多思考、善反思、细总结”。

5.4.5　师资队伍建设

（1）专、兼职师资队伍建设合理

在“毕昇卓越工程师班”教学上，学校配备了优秀的师资力量。校内师资方面有深厚教学功底和教学经验，有20余名具有相当企业实践经历的高级职称教师被聘请作为专职教师，同时聘请了企业导师加强实习指导。企业导师为学生设置了不同阶段的目标，并要求学生在各阶段提交实习报告和总结，给予评解。

学校聘请具有丰富工程实践经历的企业技术人员进入课堂，基于不同的知识点选择不同的企业进行讲授，并向聘请的企业指导教师发放相应的指导和讲座劳务费，以吸引更多的工程技术人才进入卓越计划的教学体系。

（2）兼职教师参与人才培养，效果显著

在2014年11月举办的“卓越班人才培养方案”研讨会上，邀请企业导师前来参加关于培养方案的改革思路的会议，导师们给出合理具体的建议和可行性执行方案，参与培养计划的制定工作。

2014年12月2日学校邀请北京鸿博昊天科技有限公司的技术总监陈雨亭为学生举办了“印刷企业的发展目标和人才需求分析”的报告，旨在引导学生的专业学习和就业。现场学生提出了各种困惑与期望，陈总监一一耐心解答，互动良好，达到了预期的讲座效果，见图5-9。

图5-9 北京鸿博昊天科技有限公司技术总监的专业讲座

5.4.6 保障体系

自2012年印刷工程专业卓越计划获批以来，学校领导高度重视“毕昇卓越工程师班”的建设和人才培养状况，提出了很多指导性的意见和建议，在资源、机制、人员和经费上全力保障卓越计划的实施，将卓越工程师培养工作落到实处，保障了卓越计划的顺利推进。

（1）经费保障

1）学校教学专项共投入“毕昇卓越工程师班”350万元，用于实验班的教学改革和建设。

2）按一定比例对印刷工程专业划拨教学运行经费，主要用于学生的企业生产实习、实训课程和举办新技术讲座等。

3）加大教学改革研究经费的支持力度，支持与卓越计划相关的教改研究课题开展和改革论文发表。

4）加大各类教学平台、校外人才培养基地和综合训练示范中心等的支持力度，保证学生实习或企业实践的需要。

5）设立专项培训基金，用于选派教师赴企业、国外高水平大学挂职锻炼和学习进修，或作为学生参与国际交流与合作的经费需求。

（2）制度建设

2012年11月23日为贯彻落实教育部实施的“卓越工程师教育培养计划”，学校召开了专门座谈会，向各二级学院征求意见、组织研讨，并结合学校实际制定了《卓越工程师教育培养计划实施方案》（印院发〔2012〕64号）。《实施方案》从指导思想、工作思路、组织管理体系、实施计划的专业领域和学生规模、学生来源方式、培养模式、学籍管理、师资配备、政策支持等多个方面明确了学校参与卓越计划的举措和管理办法，从而成为学校实施卓越计划的纲领性文件。

2012年11月23日学校出台《北京印刷学院关于在部分本科二级学院试点开设实验班的意见》（印院发〔2012〕65号）。《意见》从指导思想和目标、实验班的类型及鼓励政策、选拔方式、培养方式与教学组织、实验班的运行管理、组织保障、政策支持等方面明确了实验班的运行管理机制。

为了落实学校的卓越计划实施方案，二级学院也制定了相关补充条款。

1）坚持控制规模、适度流动的原则，实行“自愿选择、适时分流、适量增补”的进入和转出机制。

2）“毕昇卓越工程师班”学生实行单独编班，按“印刷工程专业卓越工程师教育培养计划”实施培养和管理，配备专职班主任和优秀师资，并实施弹性学制和灵活的学籍管理机制。

（3）成立二级学院实习工作领导小组

为了使最后一年实践教学工作有组织、有计划地进行，二级学院成立

“毕业实习工作领导小组”，制定了《印刷与包装工程学院毕业生“1 +2 +1”实习实施方案》，对各专业的毕业实习工作进行统筹协调、检查、总结。实习领导小组在二级学院选拔了一支有责任心、有一定专业技能的实习指导教师队伍负责学生实习过程的协调、沟通和监督，并任命了组长负责配合领导小组工作，定期向实习领导小组汇报实习情况，积极反馈学生和企业的意见和建议。

在2013年第一届普通班学生实施“1 +2 +1”培养模式后，领导小组认真总结经验教训，为保障实习工作顺利完成，进一步完善《实习实施方案》，制定了《指导教师选拔方案》。其改变了以往指导教师只报名不选拔所引起的人员数量多不利于管理的方式，选拔方案规定了人数和职责，对指导教师的管理采取“班级负责制”，方案的改革在2014年的实习指导中发挥了重要的作用。另外，领导小组细化了《生产实习成绩评定办法》，根据2014年学生实习自愿报名的统计数据，把学生的实践活动分为两类，参加生产实习的学生为一类，参加科研活动和竞赛的为第二类，增加了对报名科研活动和竞赛的学生进行资格审查制度，对这两类学生成绩评定办法分开评定，杜绝了实习过程和成绩的弄虚作假。

（4）教师的评聘与考核

学校把卓越计划人才培养经历作为工程类学科教师考核评聘的重要条件，在教学岗位设置、工作量计算、教学津贴和评优推先进等方面向参与卓越计划的教师倾斜，以提高教师参与的积极性和主动性。

（5）召开人才培养专题研讨会

1）召开人才培养方案讨论会。2012年11月6日学校本科教学指导委员会召开了“毕昇”“卓越”“韬奋”“中美”四个实验班人才培养方案讨论会。王关义副校长对学校开办四个实验班的动因及意义作了说明，并就实验班的定位及人才培养目标、课程模块设置等方面做出了重点强调和解读。四个实验班负责人介绍了培养方案的制定情况。本科教学指导委员会委员就四个实验班的培养方案进行了热烈的讨论，提出了许多好的意见和建议。

2）召开人才培养质量工作专题会。2013年2月25日，为贯彻落实北京市教委《关于进一步提高北京高等学校人才培养质量的意见》（京教高〔2012〕26号）文件精神，王关义副校长主持召开了提高学校人才培养质量工作专题会议，部署具体实施方案的制定工作。与会人员分别就公共英语课程综合改革、各层级学生国内外联合培养、“卓越人才培养计划”和实验班的改革创新等进行了专题研讨，进一步明确了今后的改革发展方向。

3）召开教学工作专题研讨会。2013 年 7 月 5 日至 6 日学校召开了 2013 年教学工作专题研讨会，集中学习和研讨了 6 月 5 日教学工作大会王永生校长作出的题为“加强内涵建设，突出办学特色，全面提高人才培养质量”的主题报告。各组分别就“申报国家级教学成果奖”、“实践教学、实验室建设、卓越工程师计划教学”和“教学管理工作研讨及教学管理规章制度培训”等主要内容深入探讨。

4）召开专业综合改革研讨会。2014 年 4 月 1 日学校召开专业综合改革研讨会。各二级学院教学副院长及相关专业负责人从专业建设的成绩和存在的问题等方面汇报了专业建设情况。各专业负责人同时围绕生源结构调整、与国际接轨、探索教学模式改革、完善师资队伍结构等问题展开讨论，并对学校的专业建设及管理工作提出建议。

5）召开人才培养方案研讨会。为提高人才培养质量，完善和优化“毕昇卓越工程师班”专业培养方案，2014 年 11 月 1 日印刷与包装工程学院举办了“提高专业人才培养质量暨‘毕昇卓越工程师班’培养方案研讨会”，对印刷专业培养方向、专业及实践课程的设置等进行了深入地探讨。

6）召开 2015 版本科人才培养方案研讨会。2014 年 11 月 28 日至 29 日，学校召开了 2015 版本科人才培养方案研讨会，按照 2014 年教学工作会议上王永生校长“加强专业建设、深化教学改革，不断提高人才培养质量和教育教学水平”的主题报告中提出的人才培养方案修订工作要求，围绕着 2015 版本科人才培养方案制订这一重点工作进行了专题研讨。

（6）实地调研走访

1）2014 年 5 月—7 月，印刷与包装工程学院集中走访了中国石油大学、北京石油化工学院、天津科技大学、西安理工大学和陕西科技大学等兄弟院校以及北京雅昌彩色印刷有限公司、北京鸿博昊天有限公司、江苏凤凰彩印有限公司、西安秉信纸业有限公司、四川日报报业集团印务中心和永发印务（四川）有限公司等行业优秀企业，就卓越计划人才培养模式进行了广泛的调研。

2）2014 年 11 月 14 日—17 日学校组织三个卓越班共 15 位学生参观考察了在上海举办的第五届中国国际全印展，学生对印刷科技最新的发展趋势有了最直接的感官认识，也坚定了他们对专业的认同，强化了参与卓越计划的信心和决心。

（7）经验交流

1）学校领导对卓越工程师班两年来的工作给予了高度肯定和赞扬，委托印刷与包装工程学院介绍卓越计划的实施经验和体会。这对学校包装工程、高分子材料与工程、电子信息工程和数字媒体技术等其他工科专业的建设与改革产生了良好的示范效应。

2）印刷工程专业和机械工程专业两个本科专业同时获批教育部卓越工程师教育培养计划，两个专业有紧密的联系和交流机制，通过各种渠道沟通各自在卓越计划实施过程中的收获和遇到的问题，相互学习和提高。

3）学校在印刷行业具有广泛的知名度，卓越计划受到众多实力型企业的认可和支持，因此也带动了非“毕昇卓越工程师班”实习实践工作的良性开展。

5.4.7 目前取得的成果及经验

（1）省部级以上教育教学成果

1）“面向行业，构建‘四位一体’的印刷出版创新人才培养模式”获国家级教学成果奖二等奖，2014 年。

2）“面向印刷行业高级工程技术型人才培养体系的构建与实践”获北京市教学成果奖 一等奖，2013 年。

3）“因需施教 分类培养——印刷包装技能型人才培养模式的研究与实践”获北京市教学成果奖二等奖，2013 年。

（2）学生参与的省部级以上学科竞赛获奖（见表 5－1）

表 5－1　参与竞赛及获奖情况

序号	竞赛名称	竞赛主办单位	获奖类别	学生姓名	奖励等级
1	2013 年意大利印刷技术奖	意大利印刷技术协会（ACIMGA）、北京印刷学院	优秀奖	欧阳玉洁	国际级
2	2013 年高教社杯全国大学生数学建模竞赛北京赛区甲组	北京市教育委员会/中国工业与应用数学学会	二等奖	卓燕晶	省部级
3	2013 年首都大学生暑期社会实践比赛	共青团北京市委员会	优秀成果奖	狄志惠	省部级
4	2013 年第四届北京大学生艺术展演	北京市教育委员会	二等奖	廖冲凌云	省部级

续表

序号	竞赛名称	竞赛主办单位	获奖类别	学生姓名	奖励等级
5	2014 年京博杯·第二届中国大学生高分子材料创新创业大赛	中国石油和化学工业联合会、中国化工教育协会	三等奖	狄志惠、余彪彪	国家级
6	第六届“挑战杯”首都大学生课外学术科技作品竞赛	北京市共青团、北京市教育委员会、北京市科学技术委员会、北京市科学技术协会	二等奖	胡慧萍、迟稳、郝慧杰、赵静等 10 人	省部级
7	第六届“挑战杯”首都大学生课外学术科技作品竞赛	北京市共青团、北京市教育委员会、北京市科学技术委员会、北京市科学技术协会	三等奖	邵长景、赵臣、张君、谭嘉良等 14 人	省部级
8	“设计我的生活”首届北京国际创意设计大赛	北京市科学技术委员会、北京市总工会、北京市妇女联合会	公众设计师创意奖	陈斌、蒋晨、张晋等 11 人	省部级
9	世界学生之星包装设计奖	世界包装组织	创意奖铜奖	石志敏、夏敏、于倩、杜然	国家级
10	2013 年第四届全国大学生包装结构设计大赛	教育部普通高等学校包装教学分指导委员会	特等奖	黄东放	国家级
11	2013 年第四届全国大学生包装结构设计大赛	教育部普通高等学校包装教学分指导委员会	二等奖	杨婧	国家级
12	2013 年第四届全国大学生包装结构设计大赛	教育部普通高等学校包装教学分指导委员会	三等奖	关雪、高雅	国家级
13	2012 年第三届全国印刷行业职业技能大赛平版印刷工全国总决赛	国家新闻出版总署、人力资源与社会保障部	二等奖	辛华君、陆凯陶、麒潞、程遥等 7 人	国家级

续表

序号	竞赛名称	竞赛主办单位	获奖类别	学生姓名	奖励等级
14	2012年第三届全国印刷行业职业技能大赛平版印刷工全国总决赛	国家新闻出版总署、人力资源与社会保障部	三等奖	王维佳、王陇娟等9人	国家级
15	2013年诺基亚·绿色设计大赛	北京光华设计发展基金会	金奖	吴秋昱、张天雅等5人	省部级
16	2013年诺基亚·绿色设计大赛	北京光华设计发展基金会	银奖	张晓东、王宇佳等4人	省部级
17	中国创新设计红星奖	中国创新设计红星奖委员会	优秀奖	石志敏	国家级
18	“太阳杯”亚洲标签大赛	太阳杯亚洲标签大奖组委会	雏鹰奖一等奖	王艺钢	国家级

（3）毕业生培养质量显著提高，表现在英语四六级考试通过率、考研率和就业质量等方面

首届2011级毕昇实验班在培养质量方面取得显著成效，具体表现在：由35人组成的班级大学英语四级考试一次通过率为77.14%，远远高于全校约40%的通过率，毕业生中有5人分别考取了武汉大学、中国矿业大学、中国传媒大学、北京交通大学、西安理工大学等高校的研究生，考研录取比例为14.29%，就业率高达97.14%。就业单位包括深圳裕同印刷包装有限公司、中共中央对外联络部、山西申通快递有限公司、捷达印刷有限公司，北京黎马敦太平洋包装有限公司、华软通联软件技术有限公司、中荣印刷（天津）有限公司、恒天财富投资管理有限公司、宝马（中国）汽车贸易有限公司、艾利（中国）有限公司、上海丽颜包装科技有限公司、深圳嘉纪印刷包装有限公司，均为印刷等领域的著名企业，就业质量高。

与首届相比，2012级毕昇实验班人才培养质量有了显著提高，35人中大学英语四六级考试一次通过率分别为88.6%和48.57%，毕业生中有6人分别考取了武汉大学、湘潭大学、北京工商大学和北京印刷学院的研究生，考研录取比例为17.15%，4人出国留学深造，比例为11.43%，毕业率高达100%，就业率也达到100%，毕业生的就业单位包括：新疆新华印刷厂、中荣印刷集团有限公司、北京方正阿帕比技术有限公司、安徽江淮汽车股份有限公司、中国社会科学出版社、北京金冠方舟纸业物流有限公司、雅昌文化

集团、中钞信用卡产业发展有限公司、广州九恒条码有限公司、读者甘肃数码科技有限公司、苏州溯园六计建筑设计事务所有限公司、无印良品（上海）商业有限公司、新建县城市建设投资发展有限公司等印刷等领域的著名企业。

（4）经验

1）推行课程负责人制，课程负责人承担起课程建设任务，组织课程组成员制定课程建设规划，研讨教学内容、教学方法，共同提高教学水平。教学内容紧紧围绕印刷工程项目进行教学，提出少讲、精讲，加强实践环节的教学，实行了“理论教学学时 +2 周印刷工程训练学时”的教学模式。

2）优化课程任课教师结构，推行“三・三制”。每门专业课程由不少于 3 名教师承担授课任务，每位教师承担不少于 3 门课程的讲授任务。同时由实践经验非常丰富的教师担任课程的教学。对于一些管理方面的课程聘请印刷企业的总经理授课，使教学的内容更具有针对性。

3）针对印刷工程专业卓越工程师班实践教学的教材不多的现状，积极组织教师编写围绕印刷工程项目训练的特色实践教材。

4）强化色彩管理工程项目、图文处理工程项目、印刷材料工程项目和印刷工程项目训练，聘请印刷企业工程师，真枪实弹地进行工程训练，使学生达到在理论、设备、技能三位一体的训练。

5）积极探索和实施“1 +2 +1”人才培养模式，使学生掌握生产中的关键技术，提高学生创新和实践动手能力，使毕业生很好地完成从学校到社会的过渡，提高适应能力。

5.4.8 下一步工作计划

（1）继续推进卓越计划实施的工作思路和计划措施

1）继续加大学生与企业的结合点，将实习开始的时间提前，并增加实习频率。

2）整合专业课程实验，将相关课程的实验从教学内容中抽取出来，设定探究性、综合性和设计性实验。

3）加大学生专业应用能力的培训，选择适合的专业培训机构，开设系统化的面向专业应用的培训课程。

4）2015 版本科人才培养方案将配合新的教学大纲，拟注重学生综合素质、创新能力、印刷科学领悟能力的培养。

5）继续挑选具有完善管理体系的企业作为实习单位，并继续推进学生在印刷相关领域或行业的就业和发展。

（2）参与卓越计划实施工作评价

1）目前，学校部分工科专业正着手准备工程教育专业认证工作。“毕昇卓越工程师班”来源于印刷工程专业，通过借鉴本科专业认证可促进卓越计划的评价验收工作。

2）以北京工业大学、北京石油化工学院等有关本科专业卓越计划的评价体系为参照积极准备，加强顶层设计，夯实基础，以迎评促建和做实卓越计划，并最终顺利完成评价验收任务。

（作者：王关义、刘益、张改梅，北京印刷学院）

6 行业特色类高校招生、培养、就业联动长效机制构建中国际经验的借鉴

6.1 国际上行业特色类高校概况及办学特色

在国外虽然并没有普遍性的行业特色类高校，但却有它的前身——专门学院的存在。由于历史时期、各国的行政体制下教育制度以及办学体制不同，专门学院在不同的国家有其不同的存在形式。只要没有和综合文理学院合并，自身具有明显处于强势的学科专业，这些学科专业本身能够形成完整的体系。有主要服务面向的特定性，不限于单一的学科专业结构和单一的服务面向，是高水平大学的几个特征，此类大学都可称得上行业特色型大学。

在美国，尽管综合形大学和通识教育是主流，但如麻省理工学院、加州理工学院的学科特色鲜明的理工大学，以及包括宗教学院、法学院、师范学院及其他的专门机构，共占美国大学总数的19.5%，其所颁发的学位超过一半集中在单一领域。考虑到美国理工大学的前身都由工学院发展而来，分别以若干一流学科与专业享誉世界，学科优势较为突出，服务面向较为集中，培养的人才水平较高等特点，可以称其为行业特色型大学。美国的技术学院即终止性职业技术课程与我国的专科学历的高职高专相似，在此不做赘述。

在法国，大学校或称精英学校或称学院，即为特色类高校，其注重精英教育，因此高于以实施大众免费教育的为目的的法国大学。表现方式为录取要求高，招生人数少，以及收取高额学费，主要是根据1—2门主要学科或专业设立，并隶属于政府不同部门，通过严格的教学计划，以实用性学科课程培养特定的专门人才，是法国军政、工商等领域高级科技与管理应用人才的主要培养基地。我国的卓越计划便是吸取法国大学校精英教育的精神而创立的。

在俄罗斯，彼得大帝因为历史原因效仿了法国的高等教育模式，设立了专门学院，即行业特色类高校。尽管在苏联时期和俄罗斯建国以后，高等教育经历了很多改革，如不再是精英教育，以及约有40%的专门学院从由行业部门管理转为由俄罗斯教育科学部负责管理，但仍然保留了如俄罗斯国立师范大学，乌法国立石油技术大学等仅从名称就能辨别其主攻方向的行业特色类高校。然而近十几年来，俄罗斯同样陷入盲目追求综合性大学的潮流中，并且过度扩招，教育体制、人才结构和市场需求不协调，导致人才资源不能合理配置，造成高校毕业生就业困难。

在德国，将高等学校分为三类：一是学术性、综合型大学；二是应用技术大学；三是艺术学院和音乐学院。应用技术大学从某种程度上来说与本书现在讨论与追求的行业特色高校有很大的类似性。其课程设置和内容除必须的基础理论外，多偏重于应用学科，构建学术、技术和职业相结合的人才培养模式，以就业为导向，为社会培养面向工业界的工程师等应用人才为主，德国三分之二的工程师都是由应用技术型大学培养的。德国现有应用技术型大学100多所，在校生占德国大学生的60%以上，学制三年，学生毕业时获得学士学位，并取得专业技能证书，因其在校期间所学内容与时俱进，实践经历丰富，出校门即可对应上岗，并且很快独当一面。

英国教育系统与我国存在很大差异，职业教育也就是义务教育后的延续性教育（16—19岁），与高等教育一并可以为我国行业特色类高校提供经验借鉴。延续与高等教育学院也被称为城市学院，是实施高等职业教育的主要机构。同德国一样，其颁发的学历资历证书并不低于学术类学士学位证书，它为学习者需要从事体力活动或实践活动的工作做准备，传授专业技能和知识。根据国家职业资格证书框架（National Vocational Qualification Frame，NVQF），职业资格等级可与学历相通转换，现以英国为例详细介绍其职业教育的发展历程。

在相当长的历史时期内，英国是一个精英教育取向的国家，传统的高等教育定义一般不包括职业教育。随着劳动力市场变得更加专门化，以及经济发展需要更高层次的技能人才，英国政府深知成功的技能开发是国家的生产力核心，企业也深知它们成功的关键在于劳动力的技能，英国政府和企业界越来越重视职业教育。1991 年英国政府白皮书《21 世纪的教育和训练》明确提出 NVQF，并指出学术教育与职业教育地位相等。在英国整个国家职业资格（National Vocational Qualification，NVQ）体系共涵盖了 11 个职业领域，大约 1000 个职业。其中，每个 NVQ 分为五个难度等级标准，从工作性质方面划分为：重复性的熟练操作岗位标准、技术操作岗位标准、技术管理岗位标准、企业管理岗位标准和科学研究岗位标准；从学历方面讲，五个等级涵盖了中等职业毕业、高等职业、本科毕业以及硕士毕业。比如在英国接受职业教育并获得国家通用职业资格（General National Vocational Qualification，GNVQ）高级证书或 NVQ 三级证书者，既可以就业也可以免试直接升入大学攻读学术型学士学位，还可以继续沿着职业教育的途径取得 NVQ 四级、五级证书，其学历资格相当于学士学位。之后，还可以再攻读硕士、博士学位。

加拿大与英国在职业资格与学历资格相通的设置类似，并且因为高职院校毕业生的就业率通常高于一般高校，一些加拿大的本科毕业生甚至研究生毕业后若找不到满意的工作，仍会到职业院校选择一年制的职业培训证书课程，为将来的择业做更充分的准备。

由上可见，除法国还保持行业特色类高校的精英化教育，无论是俄罗斯还是英德加等国的职业教育，或应用型大学提供的大众教育，均已就业为导向、以经济社会需求为前提培养高级技能型人才，不仅为社会提供创新型、有变通能力的高技能劳动力，而且为知识经济时代社会的发展加油助力国外部分行业特色类高校概况及特色如表 6 - 1 所示。

表 6 - 1　　　　国外部分行业特色类高校概况及特色

	美国	法国	俄罗斯	德国	英国
在本国名称或所含种类	专门机构和理工大学	大学	专门学院	应用技术大学	涵盖延续教育和高等职业教育两个阶段，主要由延续与高等教育学院实施完成

续表

	美国	法国	俄罗斯	德国	英国
占全国高校比重	综合性大学为主流，行业类大学占 20%	倡导精英教育，每年录取高中毕业生人数的 10%		应用技术大学的数量和毕业生人数均占德国高校总量和毕业生总量的 60% 以上	
类型	大众教育	精英教育	大众教育	大众教育	大众教育
学制	4 年	5 年	4 年	3 年	5 年
学历	本科	硕士研究生	本科	本科	本科
行业资格证	不颁发	颁发与学校名声密切相关的“称号”	授予资格证书	授予岗位证书	需自行考取不同等级的职业资格证书

6.2 招生培养就业联动机制在国外行业特色类大学的应用

需要指出的是，在国际的大学中没有明确地提出招生培养就业联动机制这一概念，但联动机制的精神在国际行业大学的办学过程中是有明确表现的。例如，德国应用技术型大学的内涵特征之一是以就业为导向，构建学术、技术和职业相结合的人才培养模式。即凝练应用型人才的智能因材施教，强化实践实训教学，提高应用能力；重视应用研究，依托行业和企事业，促进产学研紧密结合；坚持开放办学，推进国际交流与合作，培养具有国际意识，适应生产、建设、管理及服务岗位需要的应用性人才。足以可见，这与我国行业特色类高校现倡导的就业联动机制不谋而合，以下根据从招生到培养到就业的逻辑顺序对国际行业特色高校的办学经验加以总结。

6.2.1 招生以兴趣为筛选条件

国外的行业特色类高校，或者说职业教育或应用型大学，除去麻省理工等世界级知名学府，因为各具特色并各有所长，学生报名时并没有过分扎堆的现象。国外大学录取门槛较低，普遍认为学校的大门是永远为想要学习的年轻人打开的，并且非常重视兴趣在学习中的重要性。例如法国波尔多工商会红酒与烈酒学院对申请者的学术要求不高，对学生过往专业背景不作任何限制，但非常注重学生用于申请学校的自荐信，要求学生必须真正喜欢葡萄酒，在自荐信中有明确职业规划。这样做一能为学校的人才培养奠定良好基础，二能在一定程度上保证学生在行业内就业，避免教育成果的流失和资源的浪费。在招生过程中，学校很可能会拒绝学生的申请，但并没有“调剂”这种违背学生兴趣与个人意愿的现象。

6.2.2　教学内容以社会需求为指导，紧跟时代步伐

以德国为例，由于该国人力资源紧张，应用型高校的毕业生一进入人才市场，就必须很快适应新技术的发展，因而它们的教学内容符合最新的社会需求，内容新、更新快、应用性强并有大量的案例。教材开发组由专业老师和企业专家组成，很多大学甚至没有课本，教材类似活页书。在课程设置上，很多课程淡化学科体系，充分体现岗位和职业需求，很多大学的实验课也有与科学技术发展几乎同步的特点。美国的商学院做法更加直接，会有专门老师负责维护学校与企业的关系，不断深入探访，一发现市场饱和或缺乏便会采取相应对策，例如新设和关闭某些课程和某项技能的训练。这种与时俱进的教学内容既可以为企业减少培训新员工的时间，也使毕业生具有了较强的就业优势。

6.2.3　师资力量以学术和实业双轨并进

国外职业教育的课程设置的教学理念在于从根本上提升学生的就业竞争力，即以就业为导向。有了这个清晰目标，职业学院会严格要求任教老师具备专业实操能力和多年从业经验，学生的课程也必须与实习、就业紧密结合。德国应用技术型大学有近一半的教师是“双师型”的，他们既在学校教书，同时也是企业中的高级工程师。来自企业的兼职老师能够把实践中的新知识、新技术和新问题融入学校的教学中，有助于培养学生的创新能力和实践能力。教授除了具备博士学位之外，还要有 5 年以上的实际工作经验，其中 3 年以上的工作经验还必须在学校之外的企业获得。斯坦福大学鼓励教授在外面的公司兼职，甚至在一段时间里全时离开学校创办公司。而现在中国学术型大学的教师大多来自应试教育体系，从学士到博士，然后进入大学教书，没有实践经验，对企业不了解的师资显然不适应行业特色类高校的发展。

6.2.4 在校实践的培养机制将知识落实为能力

目前许多发达国家十分重视以能力为本位的教育，即毕业生出校门即能胜任岗位。比较典型的有以北美为主的能力本位教育（Competency Based Education，CBE）模式和德国的双元制模式。CBE 模式实际上是一种以职业综合能力为基础，以胜任岗位要求为出发点的教学体系，这也是近年来国际上相当流行的一种教育思想。德国“双元制”模式的突出特点：一是将学习同生产紧密结合；二是有企业的广泛参与；三是各类教育形式互通；四是培训与考核相分离，使岗位证书更具权威性。类似的还有英国的学徒制、澳大利亚的职业技术教育培训体系（Technical and Further Education，TAFE）等，这些都要求实践与理论相结合，实际动手解决实践遇到的问题，从而进一步加深对理论的理解，并最终转化为独当一面的能力。据统计，英、美、德等发达国的应用型大学，其实训学时在总学时中的比例达到 50%，而我国只有 10% 左右。这同时也要求学校配备先进的实训设备，德国的应用技术大学就非常注重设备的提供和配置。例如在英国与飞机修理技术相关的专业学校会专门购置飞机供学生操作实践。

6.2.5 校企合作办学，实习制度化

从我国普通本科院校的实习来看，企业参与积极性普遍不高，多数高校的实习实训效果不够理想。究其根本原因就在于实习实训是非制度性的，仅仅依靠亲戚、同学、朋友关系来维系，具有很大的不确定性。相比而言，国外的行业技术型学院很多专业实行的都是与企业联合办学的模式，甚至组建校企合作的教育集团，建立行业、企业参与的理事会（董事会），开展工学交替、实岗实训、参与项目、产教融合的教学模式。政府也通过出台减免税收政策鼓励企业参与应用技术型人才培养，为学生提供充足的实习机会，确保学生的实习实训，确保人才培养质量。在德国，企业是实施“双元制”校企合作教育教学的主体，企业委托大学进行科研或者与大学开展联合研究，向学生提供实习岗位。学校方面则通过成立跨学科的能力中心把全校的科研实力和服务能力整合起来，面向企业提供全面系统的服务。如英属哥伦比亚理工学院（BCIT）飞机修理专业的实习都会安排到当地大型航空公司，表现优秀的学生还能留任，职业前景很好。

6.2.6　创新能力通过动手实践全方面渗透培养

世界各国都意识到创新是社会发展的源泉和动力，但正如法国诺贝尔奖获得者贝尔纳所说的那样："创造力是没法教的，必须在实践中让学生动手，有机会把自己的创新思想付诸实施。"德国应用技术型大学十分注重创新能力的培养：在教学理念上以学生为中心，经常以讨论班的形式小组汇报学习，个性化全面发展；学校的实训中心还专门设立了创新实验室，供学生去"鼓捣"，培养探索精神，激发创造性思维，开拓思路；学校要求学生的毕业设计要在企业中完成，毕业生在实践中发现问题，提出解决问题的方案，然后撰写实用性的毕业论文；学校以学生为主体，由老师带领进行应用性科研。以上的种种方式都是在激励学生自己动手动脑，在实践中以研究的眼光观察事物，通过创造的方式再输出。因此，德国校园中许多实训设备、模型甚至发明都出自学生的毕业设计，应用技术大学在科研上有与学术型大学分庭抗礼之势，而具有创新能力的毕业生们在社会以及就业市场上也广受欢迎。

6.2.7　建设创业型大学

很多时候一个学校的就业质量就是一个学校的生命线，为谋求学校和人才的高层次双发展，很多学校不仅注重就业，还瞄准创业。建于 1965 年的英国华威大学是最早和工商界创建密切联系的高等学府，在商业方面的研究相当杰出，学校甚至得到了"华威公司"的名称（Warwick PLC）。面对 20 世纪 70 年代英国政府大量削减高等教育拨款，华威大学开始积极寻求转型发展，它开始定位于创业型大学建设。经过短短 30 年左右的发展，从一所名不见经传的大学发展成为欧洲乃至全世界大学转型发展的典范。

6.2.8　多元评价机制健全，宽进严出保证质量

国外应用型高校普遍采取学分制，这不仅包括期末考试成绩，还包括课堂表现、小组作业等等，学校不仅重视成绩，还十分重视分析学生的解题和进步过程，考察的不仅是学习的能力，还有迁移能力以及创新能力。以德国为代表，学校尤其看重毕业论文设计，要求前沿性与实用性俱佳。英国和加拿大等国把职业证书纳入大学的教育内容中，视职业教育与学术教育地位并重，经过严格审核，获得证书的学生毕业时可以无需培训直接上岗。但无论

哪个国家，宽进严出都是一个普遍适用规律，一是本着对学生负责的态度，二是对企业保证毕业生质量，三是不愧于学校招牌。

因从招生到培养的过程均以社会需求和就业为导向，临近毕业时，学校会提供多方面就业指导，例如面试培训、生涯规划、举办招聘会等，为离巢的候鸟提供充分的出发准备即可。以英国为例，接受职业教育的毕业生就业率达 90%—95%。

6.2.9 全方位就业指导

国外的行业高校以就业为导向，因此十分注重就业指导，很多学校将就业指导的内容直接融入大学的课程设计中。德国还把就业指导向招生延伸，为学生提供入学前的咨询服务，指导学生如何根据自身的兴趣和特长选择专业，入学后还可以根据自身情况调整专业。在教学过程中对个体倾向性就业目标进行测试，并通过专家指导使学生再择业、就业更具有针对性和目的性。美国各高校有专门的就业指导机构，且在大学处于中心地位，就业指导人员专业化和职业化程度很高，在就业指导机构中业务负责和对外联络都有专门的分工。就业指导从学生入学就开始，高度关注每位学生的个性特点，根据其兴趣和特长进行综合测评，然后根据测评结果寻找适合每一位学生的职业种类，帮助其确定就业方向，进行职业潜力开发。并且在大学开设创业课程，开展创业教育已经有 20 多年的历史，有的学校将创业领域的研究和教学作为竞争优势，如著名的哈佛商学院将“一般的管理学”改为“创业精神管理学”。高校重视创业教育，重视对就业者能力的培养，培养大学生的主动就业能力，创业教育是美国促进就业的核心性政策。此外，国外的就业指导老师还会详细指导职校学生如何写简历，如何面试。比如日本的求职礼仪很重要，敲门、着装、落座，包括手放哪里都会严格训练。

6.3 小结与启示

国外行业特色类高校的成熟，不仅在于其与综合型学术性大学享有的平等地位和受重视程度，更在于其教学理念、课堂模式、实习机会和就业去向都走在时代的前列。英国把职业教育提高到和学术同等高度，正是因为意识到技能投资能作为经济增长的一个重点。我国在新的经济形势下，需要转型的不仅是行业高校体制的方方面面，还有社会大众的重学轻术的思想，无论哪个国家和社会都应将学术和实践放到同等重要的位置上。

启示：不同层次高校的专业设置和人才培养定位应当有所区别。对那些高水平研究型大学尤其是冲击国际一流水平的高校，人才培养和科学研究应瞄准世界范围的前沿领域，进行原创性突破，全面提升学科的学术竞争力，在国际科技创新体系建设中抢占“制高点”，没有必要开办以就业为导向的专业学位，人才培养也不宜过分紧跟市场。而对于那些偏向应用型人才培养的高校，在专业设置方面应当更加注重就业导向和市场需求。行业特色类高校要立足于学校现有基础与条件，要坚持“有所为，有所不为；有所先为，有所后为”的思路，不能搞“大而全”，应努力抓“精品”、办“特色”、创“优势”。

（作者：王关义、刘益，北京印刷学院）

7 行业特色类高校招生、培养、就业联动长效机制的建设

7.1 建立长效机制的必要性

招生、培养、就业联动机制是指建立以就业为导向的招生、培养、就业一体化运行机制。培养出适应社会所需的高质量人才是学校各个培养环节共同努力的结果，而招生、培养与就业是关键所在。

招生、培养、就业是高校人才培养的三个环节，构建招生、培养、就业三位一体的联动机制，实现人才供给和需求的动态平衡已成为高校适应国家经济社会发展需要和促进教育教学改革的重要工作，也成为衡量高校办学质量的重要指标。通过这三个杠杆的调控，使高校的教育资源配置与市场直接对接，实现资源利用效益的最大化，这是高校改革尤其是行业高校培养应用型人才的改革趋向。

招生、培养、就业三者之间相互影响、相互制约。生源的优劣直接影响到人才培养质量的高低，人才培养质量的高低又影响到学生的就业率，就业率的高低反过来又影响到学校生源质量和学校的声誉。高校要生存、要发展，就应该积极推进招生培养就业联动机制建设，以质量促就业，以就业促招生，提升学校竞争力。

7.2 实施长效机制的目的

实施招生、培养、就业联动长效机制可以调整专业结构，合理配置有限资源。学科专业结构调整是一个动态发展过程，既有与经济社会发展大环境相适应的动态平衡或失衡的矛盾，又有与学校自身发展目标定位相互适应、相互协调的过程，还与学科自身的演变关联度很大。因此，学科专业结构调整是一个渐进的变革过程。高校要根据不同的专业需求，按照各专业的培养目标确定课程体系、培养方案，让学生的能力、素质、知识等全面提升，真正适应社会的需求。

实施招生、培养、就业联动长效机制可以促进招生宣传，提高社会认知度。高校根据人才培养定位和办学特色，以市场需求为服务对象，动态调整招生政策，实现特色招生。一方面，应针对不同地域的生源构成、经济发展态势，优化招生专业和数量，实现高质量生源与地域就业高容量性的双向共赢；另一方面，摸清就业市场的需求现状，展望人才弹性变化趋势，突出特色专业功效性，科学设置专业方向，在办学资源效益优化的前提下选择招生专业。

实施招生、培养、就业联动长效机制可以提升就业情况，扩大专业影响力。一方面，可以促进学校主动“走出去”，深入行业、企业，了解就业市场对学校人才培养的真正需求，建立校外实习基地和就业基地。另一方面，学校可以彰显学校人才培养的特色，发挥优秀校友的作用，扩大专业在业内的影响力。

7.3 长效机制的基本原则

（1）灵活性

招生、培养、就业联动机制的建立要体现出灵活性，在科学分析三者内在联系的基础上，根据行业特征与信息反馈，灵活制定招生和人才培养计划，并引导学生转变就业观念，树立科学就业观。

（2）稳定性

学校应从战略视角积极寻求用人单位、科研院所、政府等相关部门和机构的稳固支持与稳定合作，优势互补、资源共享、互惠互利，以校内整合、校校联合、校企联合、校府联合、产学研结合等多种形式的合作方式，缔结稳定的、立体式、全方位、多层次的稳固利益共同体。

（3）需求导向

通过深入的市场调研和科学预测掌握市场需求的变化趋势，并将其作为设置和调整专业设置、制定招生计划和人才培养方案的重要依据，从而高效培养适应社会需要并具有市场竞争力的毕业生。

（4）特色鲜明

以行业创新和专业实践能力培养为目标，突出行业特色，适应行业需求，以行业未来发展为己任，有方向、有重点地培养大学生的创新精神和实践能力。大学生只有具备创新意识和实践能力才能学有所得、学以致用、创有所成。

7.4 长效机制的评价指标

学校应设立由招生、培养、就业三个环节的若干个量化指标构成综合评价指标体系，以更好地反映专业招生、培养和就业的真实现状，科学调控招生规模，推动专业结构进一步优化。为此，我们对多所高校进行了问卷调研，整理汇总出了以下各项量化评价指标。

7.4.1 招生环节的指标

在高等教育扩招的大环境下，各个高校在全国各个省市都有不同的招生指标，由此造成了学生生源质量参差不齐。我们认为招生环节的评价指标应包括一志愿报考率、新生报到率和优秀生源（一本生源）率等方面的指标。

（1）一志愿报考率

一志愿报考率是指第一志愿报考该专业的学生占该专业录取全部学生的比例。它反映了社会、家长和学生对所报考专业的认可程度，也反映了该专业在社会上的影响力。该指标比例越高，表示该专业生源数量越充足，社会上对该专业的认可度越高。

（2）新生报到率

新生报到率是指实际到该专业报到的学生人数与确认录取到该专业的学生人数的比值。它反映了考生及家长对该学校该专业的认可程度，是对该专业培养环节、就业环节等多方面的考量。该项指标越高，说明考生及家长对该专业的认可度越高。

（3）优秀生源（一本生源）率

优秀生源（一本生源）率是指优秀考生占本专业招生名额的比例，即一本院校中的优秀生源占专业招生名额的比例或二本院校中一本生源占专业招生名额的比例。高校招生是在全国范围内招生，由于各省的教育水平不同，考试试卷不同，而高考分数又是一个绝对数值，不能真实地再现考生的真实水平。所以本书对高考分数指标进行修正，采用优秀生源（一本生源）率这一指标，以此代表考生的考试水平，该指标的数值越高说明在该省考生的成绩越好。

7.4.2　培养环节的指标

在高校人才培养的环节，评价人才培养效果的指标有很多，我们以专业净转学生比率、专业学业警示学生所占比率、专业学生结业率作为二级评价指标，由客观数据反映专业培养环节的教育教学质量，全面评价人才培养环节的效果。

（1）专业净转学生比率

专业净转学生比率是指该专业转入与转出学生之差与该专业总人数的比值。它反映了该专业学生对该专业的综合考虑，包括课程的设置是否合理，教学目标、教学内容、教学实施、教学态度和教学风格的全面评价，以及学生对专业的认可程度，是专业培养环节的重要指标。该比率若为正值且指标数值越高说明同学对该专业的认可度越高，对课程设置、教学效果越满意。

（2）专业学业警示学生所占比率

专业学业警示学生所占比率是指该专业学生中被学业警示的学生人数与专业总人数的比值。它反映了该专业的实际教学效果以及学生对待专业学习的态度。该比率越低说明学生对待学习的态度越积极，该专业的实际教学效果越优秀。

（3）专业学生结业率

专业学生结业率是指该专业学生在毕业时能结业的学生人数与当年应毕业人数的比值。它反映了一段时间（四年）内该专业的教学效果，是对以往教育教学效果长期考核的表现，同时也反映了学生在一段时间（四年）内的学习态度。该比率越高说明这段时间内的教育教学效果越好，学生学习的态度越好。

7.4.3 就业环节的指标

高校毕业生就业质量就是指在符合高等教育基本规律的前提下，教育产品（高校毕业生）满足社会潜在需要的特征和特性要求的总和。衡量一所高校毕业生就业质量高低的指标除需要依据客观的签约率、就业率统计数据外，还必须考虑深造率、就业与专业对口率、社会需求情况等方面的指标。

（1）签约率

签约率是指毕业时签订就业协议的学生人数与当年该专业毕业总人数的比值。它反映了该专业毕业生的就业质量，是就业环节评价指标体系中的重要组成部分。该比率越高说明该专业的就业质量越高，毕业生的就业环境越好。

（2）就业率

就业率是指毕业时有确定去向的学生人数与当年该专业毕业人数的比值。量变是质变的基础，质变是量变的必然结果。就业率能反映高校毕业生就业阶段性的“量”，是就业环节评价指标体系中的基础性指标。特别在高校毕业生就业难度和竞争压力越来越大的背景下，就业率能很直观地反映出一个高校毕业生的社会需求和就业竞争力。

（3）学业深造率

学业深造率是指毕业学生中确定考研或出国去向的人数与当年该专业毕业人数的比值。它反映了学生选择继续深造的意向，同时也表现了该专业继续深造的前景。该比率越高说明专业的深造性越好，学生对专业的未来前景越看好。

一个学校毕业生就业的“薪金水平”反映了当前该校毕业生在学校的学习投资（人力资本）的回报水平，不同高校之间毕业生薪金水平的差别可以有力地反映毕业生的就业竞争力、自身价值和对社会、对企业的贡献能力。

（4）就业与专业对口率

就业与专业对口率主要是指目前所从事工作的行业、岗位等与自身在校所学专业的关联程度。作为应用型高校或专业，要更加注重就业与专业对口率的问题，这样才能说明开设专业的必要性，反映市场需求与专业培养的对口关系。

(5) 社会需求情况

就业与专业对口率主要是指目前所从事工作的行业、岗位等与自身在校所学专业的关联程度。作为应用型高校或专业，要更加注重就业与专业对口率的问题，这样才能说明开设专业的必要性，反映市场需求与专业培养的对口关系。

7.4.4 综合评价指标的构建

综上所述，招生、培养、就业联动长效机制的评价指标体系应包括招生环节、培养环节、就业环节三个一级指标。然后根据调查问卷的统计结果，将一级指标分解为十一个二级指标，从而构建起招生、培养、就业联动长效机制评价指标体系的基本框架，其中各项指标的权重分配是由调查问卷的分析得出，如表 7-1 所示。

表 7-1　招生、培养、就业联动长效机制评价指标体系

一级指标	权重	二级指标	权重
招生环节	15%	一志愿报考率	35%
		新生报到率	29%
		优秀生源率（一本生源率）	36%
培养环节	50%	专业净转学生比率	35%
		专业学业警示率	31%
		专业学生结业率	34%
就业环节	35%	签约率	20%
		就业率	22%
		学生深造率	27%
		就业对口率	17%
		社会需求情况	14%

7.5 长效机制的主要内容

7.5.1 制定科学合理的人才培养方案

本科人才培养方案是专业建设的核心内容，是高校实现人才培养目标，

开展人才培养工作的总体设计和规划安排；是保证教育教学水平和人才培养质量的重要指导性文件；是安排教学任务、实施教学过程、监控教学运行、评价教学质量等的依据。因此，高校应根据党和国家的教育方针、高等教育的发展现状和趋势、社会发展需求，结合学校办学优势和特色，不断优化人才培养体系，制定科学合理的本科人才培养方案，提高人才培养质量。

高校本科人才培养方案的修订应坚持“专业+应用”的思路，即每个专业培养方案的制定应同时结合专业导师及行业专家的意见，使专业结合实际，以行业需求为导向，科学合理地制定人才培养方案。

专业课程体系的构建采取通识教育、专业教育与实践相结合的模式，前期按学科大类实行通识教育和学科基础教育，后期进行宽口径的专业教育和个性化的选择性教育。继续推进课程体系改革，优化课程体系结构，避免课程的交叉与重复，适当减少必修学分，增加选修学分，完善实践教学体系，增加综合性、设计性试验。

同时，为了充分发挥学生个性，鼓励学生的多样化、个性化发展，积极探索创新教学模式，高校应建立人才培养特区，分别制定相应的人才培养方案和管理制度，突出课程体系和课程内容的整合，明确卓越化和国际化人才培养的标准。

积极推动与其他高校的专业群建设，启动实施其他高校联合培养本科生模式。通过设立国际版、外培计划，不断拓展国际合作交流项目，探索国际化人才培养的新路径。

7.5.2 专业改革与就业评判

(1) 紧跟市场需求，科学设置专业

从学校自身来说，调整优化学科专业结构要坚持适应社会需求的导向，突出办学特色。学科专业是大学的基本元素，学科专业水平是大学核心竞争力的集中体现。在新设置学科专业时，要坚持增量优化，也就是要瞄准战略性新兴产业的发展、瞄准传统产业的改造升级对新型人才的需求等，主动调整优化学科专业。对现有学科专业格局，要坚持存量调整。高校设置学科专业不在多、不在全，而在特、而在强。学科专业建设不只是“人无我有”，更重要的是“人有我优”或“人优我新”。世界一流大学中没有一所能覆盖所有学科专业，按美国教育部学科专业目录统计，麻省理工学院、普林斯顿大学、斯坦福大学的学科覆盖率分别为54.2%、62.5%、70.8%。而我们的不少高校往往盲目追求所谓“综合性”、“全科式”发展，这是值得反思的。高校要围绕办学定位和市场需求，制定学科专业建设与调整规划，构建与本校办学定位和办学特色相匹配的学科专业体系和人才培养结构，聚焦重点和优势，集中建设好优势特色学科专业群，打造并不断增强集群优势，克服专业设置的“功利性”和“多而散”。说到底，就是要适应经济社会发展需要，以特色求发展，以特色构筑核心实力。

专业调整有利于人才培养。针对近年来高校毕业生“就业难”的问题，高校要进一步健全高校专业预警、退出和动态调整机制，对连续两年就业率较低的专业，除部分特殊专业外，实行减招，直至停招。专业设置和调整要随着产业转移，坚持专业设置差异化、专业标准国际化。高校在设置和调整本科专业时，应坚持与社会经济发展对人才的需求相一致，与市场需求相吻合，科学合理地设置招生专业。不能适应社会发展的专业或专业方向应及时给予更新、调整或停招，同时适时增加社会发展急需的新专业，吸引优秀生源。在课程设置上更加注重科学知识、思想品德、人文素养和实践能力的融合，在教学方法上更加注重发挥学生的主体作用，在社会合作上更加注重用人单位的参与，着力培养具有较强岗位适应能力的面向地方、面向行业企业的高素质人才。

在专业结构调整上，要紧紧围绕国家经济社会发展和行业发展的需求而设定。第三方调查机构麦可思调查公司对 2011—2013 年三年间毕业生半年内、一年内就业率的专业进行了排序，结果显示，近三年排在前列的热门专业以理工科为主，几乎都是应用性强、产业发展急需的专业，如地矿类、海洋工程类、石油油气类、工程装备与控制工程类、水文与水资源工程类以及审计学类等，这类专业在很大程度上契合了国家建设宏观转型和新的产业布局调整。教育部也鼓励高校要密切关注相关的新兴、边缘、交叉学科专业，鼓励增设和改造一批与社会经济和行业发展关系密切、社会或行业急需的专业。与此同时，减招甚至停招那些社会需求量小、与学校办学定位和服务领域相关甚远的专业，以及志愿填报率低、就业率不高、转专业人数太多的专业和名称高度相近的专业。不少高校的专业设置赶时髦，什么专业热门，就设什么专业。但是几年之后，这个专业就可能出现人才过剩。大学的专业应该“有适度的超前性”，要有长远眼光，不能只顾眼前，要能够预见到 5—10 年以后的社会发展与市场需求，有的放矢地进行专业调整，从而占得先机。对于行业特色类高校来说，真正的热门专业，一是那些历史悠久、实力雄厚、美誉度高的王牌专业，另外一种就是符合未来社会需求、特色鲜明、拥有核心竞争力的新兴专业。

（2）专业动态调整机制

由综合评价指标值为基础，每年对所有纳入招生计划的专业进行招生、培养和就业工作的评估，对招生志愿不足、转出比例高、就业率低、社会需求趋于饱和、综合评价在当年招生排在后三位的专业要给予亮黄牌警示，连续两年黄牌警示没有好转的采取亮红牌停招，同时整合相关教学资源，进行专业重组或申办新专业。

受黄牌警示的专业次年综合指标未排在最后三名的，原则上应取消黄牌。若当年安排招生计划时有扩招需求的专业，学校予以政策倾斜。若该专业学科背景差，且该专业的培养规模已压缩至最小自然班，当年即红牌停招，第二年是否恢复招生，可由学院根据该专业的实际情况向学校申请。若该专业有很好的学科背景，具有较强的师资队伍，且本年度招生规模较大的，可暂不实施红牌停招，将予以第二次黄牌警示，并大幅度缩减招生计划，减幅达 30% 以上直至最小规模（30 人自然班）。对连续两年被黄牌警示的专业，第三年仍未达摘牌条件的，不论其专业所依附的学科背景、师资队伍如何，一律红牌停招。被红牌停招的专业，以后需要恢复招生的，可由学院根据该专业的实际情况向学校提出整改报告和恢复招生的申请，学校组织专家进行论证，达到恢复招生条件的可恢复招生，但招生计划安排不能大于 30 人。

（3）就业跟踪与评判机制

据教育部和人力资源和社会保障部统计数据显示，2014 年全国高校毕业生人数 727 万人，2015 年达到 749 万人，2016 年更是高达 762 万人，再创历史新高，大学生“就业难”引起毕业生、家长以及媒体的广泛关注。实际上，“600 所地方本科高校转向应用技术型”也是因就业市场的新要求而做出的抉择。2015 年 5 月国务院办公厅出台《关于深化高等学校创新创业教育改革的实施意见》，提出高校应坚持创新引领创业、创业带动就业，主动适应经济发展新常态，以推进素质教育为主题，以提高人才培养质量为核心，以创新人才培养机制为重点，以完善条件和政策保障为支撑，促进高等教育与科技、经济、社会紧密结合，加快培养规模宏大、富有创新精神、勇于投身实践的创新创业人才队伍。通过激励机制培养大学生创业意识，创业意识对于创业能力的形成和创业实践活动具有动力作用。创业意识绝非心血来潮，也不能一蹴而就，它是创业者在创业实践活动中培养、积累和升华的结果。大学生有了创业意识就会促进其形成坚定的创业信念，从而促进他们提高创业能力，积极投身于创业实践活动。这种创业意识越强，其效果越大。当前，大学生“就业难”已经成为全社会普遍关心的问题，高校在大学生就业工作中起着举足轻重的作用，大学生就业好坏也直接影响到学校的生存和发展。因此，高校应坚持以市场需求为导向，建立健全就业服务体系，不断创新就业工作思路，积极拓展就业渠道，创造更多的就业机会，提高大学生就业率和就业质量。

为有效解决毕业生就业难题，学校应建立“校领导主抓、就业中心统筹、院系落实、全员参与”的就业工作格局，全面落实就业工作“一把手”工程，为就业工作的顺利开展提供组织保障。以提升就业质量为重点，以优化就业服务为手段，以拓宽就业渠道为保证，以学生思想教育工作为抓手，形成“就业管理、市场开拓、职业指导、信息服务、创业教育 ”五位一体的工作模式。

7.5.3　教育教学改革

（1）加强专业建设，制定明确的专业建设规划

专业建设是高校教育教学质量提升的关键和核心，是高校生存和发展的生命线。专业建设包含人才培养方案、课程建设与改革、实践（实验）教学建设、教学团队建设、教学条件与设施保障、教学管理及监控机制、人才培养质量和社会影响等。

学校应始终贯彻“以评促建、评建结合”的方针，促进教师参加教学改革与研究的积极性。并全面总结专业建设的成绩和薄弱环节，制定科学完整的专业建设规划指南，以期更好地规范专业建设，指导各个专业良性发展，平衡专业之间的差距，提高专业核心竞争力。

（2）以市场需求为导向，不断深化教育教学改革

高校要切实提高专业人才培养与产业、社会的适应性。学校应重视并大力支持教师进行教学改革与课程建设，制定实施《课程评估方案》，开展课程评估工作，实施大学生研究计划创新实践项目，实施大学生创新教育行动计划，加强实践教学建设，大力开展校企合作，聘请校外专家、企业专家到校讲授实践教学内容，将部分课程或实践教学放在校外实践基地进行。

要抓住校企合作平台建设这个突破口，高校要对学科专业进行结构性改

革，根据经济社会和行业发展的需求抓住切入产业链、创新链的重点，集中力量和资源形成产教融合发展的高地。在校企合作重点平台的建设中统筹学科教育、继续教育、技术创新、科技服务、社会服务这些功能，建设融合性、集成性、创新性、开放性的平台，争取当地政府、行业企业的重点投入和支持。校企合作不能被简单地看成是企业的社会责任或者公益事业，校企合作的本质是大家互利共赢的合作。

(3) 牢固树立“以学生为中心”的教育教学理念

要强化和落实人才培养在高等教育质量中的核心地位，强化教学和人才培养在高校的中心地位。教育部高等教育教学评估中心通过对中国27个省、市、自治区786所高校的年度本科教学质量报告（2013年度和2014年度）进行抽样分析，在随机抽取的14个省份481所高校中，有近1/3的高校（146所）在质量报告中将“以学生为中心”“以生为本”“以学生为本位”等作为学校人才培养、专业建设的核心理念。高校要与行业、企业、地方互利共赢。

(4) 政府教育主管部门要加大对高等教育的宏观规划和引导

要着力调整高校专业结构以形成育人特色，建立目录指南机制，加快建立“负面清单”制度，每年公布限制设置、禁止设置的专业名单，要建立专业设置预警机制，避免因低水平重复建设而造成结构性过剩。每年要发布普通高等学校专业布局情况分析报告，公布当年全国范围内本科布点数量较多、在校生数量较多、社会需求量较小、就业率较低的专业名单，明确为不支持增设专业。建立评估监控机制，对新办专业、布点较多的专业实行合格评估、专项评估。建立预警退出机制，每年向社会通报各高校、各专业高考第一志愿报考率、初次就业率、新生报到率，作为招生计划、项目安排的重要依据。通过专业结构调整，聚焦重点和优势，压缩“长线”专业，补齐“短板”专业，集中建设好与高校办学定位和办学特色相匹配的学科专业群。要打破原有的体制和身份壁垒，优化教育资源配置，建立科学但有区别的评价机制，激发办学活力。引导不同类型的高校“各安其位”“错位发展”，发挥各自特点、特色和特长，百花齐放，使大学真正成为新观念、新知识、创新创业人才喷涌的源泉。

8 行业特色类高校招生、培养、就业联动长效机制构建的保障措施

8.1 要优化顶层设计

特色和优势是行业类高校的立足之根，行业类高校要持续保持优势必须走特色发展之路。特色既是传统学科的“立足之根”，又是其“竞争之本”。特色发展体现在高校学科建设思路上就是“你无我有，你有我强，你强我优”。行业特色类高校要突出和发扬特色形成学科优势，进而构建学校优势。一要坚持大学定位特色。一旦定位明确，就要坚定不移地实现既定的目标，是异质性的，没有优劣之分，都是社会所需要的。二是坚持学科建设特色，做到“有所为、有所不为；有所先为，有所后为”。学科特色是一所大学最核心的办学特色，在办学的历史进程中每一所大学往往都会形成数量有限的优势学科，特色学科的形成常常来源于优势学科的凝练与升华。形成优势特色学科的路径主要有三：一是推动学科集群发展，形成“抱团作战”的姿态，牵头学科承担领导角色，支持学科起好支撑作用；二是推进学科交叉融合，在学科群内部、不同学科群之间培育学科交叉点和新的增长点；三是设立学科特区，采取差异化的学科发展政策和考核制度，做强优势学科，形成学科特色。

特色是学科建设出奇制胜的关键，也是高校发展的根基。高校特色发展从层次上看包括特色高校、特色院系、特色学科、特色专业，从功能上看包括人才培养特色、科研特色、服务特色和文化传承创新特色。

我国的行业特色大学为数不少，应依据行业发展需求，结合自身有利条件，充分预见学科发展趋势，在“特色”上做大文章优先将最具优势、最有特色的学科办出一流水平。大力发展人无我有的特色学科和专业群，不断突破创新。对于人有我强的特色学科，一方面可以在学术上保持一流，始终走在学科前沿，引领学科发展趋势，或者在应用方面积极寻求与社会经济的结合点，突出特色优势。另一方面，可将特色学科与学校综合集群的资源优势相结合，从跨学科角度寻求新的特色学科增长点，以保障特色学科的优势地位。

专业建设是高校人才培养的核心工作，专业建设的好坏不仅影响学校的学科结构、布局和长远发展，而且直接影响人才培养质量，进而影响社会经济发展。从发展和提高的角度来讲，提高专业和课程水平必须以提高学科水平为前提，如果一门课程没有相应坚实的学科基础，课程体系没有相应的学科体系为支撑，这些课程和体系迟早会被淘汰。学科关系大学的生存和发展，行业特色类高校只有不断适应、引领、总结行业对专业知识体系化、系统化的需求，才能在行业和区域经济发展中彰显优势、体现价值。

所谓优势和特色学科就是在学校发展历程中产生的具有相对比较优势，和区别于其他高校的学科。高校要积极依托优势和特色学科，立足于满足人类社会发展的需求，解决经济社会发展中的关键问题，加大与其他学科的交叉，以需求导向驱动学科创新以学科建设夯实发展基础、整合发展资源、引领发展方向，“扶优、扶特、扶强、扶需、扶新”，调整和优化现有学科专业。

要强化顶层设计，注重机制创新，构建“三个体系”。“三个体系”是指立体的政策保障体系、高效的工作运行体系、完善的信息反馈体系。

构建立体的政策保障体系就要强化顶层制度设计。为经济社会和人的发展服务是高校发展的最终目标，高校坚持以满足社会需求为导向、以就业为导向，坚持服务社会的人才培养目标，从学校中长期发展规划、年度工作要点和各类文件制度上，构建招生、培养、就业联动改革的立体政策保障体系，从顶层设计上为改革的顺利实施提供有力的政策保障。对人才市场需求旺盛的专业要做大，对具有明显特色和学科优势的专业要做强，对竞争力不强且贡献力不足的部分专业要进行适当调整，对就业率过低的专业要果断减少招生计划，直至停止招生。

构建高效的工作运行体系，就要实施就业“一把手”工程。坚持校长作为“招生—培养—就业”联动机制改革第一负责人，切实做到领导到位、责任到位、措施到位，形成上下联动、齐抓共管、重心下移、注重实效的工作局面。二级教学院系也要实施“一把手”工程，把就业工作放到与学科建设、教学、科研同等重要的地位抓紧、抓好。院系“一把手”要亲临就业工作一线亲自谋划、亲力部署，解决就业工作中遇到的实际困难和问题。同时，发动全体教职员工，包括校友资源，为毕业生就业牵线搭桥，齐心协力做好毕业生就业工作。

构建完善的信息反馈体系就要加强信息的调研分析。学校应从招生信息、人才培养信息和就业信息三方面入手，做好信息的收集和处理工作。招生和人才培养信息可以从学校内部获取。而在就业信息方面，需要校方与用人单位加强联系，收集用人单位对学校毕业生质量、人才培养的建议等信息，并对这些信息进行科学地处理和研究，进行综合的相关性对比分析，从而形成对学校专业建设、学科调整、教学评估、招生等工作有重要参考价值的信息。

8.2　整体规划

学校各部门、各院（系）全体师生、管理人员等主体在构建联动机制的过程中必须有大局意识、责任意识，必须全盘掌握、总体部署、宏观调控，应始终坚持服从大局，服务中心的原则。为此从整体上，学校各部门、各院（系）全体师生、管理人员应做到以下几项联动措施：

（1）毕业生就业与学校办学过程的各环节联动

对于高校而言，毕业生就业特别是高质量的就业关系到学校的生存和发展，关系到学校的办学定位和人才培养目标。因此，行业特色类高校要以就业为导向，以提高学生综合素质为目标，调整学科专业设置和专业培养目标、培养规格，并且进行严格的教学管理和考核，打造素质、能力、知识相统一的复合型人才培养体系。因此，学校应密切联系社会，对就业指导工作不断开拓创新，健全就业管理制度，建立集教育、指导、服务于一体的大学生就业指导体系。在当今的就业环境下，高校要重视就业指导课师资队伍建设工作，要制定中长期指导课师资队伍培养方案，分批采取“送出去请进来”、挂职锻炼、单科进修、在职攻读学位等方式，大力加强就业指导课师资队伍建设力度，优化高校人力资源结构，加强就业指导课的课程建设，打造一支职业化、专业化的“双师型”就业指导课师资队伍，确保就业指导课的教学效果，全面提升大学生的就业竞争力，从而提高就业质量。

高校的办学过程由专业设置、课程设置、招生计划的编制、学生日常教育管理、师资队伍建设、社会实践活动的开展、各种形式的考试、毕业见习与实习等若干环节组成，这些环节要与毕业生就业建立密切的联系，把毕业生就业与学校办学过程的各个环节进行联动。具体包括：毕业生就业与专业设置联动、毕业生就业与招生计划的联动、毕业生就业与就业教育的联动。

（2）学校各部门与院（系）、班级的联动

充分发挥学校就业指导部门对就业工作的指导作用，全面统筹、协调、组织、指导各学院及班级开展毕业生就业工作。明确树立各二级学院在构建联动机制工作中的主体地位，发挥其在构建联动机制工作中的主体作用，具体负责组织实施和开展构建联动机制工作。学生班级作为培养环节的重要协助者，加强对的思想教育及学习指导，积极协助学院完成相关工作。

（3）校内相关部门、院（系）与学生家长和校友的联动

构建联动机制是一个系统工程，学校需要调动多方资源、多方力量共同做好构建联动机制工作。学生家长和校友是多方资源、多方力量中的重要一极，学校相关部门不可忽视。通过借助成功家长的知名度或开发校友资源，举办家长论坛或校友讲坛，充分利用家长资源、校友资源及其社会资源，携手家庭、校友与社会为构建联动机制提供更多帮助。

（4）建立招生培养就业联动长效机制

其现实意义在于可彻底改变一些行业特色类高校长期以来存在的教学与实践脱节、校企合作流于形式的不良局面，进一步提升高等教育质量，促进高等教育内涵发展。要建立健全专业的预警、退出机制，建立健全高校毕业生就业和重点产业人才供需年度报告制度，对连续几年不能适应经济社会发展需要、就业率较低的专业，除部分特殊专业外，应调整招生计划，直至停招。行业特色高校构建招生、培养、就业联动长效机制包括专业优化与设

置、专业动态调整机制、就业跟踪与评判机制等内容，也包括教育教学改革、教学内容改革、教学方法改革、教学评价改革等方面。

8.3 师资保障

师资队伍是应用型人才培养的核心力量，学校师资队伍名师荟萃，坚持用“事业凝聚人才、实践造就人才、机制激励人才、制度保障人才”构筑人才会聚的战略高地，重点引进学科专业带头人，为提高教学质量奠定雄厚的师资基础。同时，学校还联合行业企业共同打造专兼职教学团队，企业高管或工程师受聘到学校兼任管理职务、实践课程教师，参与学校实践教学，校企双方共同组建起由高校教师和企业专业技术人员、管理人员共同组成的组合型教学团队。

8.4 经费保障

以综合评价指标值为基础，每年对所有纳入招生计划的专业进行招生、培养、就业工作的评估，学校应对综合评价指标排名前十的专业分一、二、三等奖给予经费支持和鼓励。

（**作者**：王关义、刘益，北京印刷学院）

参考文献

[1] 黄兆信．用科学发展观构建高校招生培养与就业联动改革体系［J］．高等工程教育研究，2006（1）．

[2] 陈金如，周兴和，杜其奎．高校本科人才培养教学特区建设的探索与实践［J］．信息系统工程，2009（10）．

[3] 史贞军，闫立．高校招生、培养、就业联动机制的建立［J］．中国校外教育下旬刊，2010（5）．

[4] 李轶芳．地方行业特色型高校人才培养的探索与实践［J］．中国大学

教学，2010（7）.
[5] 孙诚，王占军．我国普通高等学校师资队伍结构现状分析［J］．大学（学术版），2010（8）.
[6] 殷宇歌．高校人才培养与企业人才对接研究［J］．价值工程，2010（28）.
[7] 刘英，高广君．高校人才培养模式的改革及其策略［J］．黑龙江高教研究，2011（1）.
[8] 吴立保，管兆勇，郑有飞．制度变迁视角下的行业特色型高校人才培养模式透析——以南京信息工程大学为例［J］．黑龙江高教研究，2011（6）.
[9] 刘灿国，白成良．论高校就业联动机制构建［J］．人民论坛，2011（8）.
[10] 王静修．我国行业特色型重点大学发展理念思考［J］．中国地质教育，2012（4）.
[11] 王伟，浅谈．"招生—培养—就业"联动机制改革［J］．河南教育学院学报（哲学社会科学版），2012（6）.
[12] 张瑞军．高校拔尖创新人才培养的实践与探索——以辽宁石油化工大学为例［J］．价值工程，2012（9）.
[13] 万庆生，王英，李友善，宋颖，秦晓秋，李巍．高校招生、培养、就业联动机制研究［J］．价值工程，2012（36）.
[14] 青岛理工大学．以提高人才培养质量为目标，探索大学创新创业与充分就业相融合的工作新路［J］．大学生就业杂志，2013（2）.
[15] 王英，万庆生，韩文灏．高校招生、培养、就业联动机制的探索与实践［J］．东北农业大学学报（社会科学版），2013（11）.
[16] 徐晓媛．对我国行业特色高校发展的回顾评析与思考［J］．职业与教育，2013（11）.
[17] 刘辉．新时期行业特色高校的功能重释与定位［J］．重庆科技学院学报（社会科学版），2014（8）.
[18] 孙颖．中国大学本科优秀人才培养特区研究［D］．南京：东南大学，2007.
[19] 尤丁力．浅析行业特色型大学人才培养特色［J］．企业导报，2013（4）.
[20] 赵放辉，付静．高校招生、培养、就业相关性研究［J］．中国石油大学学报（社会科学版），2011（1）.

[21] 杜玉波．适应经济社会发展需要，高等教育亟待转变发展方式 [N]．光明日报，2014－08－05 (13)．

[22] 刘磊，杨希．专业增减更有利于人才分类培养 [N]．中国教育报，2014－08－29 (5)．

[23] 罗志敏，徐松如．地方本科高校转型要坚守育人为本的底线 [N]．中国教育报，2014－11－03 (09)．

[24] 方言．探索转型，办负责任教育 [N]．光明日报，2014－11－11 (14)．

[25] 卢彩晨．地方本科转向应用技术型：难点与突破 [N]．光明日报，2014－11－11 (14)．

[26] 刘云．行业大学"去行业化"倾向令人忧 [N]．光明日报，2014－11－11 (13)．

[27] 郭广生．地方高校应主动服务区域发展 [N]．人民日报，2015－01－29 (18)．

[28] 曹晔．大学生就业难引发的思考——供求不匹配倒逼产业转型升级 [N]．中国教育报，2015－03－19 (9)．

[29] 刘仲全．新建本科院校转型，办学模式是中轴 [N]．中国教育报，2015－03－25 (7)．

[30] 郑晋鸣，许琳．大学更名，何时不再被政绩左右 [N]．光明日报，2015－06－11 (6)．

[31] 周仕敏，宋潇潇．广西建高校专业退出机制，就业率低专业将减招停招 [N]．中国教育报，2015－02－13 (1)．

[32] 谢建中．大学更名不应一味追求"高大上" [N]．中国教育报，2015－06－15 (2)．

[33] 刘传铁．地方高校如何特色发展 [N]．光明日报，2015－08－18 (13)．

[34] 方言．放下身段，培养适用人才 [N]．光明日报，2015－09－01 (15)．

[35] 程利．应用型本科：如何提高学生就业创业能力 [N]．光明日报，2015－09－01 (15)．

[36] 桂昭明．人才如何与经济对接 [N]．光明日报，2015－09－29 (16)．

[37] 郑晋鸣．"红""专""特"是高校生命线——与江苏三所大学党委书记一席谈 [N]．光明日报，2015－11－19 (4)．

[38] 张运．岂能"一刀切"逼着"齐步走" [N]．中国教育报，2015－11－30 (9)．

[39] 陈锋. 加快探索地方高校转型发展道路 [N]. 中国教育报, 2015-11-30 (9).

[40] 王树国. 构建与社会深度融合的人才培养模式 [N]. 光明日报, 2015-12-25 (2).

[41] 赵婀娜, 袁婷. 就业, 高校不能只求数字好看 [N]. 人民日报, 2015-12-31 (17).

[42] 曹国永. 行业特色高校如何推进国际化战略 [N]. 光明日报, 2016-01-09 (9).

[43] 中国教育报评论员. 以协调发展优化教育结构——二论牢固树立新的教育发展理念 [N]. 中国教育报, 2016-01-19 (1).

[44] 刘君义. 地方本科高校如何打开应用之门 [N]. 中国教育报, 2016-01-19 (04).

[45] 岳昌君. 2015 年高校毕业生就业状况调查——北京大学教育学院、教育经济研究所 [N]. 光明日报, 2016-01-19 (13).

[46] 丰捷, 王斯敏, 邓晖. 让 13 亿人民享有更好更公平的教育——十八大以来党中央推进教育事业改革发展纪实 [N]. 光明日报, 2016-02-29 (1).

[47] 柯进. 中国高教与世界有多大"时差"? [N]. 中国教育报, 2016-04-08 (3).

[48] 刘义杰. 大学生失业率下降别盲目乐观 [N]. 中国教育报, 2016-04-12 (2).

[49] 黄铁苗. 遵循经济规律, 提高供给体系的效率 [N]. 光明日报, 2016-04-12 (7).

[50] 储长连. 地方本科高校转型七问 [N]. 中国教育报, 2016-04-12 (13).

[51] 陈治亚. 行业特色型高校如何创建世界一流 [N]. 人民日报, 2016-05-12 (18).

[52] 陈志文. 2016 高招报告: 招考人数趋稳　招生难依然待解 [N]. 光明日报, 2016-06-02 (15).

[53] 新华社记者. 高校专业的"冷"与"热" [N]. 中国教育报, 2016-06-06 (1).

[54] 刘博超, 填报志愿: "热" 专业, "冷" 思考 [N]. 光明日报, 2016-

06-27（8）.
[55] 刘勇，毕玉才，如何发挥"负面清单"作用［N］．光明日报，2016-06-14（8）.
[56] 伟涛，杨国营，游玉增．高校专业变迁谁主沉浮［N］．中国教育报，2014-07-08（5）.

第二部分

研究专论

1

人才供求状况对高校人才培养模式改革的启示*

摘　要：供给和需求是经济学研究的永恒主题，供求关系状况是衡量一个国家或地区资源配置科学化水平的重要标尺。20世纪90年代以来，伴随着全国高校招生规模的急剧扩大，招生和毕业生人数激增，毕业生供求关系出现严重的失衡现象。本文立足于我国高等学校毕业生供给与需求现状，从分析二者平衡关系入手寻找问题，结合党的十八届三中全会公报中提出的深化教育领域综合改革的总要求，从改革高校管理体制、弱化高校行政色彩，高校要以市场需求为风向标实现办学理念的根本转变，人才培养由重知识传授向知识与能力提升并重转变等方面提出了高校人才培养工作的若干思路。

关键词：供给　需求　平衡　高校　人才培养

近年来，大学生“就业难”成为整个社会一个热点和难点问题，大学生供给和需求状况严重失衡。解决这一顽疾进而促进大学毕业生无障碍就业和自由流动，优化高素质人才配置机制，提高人才资源配置效率，促进经济增长，增加就业出路，提供就业保障等都不失为实现供求平衡目标的有效措施。但从高校内部来讲，更新人才培养理念，转换人才培养模式，更好地满足社会对人才的需求则是缓解这一问题的重要举措。

* 本文刊发于《北京教育》2014年第10期。

1.1 供求关系失衡是我国高校人才培养中面临的突出问题

众所周知，供给和需求是经济学家始终关注的主题，也是经济社会发展中一对重要的数量关系。当一种要素或资源的供给和需求达到平衡状态时，表明其配置处于最佳的均衡状态，也是一种理想状态；当供给大于需求时，则会出现供给过剩，会造成要素或资源的浪费；反之，当供给小于需求时，则会出现供不应求的状况，表明社会需求没有得到有效的满足。不可否认，在大学生“就业难”的现实中也有不少“待就业”者存在“有业不就”的现象，但“就业难”这一主流现象并未因此而改变。在现实生活中，供求平衡的状况是非常罕见的，不平衡却是常见的。因此，如何实现供求平衡不仅是经济学家长期研究的课题，也是政府制定相关调控政策的重要依据。我国大学毕业生供求状况主要表现是：

（1）从绝对指标来看，供给量超过需求总量，导致供求比例关系严重失衡

从高校招生规模来看，1949 年中国人口 54167 万人，高校招生数量为 3.06 万人。2013 年中国人口 137835 万人，高校招生 657 万人。高校招生数量和当年人口数量之比从 1949 年的 0.0056% 提高到 2013 年的 0.48%。2002 年我国高等教育毛入学率超过 15%，进入国际公认的高等教育大众化发展阶段。2007 年全国各类高等教育在学人数约 2700 万人，高等教育毛入学率达 23%，到 2012 年底高等教育毛入学率超过了 30%，高考录取率超过 75%。这些数据表明，我国高等教育基本完成了从精英教育到大众化教育的转变。

在我国实现由传统的精英教育到大众化教育转变的过程中，开始于 1999 年的高等教育招生规模大幅度扩大具有划时代的意义。当时的现实情况是，由于社会经济快速发展对人才资源的急需，加之人民群众对高等教育事业的热切期盼，人才培养的速度和规模难以适应当时社会的迫切需求，高等教育的供求矛盾极为突出。高等教育当年的毛入学率仅 5% 左右，远远低于发达国家 80% 左右的水平，高中毕业生千军万马挤上高考独木桥，竞争异常激烈。基于这一现实，国务院作出了加快高等教育发展、扩大高校招生规模的重大决策。1999 年 6 月 16 日，原国家计划发展委员会和教育部联合发出紧急通知，决定 1999 年中国高等教育在年初扩招 23 万人的基础上再扩大招生

33.7 万人。这样普通高等院校招生总人数达到 153 万人，当年高等院校招生增幅达到 42%，此后我国高校扩招都以每年 40 万人以上的速度递增。全国高校招生人数和在校生人数呈绝对增长态势，大学新生从扩招前 1998 年的 108 万人激升至 2008 年的 600 万人和 2013 年的 645 万人。从毕业生数量来看，2013 年全国高校毕业生规模达到 700 万人，2014 年达到 727 万人。高等教育在校学生数从 1998 年的 643 万上升至 2013 年的 2412 万人，15 年间增长了 4 倍。从研究生层面来看，1983—1986 年全国每年招收研究生只有 2 万—3 万人，而目前的招生规模全日制的每年 45 万—50 万人，博士生每年 3 万—5 万人，2013 年研究生在校数高达 172 万人。我国高等教育发展规模先后超过俄罗斯、印度、美国，成为世界第一。招生规模的急剧扩大，毕业生供给数量远远超过了社会对其的有效需求量，出现了大学毕业生"就业难"的局面，供求状况失衡。

2014 年全国大学生毕业人数与 2013 年相比净增 19 万人。相关数据表明，2014 年北京地区高校毕业生将达到 23 万人，江苏省为 54.1 万人，广东为 47.2 万人，这三个省市高校毕业生总量再创历史新高，就业形势仍不容乐观。对于毕业生的就业状况，根据北京大学教育经济研究所 2015 年 6 月对全国高校毕业生就业状况进行问卷调查，结论是：从总体情况来看，毕业生毕业时"已确定单位"的比例仅为 33.4%，"升学"与"出国/出境"的比例合计为 24.3%，总体上毕业生毕业时的"落实率"只有 83.1%，就业非常困难，见图 1-1、表 1-1。

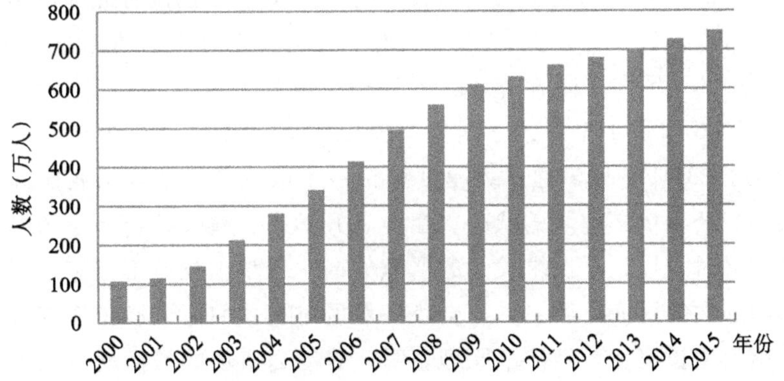

图 1-1　2000—2015 年全国高校毕业生人数增长情况

数据来源：中国教育在线网。

表 1－1　　2015 年高校毕业生就业状况调查　　（单位：%）

	专科生	本科生	硕士生	博士生	全部
（1）已确定单位	39.5	27.4	55.8	49.2	33.4
（2）升学（国内）	8.8	22.9	11.8	8.6	18.5
（3）出国、出境	2.5	6.9	4.6	10.2	5.8
（4）自由职业	6.5	4.6	2.3	0.5	4.7
（5）自主创业	7.8	4.1	1.7	3.2	4.6
（6）其他灵活就业	22.3	15.6	8.3	9.6	16.1
（7）待就业	10.1	13.7	12.9	13.9	12.9
（8）不就业拟升学	1.4	2.6	1.1	1.1	2.2
（9）其他暂不就业	0.7	1.5	1.0	1.1	1.2
（10）其他	0.4	0.7	0.5	2.7	0.7
落实率（第1—6 项）	87.4	81.5	84.5	81.3	83.1

数据来源：北京大学教育经济研究所。

（2）从相对指标来看，高等教育招生增加速度远远超过国民经济增长速度 2000—2015 年全国高考

第一，经济增长率一直高位运行，但仍然赶不上高等教育招生增长速度。自 1978 年改革开放以来，我国 GDP 平均增长速度一直处于一个比较高的区间，国民经济一直高位运行，年均增长速度为 7%—10%。如果剔除其他深层因素，单就数字来看，高校招生规模扩张的速度远远超过了国民经济的增长速度。从高校毕业生人数增长情况看：2002 年全国普通高等学校毕业生为 145 万人，比上年增长 27.2%；2003 年为 212 万人，同比增长 46.2%；2004 年为 280 万人，同比增长 32.1%；2005 年为 338 万人，同比增长 20.7%；2006 年为 413 万人，同比增长 22.2%。2002—2006 年高校毕业生人数增长了 235%。国家通过大幅度扩招一举改变了长期以来我国高等教育规模偏小、严重供不应求的状况，在提高升学率、增大社会高学历专业人才供给量的同时，导致了供求关系的严重失衡、大学生就业率持续走低、就业压力不断加大的局面。第二，社会经济发展对人才的需求增长速度远远低于人才供给的增长速度。经济学原理表明，劳动力市场的均衡就业量主要由需求和供给两方面力量决定，同时还受到劳动力市场运行有效性的影响。一般来说，劳动力的需求和经济增长有密切的正相关关系，20 世纪 60 年代美国经济学家阿瑟·奥肯提出了著名的奥肯定律，即实际 GDP 的变动与失业率

的变动之间存在着负相关关系。相关专家的研究表明，由于技术进步、产业结构的变动等因素导致我国就业弹性连年不断下降，经济增长对就业的拉动作用在减弱，GDP 每增长一个百分点仅拉动就业率增长 0.1 个百分点。因此，在整个劳动力市场有效需求不足的大背景下，高校毕业生供给数量的大幅度增长必然导致供求关系失衡。第三，经济社会发育程度对高素质人才的需求总量低于供给数量。从经济社会发育程度来看，尽管我国通过改革开放短短 30 多年的发展，在经济总量上一跃成为仅次于美国的全球第二大经济体，但人均经济指标却处于比较落后的位置。经济增长的区域分布、行业分布以及社会对人才的需求结构也极不平衡，社会发育程度较低，对高素质人才的需求远不如对低端技能型人才的需求旺盛。现实中出现的“大学生就业难”“民工荒”和“保姆荒”就是对这一判断的有力佐证，反映了我国就业结构的失衡之弊。

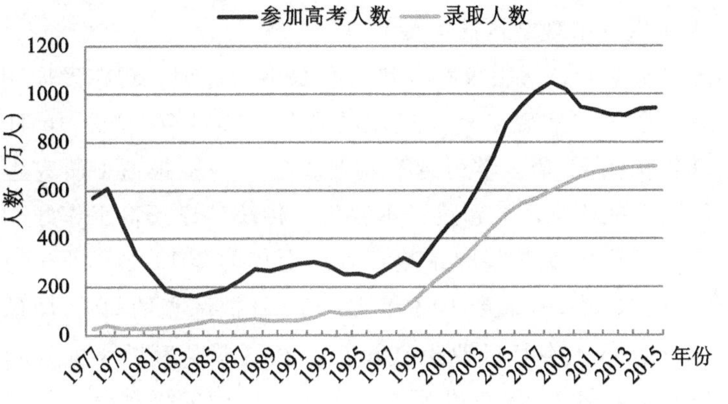

图 1－2　1977—2015 年全国高考招生及录取人数变化趋势

数据来源：中国教育在线网。

（3）国外留学人才的大量回流，更加大了人才供给方的总量

近年来，我国经济社会持续健康发展，为留学人员回国施展才华提供了广阔舞台。国家也对留学人员回国工作高度重视，采取了一系列重大举措，制定了一系列吸引留学人员回国工作、为国服务的政策措施。一大批优秀留学人才回国创新创业，从而加大了人才供给总量，使得这种原本失衡的供求关系更加不平衡。相关资料表明，近年来我国留学人员呈现出加速回国的态势，2015 年我国海归人数达 40 多万人。数据显示，近 6 年回国发展的海归总量超过 110 万人，约是前 30 年回国人数的 3 倍，年均递增 36%。另据专

家预测，未来5年，我国将迎来回国人数比出国人数多的历史拐点，从世界最大的人才流出国，转变为世界最主要的人才回流国。

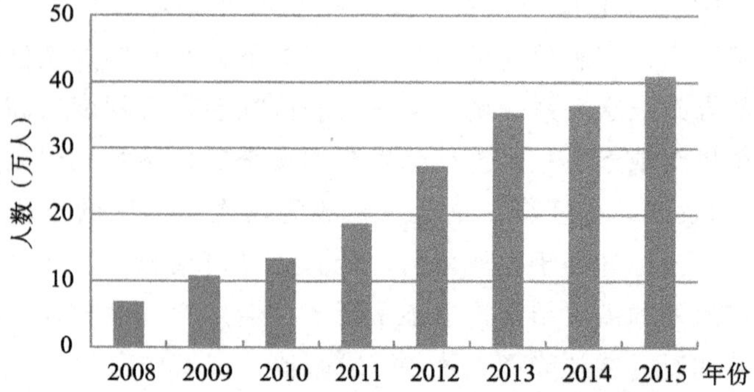

图1－3　2008—2015年留学回国人员数量

数据来源：人民日报。

（4）人才供求出现结构性失衡

从学历层次来看，过去仅有本科生数量供给过剩，现在发展到包括职业教育和研究生教育，呈现出全面过剩的现象。2014年02月16日光明网以“研究生20年扩招11倍，学历越高就业越难”为题报道了研究生供过于求的现象。研究生就业难甚至超过了本科生，传统“学历高工作好”的观念正在动摇。麦可斯研究院与某网站教育频道合作的2013届毕业生流向调查显示，从2012年10月29日至2013年4月10日被调查的2013届硕士毕业生签约率为26%，低于本科毕业生（35%）和高职高专毕业生（32%）的比例。毕业研究生表示：“现在研究生太多了，以前的优越感荡然无存。现在单位更看重个人能力，而不是只看学历了”。从总体上讲，招聘单位注重的是员工的技术操作能力而不单单是学历高低。在分析研究生“就业难”问题的原因时，教育专家熊丙奇指出，1994年我国研究生招生规模仅4.7万多人，如今已超过每年60万人，20年间研究生扩招疯涨了11倍，甚至超过了本科生。熊丙奇强调，2008年金融危机时许多高校为了增加本科生的就业率，纷纷提高了研究生招生规模。久而久之，不少本科生也开始用上这一招，因“就业难”而选择考研，把考研作为就业“避风港”，延缓两到三年就业。其实，眼下的研究生“就业难”正是考研热带来的就业压力释放。凡此种种，最终增加了研究生的就业难度，硕士生供给也出现“产能过剩”的现象。

1.2 高校毕业生供求关系失衡现象产生的危害

毋庸置疑，我国高等教育招生规模的扩大为更多的青年人提供了接受高等教育的机会，不仅促进了教育公平，改进了个人职业发展潜力，还从整体上促进了我国人力资源开发水平的提升。从宏观角度看，我国尚处于实现经济可持续发展的关键阶段，经济增长的势头还比较强劲，因此对高素质人才的需求还会继续上升。目前社会经济发展中确实存在着两难现象：一方面企业和人才招聘困难，整个社会范围内出现人才短缺，尤其是工程技术人才和经营管理人才，大范围存在着“民工荒”；另一方面却是大量的大学毕业生找不到工作，呈现出矛盾的两极。其主要危害表现如下：

（1）人才培养与社会需求严重脱节，人才供给满足不了国民经济和社会发展的需要

在能力结构上，大学毕业生的就业能力并不是基于职业路径的需要进行建构与培养，难以满足人力资源市场的需求。随着我国经济体制改革的深入和劳动力市场的结构性变化，用人单位的需求模式发生了显著变化。用人单位的劳动力需求行为在劳动力市场上通过价格机制选用合适的人才。例如，IBM 中国区对大学生的基本素质要求：第一个方面是服务意识，能不能从客户的角度去出发，去思考；第二个方面是创新和解决实际问题的能力；第三个方面是与人沟通的能力；第四个方面是团队合作的精神以及职业操守和商业道德。而这些能力在高校的培养方案中很难看到，不少高校还在延续着传统的应试型人才的培养模式，重理论知识、轻实践能力和综合素质的培养。

（2）高校功能没有得到充分而有效的发挥

人才培养、科学研究、服务社会和文化传承创新是高等学校的基本功能。不过，不少大学更热衷于向社会展示科研等硬实力，而在凝练大学文化、传播大学精神方面重视不够。大量高校毕业生找不到工作造成培养的人才大量积压找不到出口，不能有效发挥人才对经济社会发展的促进作用，使高校人才培养的价值和服务社会的功能大大减退。

（3）造成人力资源和国家财政资金的浪费

第一，从国家层面来看，人才的成长和培养是需要花费资金的。教育部、国家统计局、财政部发布的全国教育经费统计公告显示，2012 年国家财

政性教育经费支出 2.2 万亿元，占到 GDP 的 4.28%。在全国教育经费总投入中，财政性教育经费所占的比重超过 80%。高校扩招最直接的影响就是使数百万人享受到了高等教育的机会，公众对高等教育的渴求得到了较大程度的满足，进而促进了人与人之间教育机会的均等，推动了我国经济社会的持续快速发展及综合国力和国际竞争力的快速提高。但扩招也带来了高校办学资源的全面紧张，每年约有 30% 的毕业生面临就业窘境，形成人力资源的浪费。按照教育部高校学生司主持的“中国高等学校毕业生就业形势的分析与预测”课题组的划分标准：就业率在 90% 以上表示毕业生供不应求；就业率为 70%—90% 表示供求基本平衡；就业率为 50%—70% 表示就业有一定压力；就业率为 30%—50% 表示就业有一定困难；就业率在 30% 以下表示可能产生就业危机。第二，从学校方面来看，在培养过程中耗费了大量的人力和财力资源，人才的培养过程需要学校提供必要的教学资源和生活条件。这些均需要财力和人力方面的保障，毕业生是学校向社会提供的“产成品”，他们一旦找不到工作，就类似于工厂生产的产品没卖出去，没有销路，必然形成库存和积压，形成资源的浪费。第三，从家庭层面看，一个大学生从幼儿园到大学毕业，花费了家长巨额的资金成本和心血。望子成龙是中国人祖祖辈辈的期盼和文化积淀，毕业生找不到工作不仅对家庭构成巨大的压力，而且对本人也会产生巨大的打击和负面影响。第四，从社会层面来看，大量毕业生失业游离在社会上，对社会安全稳定也会产生一定的影响。

1.3 供求平衡状况对高校人才培养的启示

在研究经济领域供求平衡关系时，有专家认为供求平衡永远都是暂时的、相对的，而不平衡却是永远的和绝对的，中国人民大学重阳金融研究院高级研究员刘志勤认为，“不平衡”是推动经济发展的原动力。原因在于：任何经济体的高速或低速发展都是在解决“不平衡”中得以实现。供求的不平衡、各行业之间的不平衡、城乡之间的不平衡、贫富之间的不平衡、技术和现实的不平衡都是激发生产力、刺激创新的动力。中国等“候发达”国家在过去 30 年中，正是由于不断发现和解决众多的“不平衡”，才使得经济持续高速发展。高校人才供求失衡现象应引起全社会的高度重视，对于高校人才培养来说，必须系统改革现有的人才培养模式，使人才的培养和供给适应社会经济发展对人才的需求，达到供求关系的动态平衡。

（1）改革高校管理体制，提高科学化专业化办学水平

计划经济体制下对高校毕业生的需求结构在改革开放后发生了剧烈变化，而当前高校教育体制的培养模式却滞后于社会需求的发展。当前高等教育培养模式仍然沿袭了计划经济体制的色彩，对就业市场的变化反应不敏感。具体表现在：一方面，高校学科设置、专业课程设置不科学，专业结构调整滞后，使毕业生所学习的专业知识与市场需求产生结构错位；另一方面，伴随着近几年来的高校扩招，高校的行政性合并和综合化趋势更为明显，高校定位不清，学科结构趋同严重，专业化分工程度大大降低，严重偏离了市场对人才的需求。因此，我国高等教育人才培养在计划经济形成的供给导向型还未能向适应市场经济的需求导向型转变，当前高校毕业生“就业难”则充分暴露出了超前的经济体制改革与滞后的教育体制改革之间的矛盾。

（2）实现办学理念的根本转变

高校要以市场需求为风向标，坚持以需定培的人才培养理念。党的十八届三中全会《中共中央关于全面深化改革若干重大问题的决定》中提出，要充分发挥市场在资源配置中的决定性作用。长期以来，大学没有迅速适应就业市场对高等教育所提出的要求。从传递知识的角度上看，在整个大学教育中知识教育仍然是非常大的一个比重，理论功底及其相应的分析解决问题能力的构建仍然极为薄弱。大学功能的发挥必须紧密切合社会对大学的需求，市场和社会对大学的需求是创新，所以大学要成为社会创新人才的成长体系、科学技术创新体系和社会思想文化的创新体系的结合体。高校要将就业能力的市场内涵转化为教学创新行动；在教学模式创新行动方面，以强化通识教育为目的的通识型教学，以需求驱动的实践基地建设为标志的实践型教学，以强调研究方法为内容的研究型教学，以拓宽国际视野为目标的国际型教学，以培养就业能力与学习能力为内容的能力型教学，以强化学生的参与和投入为目标的参与型教学等都是可行的选择模式，要通过教学创新培养更加适应市场需求的大学毕业生。在专业设置、培养方案制订过程中要发挥行业企业作用，把企业的评价特别是毕业生就业状况作为衡量办学质量的一项重要指标。大学要寻求建立与用人单位之间的伙伴关系，理解社会需求，并将其转换传递给各个具体的教学和研究部门，然后这些部门再基于社会的需求创新课程、创新专业甚至创新大学。高校要强化对外部市场的反应速度和

能力，增强大学的人才培养的质量，增强大学的投入和产出的效率，极大地提升大学生的就业能力，以消除大学生劳动力市场上的结构性失业问题。

（3）以学生为中心，实现教学方式由重知识传授与能力提升并重转变

育人理念要从传统的知识传授变为知识、能力和人格养成三位一体共同培养，真正实现立德树人的目标。在传统的考试测试中，往往以考查学科知识为主，只要通过灌输强化知识训练就可以达到考试的要求，甚至还可以拿到高分。能力强的学生如果基础知识不牢固，或者应试要求不合规范，即使能力再强也难以获得好的成绩，而成绩却和一系列优秀评审及奖学金评审挂钩。重知识传授而轻教法、轻能力培养成为长期解决不了的问题，教学方式改变应体现在教与学的两个方面：在教的方面，教师要从关注知识传授转变到关注学生成长上，教学的关注点应放在大学生能力发展上；在学的方面，一定要发挥大学生的主体作用，由被动学习转变为主动学习。在教学方式上，要从灌输式转为启发、自主、互动、合作、探究式学习，要关注学生的内心成长，关注学科与生活的联系、课堂与社会的联系、知识学习与动手实践的联系、大学校园生活与社会经济活动之间的联系。既培养合格公民，又培养理想远大、基础扎实、能力突出的优秀学生。

（4）构建科学的课程体系，改革评价方式

第一，课程结构要实现由单一课程向多元课程的转型。切实把课程建设转到德育为先、能力为重、全面发展的总体目标上来。高考科目减少，实行学业水平考试，课程结构必然要调整。高中课程要适应新要求，满足学生充分发展和高校选拔合格新生的需要。

第二，评价方式要实现由单一评价向多元评价的转变。评价既要体现国家和学校的共性要求，又要体现学生个性发展的要求，既要有教师和学校评价，又要有自我评价和他人评价，包括学生评价和社会评价。既要有学科学业评价，又要有社会实践评价。要借助现代技术手段实现实时记录，诚信反映，适时反馈，真正让学生增强自主发展、自我规划、不断进步的能力。

（5）建立一支高素质的教师队伍是提高教育质量的保障

第一，要重视教学带头人和教学团队的建设。国家的希望在教育，教育的希望在教师，保证教育质量的关键也在教师。要提倡教授、副教授必须讲授本科课程，加强本科基础课教学，建立主讲教师制和主辅讲教师制；要开展教学名师评选活动，通过名师的示范作用促进教师间互相学习、互相交流，提高教学水平；要充分发挥老教师的“传、帮、带”作用，深入开展老

教师对年轻教师的“一帮一”活动，教育引导青年教师树立高尚的师德、优良的教风、严谨的治学态度、高度的责任心和敬业精神；全面提高教育质量要有一批“铁将军把关”，培养出高校自己的大师；要培养一支有共同理念的教学管理团队。“要从系主任或专业负责人的培养抓起，要选用那些学术水平高，教学效果好的人担任这些职务”。[①]；第二，提高教师的学术素养。俗话说“名师出高徒”，只有知识渊博的教师才能培养出优秀的学生。因此，高校要强调和鼓励教师培养和形成出色的教学能力，适时更新知识结构，学校要开辟多种渠道进行教师在职培养，拓宽教师知识面，提高其学术素养；第三，加强教师向社会实践学习，加强实践能力。“在当今社会，不管教师职前培养的质量有多高，都不能期望教师已经具备了应对整个职业生涯中全部挑战的能力。因此，教育系统需要为教师提供继续专业发展的机会，维持高标准教学，保持一支高素质教师队伍。加强和改进教师继续专业发展，不断提升教师质量，这是各国面临的一项重大课题”。[②]

（6）加强对学生创新精神和实践能力的培养

党的十八届三中全会公报中提出了高等学校要“增强学生社会责任感、创新精神、实践能力”的培养。“创新人才培养不足确实是我国高等教育的突出问题。尤其是现在我国正处在转变经济发展方式、建设创新型国家的关键时期，经济社会发展对创新人才的需求越来越迫切，全社会对高校创新人才培养的关注度越来越高”。[③] 高等教育持续发展的重点是提高质量，提高教育质量的重点在于培养创新人才。知识来源于实践，能力来自于实践。实践教学环节对于培养学生的实践能力和创新能力尤其重要，对于大学生成长也至为关键。近年来，随着大学生就业形势的日益严峻，毕业生就业率和就业满意度成为衡量高校教育质量的重要指标，高校人才培养要紧跟社会需求，加强对学生创业的教育和培训。要倡导产学研结合，积极拓展校企之间、校际之间、高校与科研单位之间的合作，建立稳定的合作关系。要创新教学模式，重视对学生创新思维的培养，应抓好如下环节。第一，培育创新理念。人没有幻想是不行的，人类如果没有幻想过像鸟儿一样飞翔，就不可能有飞机的发明产生，更不可能登上月球，因此要在大学阶段培育创新理念。第

① 孟晓犁．我在哈佛当统计系系主任［N］．解放日报，2012－05－25.

② 李建忠，萨丽·托马斯．教师专业发展的中国“烙印”［N］．中国教育报，2014－1－14.

③ 杜玉波．关于创新人才培养的几个问题［N］．光明日报，2012－08－29.

二，创新教学模式。各类教学活动必须从单一的课堂教学扩大到学生自学、社会实践和科研活动中去。要重视学生的课外活动，有证据表明，所有对学生产生深远影响的重要的具体事件有4/5发生在课堂外。学生在课外活动中激发了创新精神，强化了实践能力，因此要彻底改革教学方式，既重视课堂教学，更重视课外实践。第三，营造相应的校园环境。科技创新能力的形成是一个过程，需要一定的环境，积极塑造有利于创新的环境就能激发大学生创新的潜能，容易出创新成果。宽松的课堂教学和学术环境有益于学生培养自身的创新思维，伟大的学术成就有时候就是争辩的结果，高校要创建容许广大师生发出不同的声音的宽松环境，鼓励学生创作、创新、成功。第四，丰富校园文化活动。学校应积极组织各种形式的科技节、文化节、艺术节和知识竞赛等活动，使学生逐渐认识和掌握科学技术知识，学习和积累创新的知识，开拓创新的视野。

从总体上看，我国大学生供给和需求目前处于严重的失衡状态，造成这一现象的原因是多方面的。但从未来长远角度看，大学毕业生供给量超出需求增长只是短期现象，伴随着我国经济持续增长与产业结构升级，对大学生的需求数量将会加大。一方面，作为一个拥有13亿人口的大国，其潜在的经济需求是极大的；另一方面，全球竞争以及中国总体生活水平的提升对受过高等教育的专业人员的需求应该有比较大的上升空间。目前，我国从业人口中具有各类大专以上学历的人员仅占5%，而工业发达国家则为25%—30%。因此，高校应在推动高等教育的持续改革、调整结构、提高人才培养质量方面下功夫，使人才更好地满足劳动力市场需求的就业能力，这是实现供求平衡的可行举措。

参考资料

[1] 王众，王楠，李玉兰．美国大学排行榜是怎样“炼”成的？［N］．光明日报，2014-01-16（15）．

[2]［英］萨丽·托马斯．教师专业发展的中国“烙印”［N］．中国教育报，2014-01-14.

[3] 北京大学教育经济研究所．大学生就业调查：2013年大学生就业状况究竟怎样［N］．光明日报，2014-01-28（13）．

[4] 张炳强．学历越高　就业越难［N］．新民晚报，2014-02-15.

[5] 盛若蔚，赵兵．留学人员呈加速回流态势：2013 创新高达 30 多万［N］．人民日报，2014－02－21.

[6] 王关义．论我国高等教育体制转型与发展支点的选择［J］．国家教育行政学院学报，2011（6）．

[7] 董洪亮．二点二万亿教育经费用到哪［N］．人民日报，2014－02－20（2）．

[8] 刘志勤．“不平衡”是发展原动力［N］．环球时报，2014－02－13.

[9] 邱钥，陈恒，等．三位医学毕业生眼中的就业失衡［N］，光明日报，2014－02－27（15）．

[10] 孟晓犁．我在哈佛当统计系系主任［N］．解放日报 2012－05－25.

[11] 杜玉波．关于创新人才培养的几个问题［N］，光明日报，2012－08－29（2）．

（作者：王关义，北京印刷学院）

2

我国行业特色类高校人才培养思路探析*

摘　要：新中国成立之后，基于国民经济各行业发展对专业人才的需求，我国高等教育的办学格局在学习和借鉴苏联模式的基础上得以奠定，新建了一批适应行业发展需要的特色鲜明的高等学校。这些行业特色鲜明的高校成为我国高等教育事业的重要组成部分，对于满足行业发展对人才的急需和支撑行业的发展产生了积极的作用。但随着环境的变迁和办学定位、规模和内涵的逐步变化，不少行业特色鲜明的高校纷纷向学科门类“大而全”的综合性大学转变，也有不少通过更名等方式追求办学的学科和学术含量，向“大而全”的方向急速迈进，办学边界日趋模糊，办学特色日渐褪色，与行业的关系渐行渐远。如何彻底扭转这一局面，围绕行业需要培养适用人才成为产业发展向高校提出的一大问题。本文围绕国家建设一流高校、一流学科的总体部署，立足于行业特色类高校发展中出现的问题，从紧贴行业需求，设立人才培养特区，以市场需求为导向培养适用型人才，建立招生、培养、就业联动机制等方面进行了探索和思考。

关键词：行业特色　高校　人才培养　思路探析

---

* 本文为王关义教授主持的北京高等学校教育教学改革重点项目“行业特色高校设立人才培养特区与建立招生培养就业联动长效机制研究”的研究成果，项目编号为：2014 – lh05。本文刊发于《国家教育行政学院学报》2016 年第 4 期“书记校长文萃”专栏。

2.1 我国行业特色类高校人才培养中存在的问题

新中国成立以后，尤其是改革开放38年以来，我国高等教育事业取得了长足的发展，基本实现了由精英教育向大众化教育的转型。截至2014年底，我国拥有高等学校2824所，数量仅次于美国，位列全球第二，在校大学生3559万人，位居世界第一，高等教育毛入学率达到37.5%。伴随着高等教育规模的扩张，行业特色类高校的建设产生了不少问题，远远不能适应行业发展对人才的需要。

（1）办学理念错位，片面追求规模扩张，高校特色日趋蜕化

在我国高等教育转入内涵发展的新阶段，不少行业特色类高校依然沿袭外延式发展的传统模式，过分关注发展过程中的学科门类齐全，一味扩大规模（包括学生规模、校园占地规模、学科专业数量、师资规模等）、多办专业、更改校名，热衷于向综合性多科性大学的方向转变，盲目攀高或求全求大，专科升本科，学院升大学，学校学科专业门类日益齐全，历史上长期形成的办学特色日趋蜕化。已有的大学评价机制中的“一刀切”现象导致行业特色类高校始终处于劣势，从而助推其向综合性大学看齐，人才培养“趋同化”现象严重。统计资料显示，自2008年3月至2013年5月，全国共有257所高等院校获得教育部批准而更名，占到目前全国高校总数的10.35%，全国约有百所高等专科学校升为本科院校。办学理念的模糊和学科门类的扩张导致不同类型、不同层次的大学拥挤在相似或相同的学科专业领域，开展同质化竞争。不少行业特色类高校忽视自身办学过程中长期形成的特色和优势，与行业对专业人才的需求渐行渐远，人才培养不能满足行业发展的急需，形成了千校一面的局面。

（2）学科专业设置盲目追求大而全，滞后于经济发展需求

不少行业类高校忽视行业特点和自身办学特色，对行业发展、对专门人才的需求缺乏科学的研判，普遍存在着培养与需求、理论与实践结合不够紧密的问题，什么专业热就上什么，别人有什么专业自己就开什么，缺乏特色。专业设置没有充分调研社会和行业对人才的需求，急于完成“规模扩张”，追求专业数量的大而全，盲目设置新的本科专业并扩大招生规模，不能完全对接产业与适应社会经济转型发展。不少行业类高校的人才培养定

位、专业设置、培养方案、课程设置对行业和企业的岗位需求考虑较少。有的沿袭重“理论”轻“实践”、重“科学”轻“技术”的观念，不合理的专业指向不仅背离了行业的需要，而且也与多数学生的学习目标和就业方向难以吻合，这种现状导致行业类高校向综合性大学看齐，长期形成的特色和优势逐渐丧失，与行业对专业人才的需求渐行渐远。根据教育部的统计数据，全国高校2014年新增1681个本科专业，新增开设10个以上专业的高校超过了30所，其中开设物联网工程专业的有54所高校。而目前全国已开设物联网工程专业的高校已达250所之多，开设翻译专业的有44所高校，开设工程造价专业、酒店管理专业有39所高校，而这10个专业占了整个新增专业的22.42%。另据《人民日报》报道，在2015年度高校本科专业申报中，共有61所高校在一年内申报设立7个以上新专业。由此导致师资、设备等教育资源不足，办学特色淡化，人才培养定位与行业和企业的需求严重脱节。

（3）人才供求结构失衡，“就业难”现象蔓延

从目前高校毕业生的就业现状来看，结构性矛盾依然突出。2013年全国高校毕业生高达699万人，初次就业率只有77.4%，2014年高校毕业生达727万人，2015年毕业生人数突破749万人。就业压力日益增大，尤其在专业结构性矛盾即专业和就业方向方面的问题很突出，当前的现实情况是：一方面毕业生“就业难”，另一方面却是大量企业出现“用工荒”现象，企业发展最为需要的技能型、应用型、复合型人才紧缺，高校人才培养中的招生、培养、就业三个环节之间脱节，人才供求结构严重失衡。

产生如上问题的深层次原因是高校人才培养体系对经济社会的变化反映滞后，高校之间“同质化”现象严重。不少高校热衷于追求办学规模和学科专业的“大而全”，导致专业设置雷同，人才培养与产业需求脱节，一些行业背景非常鲜明的高校在片面追求学科和学术水平的氛围中渐渐远离行业发展和历史积淀，归根结底是学校缺乏科学定位。

2.2 行业特色类高校人才培养的思路

毋庸置疑，人才培养的质量是高等学校的生命线，人才培养既要引领社会先进文化和价值观的走向，又要满足社会经济发展对人才的需求，为社会发展服务。行业特色类高校人才培养既要适应行业发展的需求，又要遵循人

才需求和供求动态平衡的原理，围绕行业发展需求变化适时调整专业设置和人才培养方向。具体对策如下。

（1）要科学确定学校的办学定位，固守自身的传统特色和优势办学领域

经济学研究领域的比较优势原理表明，不论一个国家发展水平如何，都存在着比较优势，都可以通过参与国际分工而获益并实现经济发展。借用比较优势的研究方法不难得出这样一个结论：一所行业高校，即便其办学水平落后，仍有可能围绕行业需求通过差异化竞争创造出能够体现其特色的比较优势，进而赢得竞争优势。与那些综合性大学相比，行业特色类高校更容易在竞争中形成独特的比较优势，要采取差异化的办学思路，由特而强，特色取胜。要以服务行业发展，通过满足行业发展对人才的需求来体现自身的价值。随着我国高等教育改革的深入和生源的逐年减少，高校之间的竞争不可避免，行业特色类高校要有危机意识。办学定位的确定，既要考虑自身的能力和条件，还要依据服务的层次，满足行业发展对专业人才的需求。高校的特色就是一所高校集独特的办学理念、办学定位等特点形成有别于其他大学的优势。因此，行业特色类高校要集中力量建设好与学校办学定位和办学特色相匹配的学科专业群，在自身所长的领域寻求发展和突破，要紧扣学校定位，坚持有所为、有所不为的思路。从国际范围来看，每所世界一流的大学都有其鲜明特色，特色发展其建设至关重要。

（2）围绕社会和行业需求创设人才培养特区

高校的人才培养要牢固树立服务社会、服务行业的理念。与基础教育相比，高等教育与产业、行业乃至经济社会之间的关系更为直接和紧密，因此，高校尤其是行业特色类高校应准确把握人才市场的需求变化，并做出适时适当的反应。2007 年教育部和财政部联合发布《关于实施高等学校本科教学质量与教学改革工程的意见》，提出通过“择优选择和重点资助 500 个左右人才培养模式创新实验区，推进高等学校进行人才培养模式的综合改革”，当年就有 220 个人才培养模式创新实验区获得批准。包括行业类高校在内的不少学校在探索创新人才培养方面进行了很多有益的尝试。北京印刷学院围绕新闻出版行业发展对专业人才的需求开办的“毕昇班”“韬奋班”和“雅昌班”等；景德镇陶瓷学院围绕陶瓷行业产业链需求构建专业集群，打造高水平优势特色专业，按照专业、职业、企业、产业、行业“五位一体”的总体布局，构建多元化的人才培养体系，走出一条人才培养、科学研究的特色道路；武汉纺织大学围绕纺织产业链优化调整专业，围绕“纺织”

办专业，围绕“纺织”课改，提出“专业嵌入产业链，产业哺育专业群”的发展思路，办出了特色，成功摸索出一套将专业嵌入纺织产业链的特色育人模式。这些行业特色鲜明的高校结合自身的办学传统和优势，探索多样化的培养途径，取得了积极的成效。这些成功的经验证明，行业特色类高校的人才培养要围绕行业需求导向设立人才培养特区、强化实践教学环节、创新人才培养模式，是从根本上改变原有学校教育与社会需求脱节、彻底克服千校一面、提高人才培养的质量的成功举措。

（3）学科专业设置及优化要以行业发展变化对人才的需求为风向标

坚持市场需求导向的原则关键是要将专业设置与经济转型升级紧密绑定，真正实现以服务为宗旨、以就业为导向，紧跟市场需求发展变化，做好增量、盘活存量、主动减量，做好专业建设的“加减法”，建立专业动态调整机制，从源头上让专业扎根于产业升级、服务于行业发展，促进市场需求和人才供给的良性互动。行业特色类高校比较优势的构建必须从学科、专业、学生、师资等要素着手，使学科专业结构与行业发展需要相适应。

一是围绕学校办学特色和优势构建特色学科专业群。学科专业特色是大学特色的核心，在办学的历史进程中每一所大学往往都会形成数量有限的优势学科，特色学科的形成常常来源于优势学科的凝练与提升。行业特色类高校的学科专业建设不是由某一因素决定的，而是由市场需求、政府需求和社会需求等共同决定的，高校要办出特色就要彰显自身的学科专业优势，立足于这些特色和优势，打造学科和专业品牌。哈佛大学肯尼迪政府管理学院、耶鲁大学戏剧学院、等特色学院凭借以特色取胜的战略在全球独占鳌头。

二是适应行业需求调整优化专业结构。从人才培养角度来看，行业特色高校从它成立的那天起就打下了深深的行业烙印，要围绕行业需求变化，优化专业结构、强化特色专业建设，在培养行业专业人才方面形成自己的特色和优势。高校的专业设置要对社会职业需求的变化做出及时响应，跨学科设置专业，培养复合型人才就成为一种必然的趋势。如动漫、社会工作、工业设计等，都是明显的复合型。再如编辑出版学专业，不仅要掌握新闻知识和编辑技巧，而且要掌握网络技术、摄影技术等。高校要根据行业发展动向在新专业培育上重点要考虑行业发展前沿所需的专业人才，力争做到“人无我有”，并努力建设成为学校的王牌和龙头专业。以这些优势专业为龙头构建紧密对接产业链的专业群，积极推进专业设置与产业需求对接、课程内容与行业标准对接、教学过程与生产过程对接，把学科优势和人才优势转化为专业优势，不断提高服务行业发展的能力。

三是科学制订培养方案。要根据行业企业等用人单位的需求，优化人才培养方案，培养方案应符合学校人才培养定位，专业人才培养目标与课程设置是应由行业企业等用人单位和高校的专家共同研判。培养方案的制订要充分听取行业和企业的意见，要对用人单位的人才需求情况开展充分的调研，才能构建专业核心课程模块。

（4）构建以“就业为龙头”的招生培养就业联动机制

高校要深入开展市场调研和科学预测，掌握行业需求的变化趋势，把学校人才培养计划纳入行业发展规划，并将其作为调整专业设置、制定招生计划和人才培养方案的重要依据。要邀请用人单位或企业全方位参与高校人才培养工作，共同研究人才培养方案，设置专业的方向和模块，拟订每个方向和模块的培养人数和招生规模，及时更新和调整人才培养方案和教学内容。同时在培养过程中引入企业力量，在校内或企业内共同建立专业实习实训基地，加强实习和实践环节，促进人才培养和行业发展的无缝对接。建立招生培养就业联动长效机制，将专业招生的计划完成率、报到率、就业率和就业对口率作为专业设置与调整、招生计划分配的主要依据。招生培养就业联动机制的构建要以行业需求为中心，建立社会需求与招生专业、人才培养和学生就业之间的内在关联体系，以招生促培养、以培养促就业、以就业促招生，缩小社会需要与人才培养之间的差距。

（5）人才培养过程要强化实践环节和对学生创新素养的培育

行业特色类高校在培养学生基本素质与能力的同时，要加强对行业实践能力的培养，在教学过程中重视学生创新精神和能力的培养，特别是要采取多种形式帮助学生走向社会、走向企业。在与行业发展需求紧密结合中探索人才培养模式的改革，多一些工场或动手动脑环节，少一些教室或讲授，在校企联合培养人才方面，可尝试“1+2+1”、“2+2”、“3+1”等灵活多样的人才培养模式，面向企业需求为企业量身打造专门人才。

在中国这个有着五千多年悠久历史的世界文明古国，在一个拥有全世界人口数量最多的泱泱大国，在一个经济总量位居世界第二的国度，只有北大、清华等少数几所世界一流大学是非常可怜的。当今中国高等教育的状况是：在人才培养这条轨道上，不同层次、不同类型、不同定位、不同特色的高校呈现出“百舸争流、千帆竞发”的态势。我们认为与那些综合性大学相比，行业特色类高校在专业、学科建设、人才培养等方面更容易创出世界一流，在国际高等教育竞争的大舞台上也照样能够赢得尊重和掌声。

参考文献

[1] 张幼文．改革开放：使中国在世界发展竞争中赢得比较优势［J］．求是，2015（6）．

[2] 何根海．应用型本科院校文科人才培养探析［J］．国家教育行政学院学报，2014（9）．

[3] 马陆亭．大学生要在学校收获什么［N］．中国教育报，2016－02－22（8）．

[4] 曾德生，李明文．"陶瓷黄埔"以瓷为媒叩问转型之路［N］．中国教育报，2016－02－22（6）．

[5] 储召生．三问"地方高校转型"［N］．中国教育报，2014－12－15（9）．

[6] 赵继．明确定位发挥优势　积极推动协同创新［N］．中国教育报，2014－12－15（9）．

[7] 李长治．该用什么衡量高校就业质量［N］．光明日报，2015－02－25（2）．

[8] 李祖超，黄文彬．一流学科：一流大学的加速器［N］．光明日报，2016－02－02（13）．

[9] 王树国．瞄准社会发展需求重构大学形态［N］．光明日报，2016－01－26（13）．

[10] 沈满洪．彰显大学办学特色的三个层次［N］．中国教育报，2015－12－14（9）．

[11] 夏静，侯庆．武汉纺织大学：行业立校　特色育人［N］．光明日报，2015－09－23（6）．

（作者：王关义，北京印刷学院）

3

关于构建高校教学质量保障体系与实施系统的思考*

摘　要： 教学是高等学校的中心工作与基础任务，人才培养的质量与水平是高等学校的生命线。为实现党的十八大报告提出“推动高等教育内涵式发展”“着力提高教育质量”的要求，高等学校要遵守“以人为本”“全面质量管理”的教育管理理念，从目标、投入、过程、效果、机制五方面构建“要素—环节—节点”的教学质量保障体系，并建立配套的决策、指挥、条件支持与保证、质量控制与反馈、调整与改进系统五个子系统加以实施，切实提高本科的教育教学质量水平。

关键词： 高等学校　教学质量　保障体系　实施系统

当前，高等学校具备教学、科研、社会服务、文化传承四方面功能，其根本性、基础性任务是开展教学工作，培养社会所需的合格人才，因此人才培养的质量与水平是衡量一所高等学校的生命线。党的十八大报告对高等教育事业提出了新目标、新要求，丰富了中国特色社会主义教育理论体系，确立了新的历史时期内高等教育改革与发展的方向，即“推动高等教育内涵式发展”“着力提高教育质量，培养学生社会责任感、创新精神、实践能力”

* 本文是王关义教授主持的北京高等学校教育教学改革重点联合项目（项目编号：2014—Ih05）——“行业特色高校设立人才培养特区与建立招生培养就业联动长效机制研究”的研究成果之一。本文刊发于《国家教育行政学院学报》2015 年第 2 期。

“努力办好人民满意的教育”，明确指出当前发展高等教育事业的核心不是量的扩张，而是质的提升。2010 年出台的《国家中长期教育改革和发展规划纲要（2010－2020 年）》也明确提出，要“全面提高高等教育质量”“全面实施高校本科教学质量与教学改革工程，严格教学管理，健全教学质量保障体系”。为实现全面提高教育教学质量这一战略目标，高等学校要牢固确立人才培养的中心地位，树立科学的高等教育发展观，坚持稳定规模、优化结构、强化特色、注重创新，走以质量提升为核心的内涵式发展道路[3]，同时要建立有效的校内教学质量监测和调控机制，建立健全学校本科教学质量保障体系。

3.1 构建高校教学质量保障体系的必要性

教学质量是高校生存和发展的生命线，构建科学合理的日常教学管理与教学评估有机结合的内部质量保障体系，营造良好的人才成长环境，是提高教学效果、提升人才培养质量的基础性工作，是稳定和提高学校办学水平和人才培养质量的重要手段。教学质量保障体系的建立，是一项全方位、全程性的系统工程，具体来说就是为了提升教育质量与人才培养水平，全方位聚焦人才培养的各个阶段、各个环节，对人才培养过程与实施活动开展持续性、结构化、系统性的监督与控制，全面诊断、评价、完善教学过程，构建一个互相协调、互相促进的能够保障和提高教学质量的、稳定的、有效的全面质量管理系统。因此，建立完善的、不断优化的教学质量保障体系是高校提升教学效果、实现教学资源效应最大化的终极目标。建设该体系的目的是：结合学校办学定位和人才培养目标，针对人才培养全过程，分析教学质量生成过程，寻找保障、提升教学质量的关键控制点，并为之不断改进，从而不断提高教学效果、提升教学质量、培养优秀人才。建设该体系的思路是：遵循高等教育教学的内在规律，依据“全面质量管理”的管理理念和“以人为本”的教育理念，分析影响学校教学质量的各个环节，通过对教学质量形成全过程相关因素的系统分析，运用系统工程学的原理，本着“以人为本，全员参与，保障到位，实时调控，持续改进”的原则，力求体系的制度化、标准化和规范化，全面构建教学质量保障体系。

3.2　构建高校教学质量保障体系的要素

依据全面质量管理理念，高等学校内部教学质量保障体系是个综合性内容，包括目标保障、投入保障、过程保障、效果保障、机制保障五方面要素。其中，目标是教学质量的宏观方向指引，投入是教学质量的必备物质条件，过程是教学质量的基础支撑平台，效果是教学质量的客观评价依据，机制是教学质量的运行内在动力，这五方面要素涵盖了教学质量的各个方面，贯穿了教学质量的各个环节，相互促进、相辅相成、缺一不可。

经过多年的教学实践活动与研究过程总结发现，教学质量保障体系这五方面要素包含若干的二级保障环节，这些保障环节又可细分为若干的关键控制点，从而形成“基本要素 – 保障环节 – 关键控制点”三个层面的教学质量保障体系，具体内容如表 3 – 1 所示。

表 3 – 1　　　高校内部教学质量保障体系

基本要素	保障环节	关键控制点
目标保障	人才培养目标	人才培养总目标与规格
		专业培养目标
	质量标准	教学质量标准
		保障工作质量标准
投入保障	教学基本条件	教学经费
		实验室、实习场所
		教学网络
		图书馆
		校舍
		运动场
	人力资源	教师数量和结构
		教师培训和发展
		学生生源
	校园文化	师生思想教育
		师生服务
		校内外宣传

续表

基本要素	保障环节	关键控制点
过程保障	培养过程管理	教学管理组织体制
		专业与课程建设
		教学改革研究
		教学运行管理
		学生事务管理
	培养过程监控	日常教学工作检查制度
		教学督导制度
		领导听课制度
		学生评教制度
		学生信息员制度
		专项建设检查/审查制度
		学生工作评价制度
效果保障	教学工作评估	院系教学工作评估
		培养方案设计评价
		专业评估
		毕业设计（论文）评估
		课程评估
		教材评估
		教师教学质量评价
		学生工作考评
	学习效果评估	知识与技能评价
		学生身体素质测评
		学生综合测评
		毕业率、学位率
		初次就业率、考研率
	教学资源使用效率评估	生师比
		教学经费审计
		教学专项建设审计
		实验室、实习场所使用效率
		网络教学使用效率
		图书馆使用效率
		校舍使用效率
		运动场使用效率

续表

基本要素	保障环节	关键控制点
机制保障	满意度调查	教师满意度调查
		学生满意度调查
		用人单位满意度调查
	激励机制	教师激励机制
		学生激励机制
	反馈与改进	各环节的评价反馈
		各环节的持续改进

（1）目标保障

在当前的就业市场中，用人单位对人才知识结构与技能的需求往往是动态变化的。因此如何根据市场与用人单位需求适时调整培养目标、专业设置、课程体系、教学内容，做到学校教育与社会需求接轨、同步，为用人单位输送合格人才是学校的立足之本。目标保障就是通过对市场上人才需求的预测及毕业生质量跟踪调查的结果，及时调整专业设置、优化专业结构，促使各专业学科制订科学的人才培养方案与教学大纲，紧跟甚至超前于市场而开设相应课程培养相关人才，同时要监督其实施过程与情况。

（2）投入保障

人才培养是关乎国家长远发展的一项战略性事业，教育要摆在优先发展的战略地位，高校要提升教育教学与人才培养质量，就需要加强对教育教学各方面的投入，包括硬性的物质基础条件，如教学场所、实验室、图书馆、教学网络、校舍，以及软性的优质教师资源引进与培养，良好校园文化的培育与熏陶等等，这些投入都需要一定的资金保障与稳定的资金来源。在这方面，除国家固定的财政拨款外，各高校应当根据人才成长的规律和办学软硬件条件建设需要，从自身创收中列出专项资金用于教学与人才培养环境的建设与改善，如设立大学生创新中心（基地），用于支持大学生开展创新创业项目，培养与提升创新实践能力。

（3）过程保障

教学过程的管理、监控与完善是其保障体系的构建实体与应用对象。目前，高校的教学质量保障体系主要体现于对教学过程和质量的评价，涉及过程管理与过程监控两个方面。包括教学常规检查，如日常教学检查，每学期的期初、期中、期末教学质量全面检查等；听课；教研室应每月至少组织 2

次集体备课，活动记录由各系或专业负责检查，每月检查一次，学校负责抽查；学生意见反馈、教学经验交流与讲课比赛以及实验、实训环节。目前高校教学过程管理与监控存在一定的问题与弊端，需要加以优化完善，如注重课堂教学环节、教师教学活动环节、专业知识考核评价，而忽视“课堂、教师、教学”传统教学三要素之外的内容，如课外实践过程、学生自主学习情况、学生道德素质与实践创新能力等。当前社会紧缺的是创新型、复合型人才，而非单一的理论学习能手，因此高校应加强对学生课外实践创新过程的考核与监控，提升学生的综合素质能力。

（4）效果保障

效果评价是测量教学各环节实施过程好坏、优化教学内容、提升教学质量的重要参考依据，因此效果保障是教学质量的综合反馈环节，是教学质量保障体系不可缺少的一环。效果评价涉及两个方面：一是针对于教师的教学工作开展评估，如培养方案设计、专业设置、课程体系、教材内容、课堂教学质量、教学资源使用效率和毕业设计质量等多个方面；二是针对于学生自身的学习效果开展评估，包括自身知识技能、身体素质、实践创新、综合能力和就业能力等多个方面。这两方面的评价可以是学生评教、教师评学，师生之间相互评价，也需要学校、社会、家庭等师生之外的第三方进行教与学两方面效果的客观诊断。

（5）机制保障

机制是教学质量的内在催生动力，好的教育教学体制机制能够激励教师专心开展好教学工作，能够鼓励学生自主用心学习。教学质量的机制包括教学检查机制、教师准入机制、听课机制、教师考核机制、信息反馈机制、考教分离机制、教学事故认定处理机制、毕业生跟踪调查机制等。从内在逻辑关系来看，这些涉及教学过程的多项规章制度不是孤立存在、简单叠加的，而是体制内的各项制度相互联系、相互促进、相互完善，通过彼此之间多向性的作用纽带，共同作用于教学过程，保障质量的提升。

3.3 构建高校教学质量保障体系的配套系统

建立健全高校的教学质量保障体系，提升教学质量与人才培养水平，对于学校的长远发展有着至关重要的意义。而教学质量保障体系的顺利构建需要有相应配套的实施系统加以支撑才能运转，配套实施可由决策系统、指挥系统、条件支持与保证系统、质量控制与反馈系统、调整与改进系统等五个子系统构成。其中，这五个子系统之间既有一定的相对独立，又存在一定的相互影响，涵盖与贯穿了教学活动的全过程与各环节，其逻辑关系如图 3－1 所示。

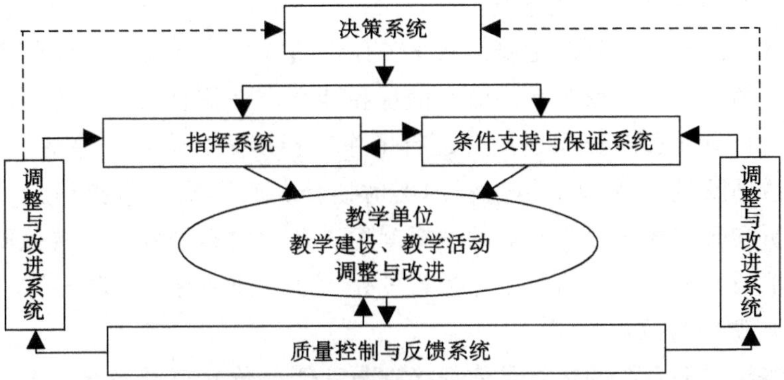

图 3－1　高校内部教学质量保障体系实施系统逻辑关系图

（1）决策系统

教学决策系统主要由教育部有关的教育教学章程、学校教育教学发展规划等构成。这一系统的运行应遵循高等教育教学的内在规律，定性分析社会需求变化及学校的发展状况，研究确立学校的中长期发展战略，明确学校的办学目标、发展定位、人才培养目标和人才培养规格等核心问题。同时研究制定学校的年度工作要点，突出教学工作的中心地位。执行主体为学校党政领导班子。

（2）指挥系统

教学指挥系统主要由学校教育教学工作计划、教学管理规章流程、教师教学工作制度和大学生行为规范组成。这一系统的运行应贯彻执行学校的教学政策，在授权范围内制定有关教学管理规章制度，计划、组织实施教学活动和质量管理活动，分析影响教学质量的主要环节，明确各主要环节的质量标准和目标。执行主体为教务处和学生处。

（3）条件支持与保证系统

条件支持与保证系统主要由学科专业建设、师资队伍建设、校园文化建设等规划，以及保证教学工作的有关章程组成。这一系统的运行应积极引进和培养干部、学科带头人及师资队伍，制定和落实教学单位工作目标责任制度和人事岗位聘任制度，确保干部和教师全身心投入教学工作。定期召开职能部门协调会，分析实现教学目标所需条件，调整和改进教学投入力度，积极提供必要的人、财、物支持，确保教学投入的第一地位。及时宣传学校的教学质量成就及质量管理经验，促进校园文化建设。执行主体为有关职能部门及教辅单位。

（4）质量控制与反馈系统

质量控制与反馈系统主要由教学工作评估（价）制度、教学管理工作检查制度、师生信息、教学条件效率信息和社会声誉信息反馈制度组成。这一系统的运行应通过对教学建设及运行工作进行调研、检查、评估（价），实现教学活动及教学管理工作过程的实时监控，收集实时监控信息，综合测算、分析和研究影响教学质量的主要问题，及时向学校领导、有关职能部门和教学单位反馈信息。执行主体为教务处、学生处和有关职能部门。

（5）调整与改进系统

调整与改进系统的运行是依据检查与评估（价）反馈信息，对教学活动和建设中的问题进行分析，及时调整工作实施方案，持续改进、不断提高教学质量。执行主体为教务处、学生处、有关职能部门和教学单位。

研究认为，教学质量保障体系的配套实施系统的重点环节是“质量控制与反馈系统”，可围绕此子系统构建“配套实施系统的运行流程”，如图 3－2 所示。从图 3－2 可以看出，实施系统的运行流程具备三方面特征：一，以人才培养目标和质量标准为起点和总体反馈调整点，不断提高教育教学质量，形成大闭环；二，以教学工作为中心，全面管理与保障，全方位信息收集，测算与分析诊断，定期调整组织管理与投入，形成中闭环；三，以具体性的教学建设活动为中心，实时监测、评价与改进，持续提高教学质量，形成小闭环。

3.4 高校提升教学质量的思考与建议

高校内部教学质量保障体系的构建和实施是一项系统工程，其核心内容是抓好教学工作的基础内容建设，例如优秀师资力量、科学课程设计、科研项目训练等。在学校的发展目标、战略定位的统领与部署下，全校师生员工应统一认识、明确责任、分工协作，形成教育教学工作的合力，做到有目标、有计划、有落实、有总结、有持续改进，则教学质量一定会不断提高，

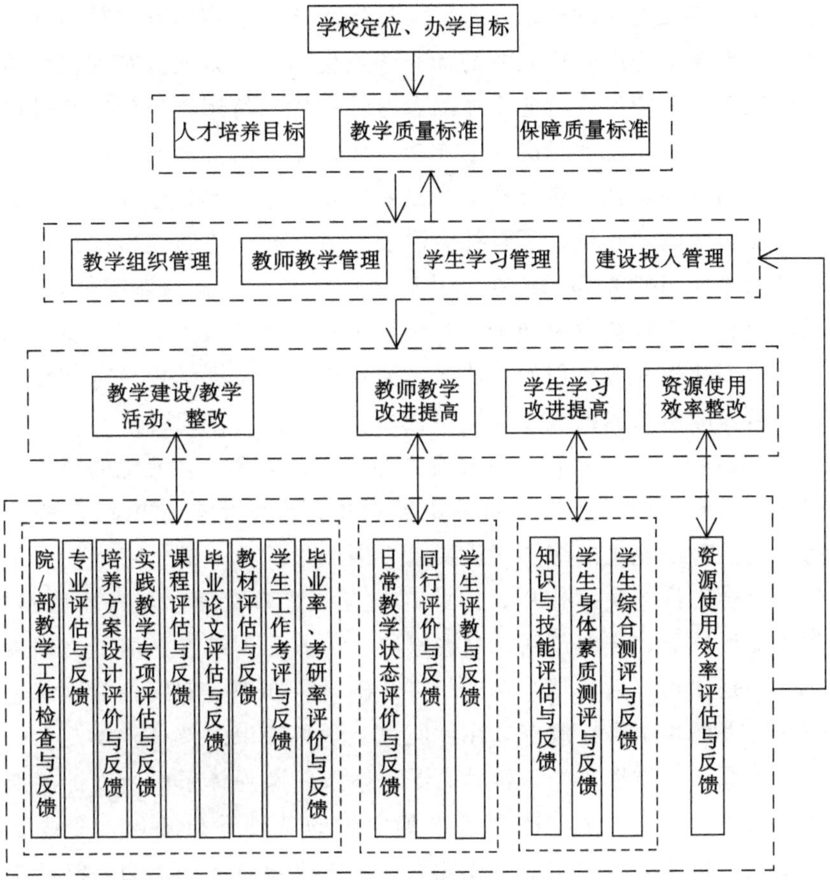

图 3-2 实施系统运行流程图

最终实现培育优秀人才的办学目标。提升教学质量具体应从四方面入手：

(1) 以市场需求为导向，转变人才培养理念

2013 年党的十八届三中全会通过了《中共中央关于全面深化改革若干重大问题的决定》，明确提出要充分发挥市场在资源配置中的决定性作用。因此，高校应以市场需求为风向标，坚持“以需定培”的人才培养理念，成为社会创新人才的成长体系、科学技术创新体系和社会思想文化的创新体系的结合体，将就业市场的人才需求与能力素质要求转化为教学创新活动。一方面是创新教学活动模式：加强通识教育在教学活动中的比重，培养社会所需的行业大类通用型人才；加强实践基地建设，开展市场需求驱动下的实践教学活动；兼收并蓄，拓展多元化的教学方式，如旨在培养学生掌握研究方法的研究式教学、拓展学术视野的国际式教学、培养就业能力的实践式教

学、学生主体参与的互动式教学等。通过多元化、内容丰富的教学活动培养更有就业市场竞争力的合格人才与优秀毕业生。另一方面是在专业设置、培养方案的制订过程中发挥行业企业的参考性作用，将用人单位对高校的社会评价，尤其是毕业生就业状况、工作能力评价作为衡量高校培养人才的一项重要指标。因此要加强校企合作，高校要主动与用人单位建立合作关系，加大校外实习实践基地建设，了解社会需求，将社会信息转换传递给校内相关的教学活动单位与研究部门。在此基础上优化专业设置与课程体系，调整、更新教学内容，与社会发展同步，甚至是引领社会发展方向，以敏锐的市场反应能力时刻捕捉社会有用的人才培养需求信息，做到学校教育与社会需求同步，从而保障所培养的人才能够符合社会所需，人尽其用。

（2）以综合素质为目标，构建全方位的课程体系、多元化的评价方式

当前，随着高校毕业生数量的不断增长，大学生就业市场竞争日益激烈，用人单位对毕业生的综合素质要求日渐凸显，单一的学习成绩并不能代表未来在社会工作的实际作用，因此高校应调整教育理念与人才培养规格，注重学生知识技能、实践创新、品德修养等多方面的综合素质能力培养。具体来说，一是课程体系体现综合性。将基础学科知识、实践技能训练、价值观培养三个方面相结合，改变以往片面强调学科知识的教育教学观念，形成有利于人才综合素质培养的、科学的课程体系。课程体系中所设计的课程门类、所传授的知识与技能，既要考虑到学生的基础学科知识、专业学科知识，也要充分培养学生的动手实践能力、自主学习思考的能力，终身学习更新的能力，在全面课程的学习过程中提升学生的道德素质、文化修养以及可持续发展的能力。二是课程结构体现多元化。要实现由单一课程向多元课程的转型，切实把课程建设提升到德育为先、能力为重、全面发展的培养目标上来。三是评价方式体现多样性，注重过程性评价。实现由单一评价向多元评价的转变，既要体现国家和学校的共性要求，又要体现学生个性化发展的要求，既要有教师和学校评价，又要有自我评价和他人评价，包括学生评价和社会评价。在评价重点选择上，要由传统的结果评价转向对教学活动过程的评价。

（3）以课堂教学为抓手，加强对教学过程的管理和监控

主要方式有：一是完善和落实领导听课制度。学校、学院各级领导都要定期或不定期深入课堂听课，以便及时掌握教学一线的信息，把好教学质量关。二是建立和完善专家督导制度。校、院两级均应聘请一些教学经验丰富

的教学名师、离退休老教师、教学基本功大赛获奖者等责任心强的各类教师组成教学督导组，定期或不定期随堂听课或其他教学督导工作，并提出相应的改进建议，建立日常管理、定点管理和定期管理相结合的管理机制。三是建立和完善教学同行评议制度。教师之间应形成一种相互学习、交流、竞争、提高的氛围，每个教师都须有一定的听课工作量。四是建立和完善学生评教和教师评学制度。重视搜集学生对教师教学工作的意见和建议，督促教师改进教学方式方法，提高教学技能，促进教学相长。

（4）以队伍建设为根基，建立优秀的教学与管理队伍

高校教学过程的顺利、高效开展，教学质量的有效提升，不仅需要一支优秀的教师队伍，而且还需要一支高水平的教学管理队伍。具体来说：一是建设一支高水平的教师队伍。一方面是重视教学带头人和教学团队的建设，发挥他们在教学中的示范引领作用。鼓励教授、副教授等学术能力强的师资力量多进一线、下课堂，讲授本科生课程，加强教授、副教授系列的本科基础课教学，建立主讲教师制和主辅讲教师制。开展教学名师评选活动，通过名师的示范作用，促进教师间互相学习交流，提高教学水平。充分发挥老教师的“传帮带”作用，深入开展老教师对年轻教师的“一帮一”活动，教育引导青年教师树立高尚的师德、优良的教风、严谨的治学态度、高度的责任心和敬业精神，培养一支有共同理念的教学团队。另一方面是要提高教师整体的学术素养水平与社会实践能力。强调和鼓励教师及时更新教学理念、知识结构、实践技能要求，培养和形成出色的教学能力，学校要开辟多种渠道开展教师在职培养、进修访学等活动，拓宽教师知识面，提高其学术素养与社会实践教学能力，为教师提供专业化发展的机会。二是建设一支高水平的教学管理队伍。教学质量保障体系的建立和运行离不开一支高效的教学管理队伍，这是规范教学管理、提高教学质量的重要保证。一方面要强化教学管理人员质量管理意识和敬业精神。教学管理人员在日常工作中要牢固树立“服务意识”和“质量管理意识”，严格管理、热情服务，讲求“规范、科学、效率”；另外一方面要强化对教学管理人员的业务学习与培训，不断提高教学管理人员的业务素质、业务能力、管理水平。要有计划地、经常性地开展学习，了解教育部颁布的关于高等教育发展的相关文件和政策、学籍管理、数据库、网页制作等计算机应用基础知识培训等，使教学管理人员能够及时了解相关的国家政策与方针，更好地把握高校发展方向与决策，并内化成自己的行动，能够适时修订、完善各项规章制度，推动教学管理的规范化

和科学化建设。同时管理人员要积极参与教学管理科研和教改研究工作。通过参与教改课题不断提高自身的理论水平，思考和探索不断变革的新形势下的高等教育管理模式，成为优秀的教育管理者。

参考文献

[1] 十八大报告文件起草组．十八大报告辅导读本［M］．北京：人民出版社，2012.

[2]《教育规划纲要》工作小组办公室．教育规划纲要辅导读本［M］．北京：教育科学出版社，2010.

[3] 教育部．教育部关于全面提高高等教育质量的若干意见［EB/OL］.（2012－03－16）．http://www.moe.gov.cn/publicfiles/business/htmlfiles/moe/A08_zcwj/201204/xxgk_134370.html.

[4] 教育部．教育部关于普通高等学校本科教学评估工作的意见［EB/OL］.（2011－11－27）．http://www.pgzx.edu.cn/modules/wenjianhuibian_d.jsp?id=725.

[5] 戚业国．高校内部本科教学质量保障体系建设的理论框架［J］．江苏高教，2009（2）.

[6] 魏红，钟秉林．我国高校内部质量保障体系的现状分析与未来展望——基于96所高校内部质量保障体系文本的研究［J］．高等工程教育研究，2009（6）.

（作者：王关义、赵贤淑，北京印刷学院）

4

对行业特色类高校适用型人才培养的思考*

摘 要：新中国成立之后，基于国民经济各行业发展对专业人才的需要，我国高等教育的办学格局在学习和借鉴苏联模式的基础上得以奠定，新建了一批适应行业发展需要的特色鲜明的高等院校。这些行业特色鲜明的高校成为我国高等教育事业的重要组成部分，对于满足行业发展对人才的急需和支撑行业的发展产生了积极的作用。但随着环境的变迁和办学定位、规模和内涵的变化，不少行业特色类高校纷纷向学科门类“大而全”的综合类大学转变，也有不少采取更名等方式追求办学的学科和学术含量，向“大而全”的方向急速迈进，旧有的高校办学领域被打破，办学边界日趋模糊，办学特色日趋褪色，与行业的关系渐行渐远。如何彻底扭转这一局面，围绕行业需要培养适用人才成为实践向高校提出的一大问题。本文立足于行业高校的办学特点，从围绕行业需求，设立人才培养特区，以市场需求为导向培养适用型人才，建立招生、培养、就业联动机制等方面提出了建议和对策。

关键词：行业特色 高校 适用型人才 培养 思考

高等教育是一个使国家兴旺和民族振兴的战略性事业，其重要功能不仅在于人类文明知识和价值观念的教育和养成，同时也包括为经济社会发展培养适用人才、开展科学研究等方面。综观世界各国发展的历史可以看到，任

* 本文是王关义教授主持的2014年度北京高等学校教育教学改革重点项目“行业特色高校设立人才培养特区与建立招生培养就业联动长效机制研究”的研究成果，项目编号为：2014－lh05。

何强大的民族和国家都不是天生的，而是通过后天教育和培养出来的。在当今社会，“强国必先强教”已成为发达国家成功经验的总结和共识。党的十八大提出了“推动高等教育内涵式发展，着力提高教育质量”的要求，对行业特色类高校来讲，落实好这一要求关键是要从行业发展对人才的需求特点出发，培养行业发展急需的适用型人才。

4.1 行业特色类高校的办学定位：面向行业发展的需求

新中国成立之后，基于国民经济和社会发展的需要，我国高等教育的办学格局在学习和借鉴苏联模式的基础上得以奠定，新建了一批适应行业发展需要的高等学校，这些行业特色鲜明的高校对于支撑行业发展对人才的急需产生了积极的作用。但随着环境的变迁和办学定位、办学规模和办学内涵的逐步变化，不少行业特色鲜明的高校纷纷向学科门类“大而全”的综合类大学转变，如采取更名等方式。高校为追求学科学术含量而向学科“大而全”的方向急速迈进，旧有的分工格局被打破，办学特色日益模糊，与行业的关系渐行渐远。表现在人才培养上片面地追求学术和理论素养，而对如何围绕行业需求培养适用型人才重视不够，一方面导致行业急需人才难以得到有效满足，另一方面导致大量毕业生找不到工作，人才培养与社会需求严重脱节，人才供给满足不了国民经济和社会发展的需求，大学生“就业难”成为一种影响广泛的社会现象。高校人才培养如何紧跟社会需求，成为我国高等教育的重要课题。

4.1.1 面向经济社会发展需要培养人才是党的教育方针的客观要求

“培养什么样的人”和“如何培养人”始终是我国高等教育的使命。新中国成立以来，随着国家战略重心的调整和社会经济发展对人才需求的变化，党的教育方针也在不断调整。新中国建立初期到改革开放前，强调“教育必须为无产阶级政治服务，教育必须与生产劳动相结合，培养德智体全面发展的、有社会主义觉悟的、有文化的劳动者。”十一届三中全会后，强调“教育必须为社会主义现代化建设服务，教育必须与生产劳动相结合，培养德智体全面发展的劳动者和建设者。”党的十六大强调：“教育为社会主义现代化建设服务，为人民服务，与生产劳动和社会实践相结合，培养德智体美全面发展的社会主义建设者和接班人。”党的十七大指出：“坚持育人为本、德育为先，实施素质教育，提高教育现代化水平，培养德智体美全面发展的社会主义建设者和接班人，办好人民满意的教育。”因此，不论是研究型、研究教学型、教学研究型，还是教学型、应用型高校，也不论是世界一流还是国内一般水平，作为大学，都应该有自己特定的办学方向和适应领域，适应国家和社会发展的需要，围绕社会需求培养复合型、适用型人才。

4.1.2 培养社会经济发展急需的适用型人才是高等学校存在的重要原因

高等教育不仅是国家教育体系的一部分，更是事关国家前途和命运的大事情。能否培养出社会经济发展急需的适用型人才，成为高校生存和发展的关键。

从理论层面分析，大学的存在与发展是社会发展与进步的产物，教育要与社会经济发展的实践相适应，这是教育的根本规律。党的教育方针的变化和调整也是紧紧围绕社会经济发展变化的实际。伴随高等教育大众化乃至普及化的实现，大学的发展更需要面对社会的需求，行业特色类高校的办学定位和人才培养必须围绕行业发展变化对人才的需求适时调整培养方案，同时必须高度关注人才培养的质量，这是教育规律与社会发展一致性的体现。

从实践方面看，高校的人才培养也必须以满足社会经济发展的需要为出发点。相关数据显示，2014 年全国高校共有 727 万名毕业生，几乎占到了当年新增劳动力的 50%，这个数字触动着社会的神经。一方面，一批大学毕业生找不到工作；而另一方面，企业工程师荒、技工荒在全国蔓延。职业学校招生困难，人才结构的失衡成为高等教育必须面对的另外一个社会难题。2015 年全国高校毕业预计可达 749 万人，创历史新高。为了缓解高校人才培养与社会需求脱节、大学毕业生“就业难”的问题，教育部提出大学要“建立弹性学制，允许在校学生休学创业”等要求，高校要面向大学生开发开设创新创业教育专门课程，强化学生创新创业能力的培养。

4.1.3 围绕行业需求培养适用型人才是行业类高校存在和发展的重要途径

党的十八大以来，我国的经济、政治、文化、社会、生态等各领域呈现出全方位的新常态。与此相适应，我国高等教育领域也出现一些新的变化，以质量提升为核心的内涵式发展成为新常态。从总体上看，我国高等教育院校已经完成了“规模扩张、学科布局”等任务，提升质量、内涵发展已成为未来发展主题，质量优先的内涵式发展就是更具特色的发展、更高水平的发展、更可持续的发展。对行业特色类高校来说，就要在转变发展理念和发展方式、稳定规模、优化结构上下功夫，在发挥优势、彰显特色上下功夫。从长远发展来看，不论是省属还是部属，不论是“985”还是“211”，也不论是综合性大学还是行业类大学，最终将由市场选择、由社会评价。因此，围绕社会或行业需求培养人才成为高校生存发展的必然选择。

4.2 行业特色类高校的办学思路：凸显人才培养的差异性

行业特色类高校主要是指那些具有显著的行业背景、学科和专业分布相对集中于一个或少数几个相关联领域、长期服务于特定行业发展的高等院校，如民航、气象、地质、石油、钢铁、交通、农业、水利、电力、印刷等。行业特色类高校多与行业的发展紧密相关，其在办学理念、学科建设、人才培养等很多方面受到行业的指导和影响，成为行业培养人才的重要基地，也是行业进行科技创新的依靠力量，学校毕业生的主要去向也是行业内的企业。从人才培养的角度来看，行业特色类高校从它成立的那天起就打下了深深的行业烙印，学校办学定位紧紧围绕行业发展对专业人才的需求，呈现出鲜明的行业或产业特色。

《国家中长期教育改革和发展规划纲要（2010－2020年）》强调：“促进高校办出特色。建立高校分类体系，实行分类管理。发挥政策指导和资源配置的作用，引导高校合理定位，克服同质化倾向，形成各自的办学理念和风格，在不同层次、不同领域办出特色，争创一流。”这实际上非常明确地阐明了行业特色类高校的办学思路。然而，目前我国高等教育改革和发展中一个令人担忧的现实问题是，不少行业特色类高校盲目地追求“大而全”，追求所谓的高层次而忽视自身的办学定位，忽视自身发展中已经形成的特色和优势，在学术、学科、专业建设等方面过分强调同一性而忽视差异性，这种状况必须改变。

（1）差异化办学是行业特色类高校实现其特定功能的根本要求

教育要与社会发展相适应，这是教育的根本规律。一般而言，行业特色类高校办学呈现出差异性的根本原因在于其所服务的行业或产业之间客观上存在着显著的差异，行业特色类高校从它诞生的那一天起就打上了“行业性”办学定位的烙印。国家建立这些高校的初衷就是为了满足行业发展对特殊人才的需求，在其漫长的发展历程中，这些高校与那些行业企业建立起多方面的联系。由于行业发展对技术和管理等方面的不同要求，不同行业背景的高校其人才培养的面向、专业设置、师资队伍的知识背景、实验室建设、学生的就业选择等方面均有着巨大的差异，这些差异也是形成“人无我有”的核心竞争力的关键所在。行业特色类大学人才培养的目标非常明确，强调人才的适用性和实践性，这也是它区别于一般综合性大学的地方。行业特色类大学人才培养的针对性十分明确，就是为了满足行业发展对专门人才的急需。人才培养过程注重理论与实践相结合，注重培养学生理论联系实际的能力，通常采用理论学习与实践实习并重的培养方式，其专业设置、课程开设、师资配备和毕业考核等方面都紧扣这一定位。

（2）差异性人才培养是行业特色类高校更好满足行业需要的有效途径

近年来，我国人才市场的供求关系正在由以高校为主导的供给驱动向以行业企业为主导的需求拉动型转变，我国高等教育正在从以规模扩张为特征的外延式发展转向以质量提升为核心的内涵式发展，更加注重特色发展，更加注重社会需求导向。一般说来，不同的高等学校在高等教育系统或结构中的层级和地位是有差异的，它们在高等教育结构中满足不同的需求，服务的对象（包括行业、区域等）是有差异的。例如，教育部直属国家重点综合性大学主要面向全国，为全国服务，主要承担着为国家培养拔尖创新人才，为国民经济的国家层次、国家领域内的宏观领域和主要问题服务；而行业类高校则可能更多的是为某一特定行业服务，解决行业发展中所面临的问题，为支撑行业发展而培养人才，这反映了服务对象的差异。一般情况下，每所大学都有自己不同的服务对象，而且社会对高等教育的需求本身也是有差异的。高等教育要满足社会的需求，也必须是一个具有层次性的供给结构，它要求大学和高等教育系统提供不同类型和特点的教育服务和产品，这是客观的。因此，不同类型大学的办学定位、特点和规律也往往是有差异的。

供给和需求始终是经济社会发展中一对重要的数量关系。当一种要素或资源的供给和需求达到平衡状态时，表明其配置处于最佳的均衡状态，也是一种理想状态；当供给大于需求时，则会出现供给过剩，会造成要素或资源的浪费；反之，当供给小于需求时，则会出现供不应求的状况，表明社会需求没有得到有效的满足。近年来，高校人才培养与社会需求严重脱节，大学生“就业难”这一主流现象不仅没有得到有效的缓解甚至愈演愈烈，高校人才培养如何紧跟社会需求，成为高等教育的重要课题，也是行业特色类高校确定办学定位和发展战略必须考虑的问题。

（3）差异化办学是行业特色类高校形成自身核心竞争力的重要手段

人才培养是高等学校的中心工作，人才培养的质量决定着高校的竞争力，决定着高校的生命力。从当前的现实情况来看，行业特色类高校尽管在资源占用方面不占优势，但在形成自己独特的办学理念、办学风格、办学影响力等方面却容易形成自己的优势和特色，能够标新立异，能够对行业的发展做出重要和独特的贡献，成为行业发展的主要依靠。与那些综合性大学相比，行业特色类高校更容易办成一流大学，关键要在发展中紧紧围绕行业需求培育自身的核心竞争力。只要一所大学能够在某一个层次高等学校的可比性指标方面达到前列，只要能够在某些学科领域和方向中形成一定的优势和特色，形成和发展自己独特的办学理念和思想，并且为某些行业的改革发展做出贡献，成为改革发展中靠得住的学校，这就是高水平。

4.3 行业特色类高校人才培养的对策：围绕行业需求设立人才培养特区

毋庸置疑，人才培养的质量是高等学校的生命线，提高人才培养质量不仅是中国的难题，也是世界的难题。作为整个社会系统的子系统，教育不可能离开一定的社会环境和社会条件而存在，同时，教育的一切活动都要适应社会发展，为社会发展服务。发展高等教育事业要始终围绕国家发展和民族振兴的需要，高校办学定位的确立必须与国家经济社会发展和行业发展对人才的需求相适应。行业特色类高校人才培养既要适应行业发展的需求，又要遵循人才需求和供给动态平衡的原理，围绕行业发展对人才需求的变化适时调整专业设置和人才培养方向，具体对策如下。

（1）坚持“行业急需”导向，设置人才培养特区，创新人才培养模式

2007 年经国务院批准，教育部和财政部联合发布的《教育部、财政部关于实施高等学校本科教学质量与教学改革工程的意见》提出，择优选择和重点资助 500 个左右人才培养模式创新实验区，推进高等学校进行人才培养模式的综合改革。当年就有 220 个人才培养模式创新实验区获得批准。相应地，浙江省、江苏省、云南省、安徽省、福建省、四川省等地方政府也纷纷

立项资助，使得各级各类的人才培养模式创新实验区如雨后春笋纷纷涌现。包括行业类高校在内的不少学校在探索创新人才培养方面进行了很多很好的尝试，如北京大学的“元培计划”，清华大学的“清华学堂”，北京印刷学院的“毕昇班”“韬奋班”等。他们在借鉴国外大学办学经验的基础上，结合自身的办学传统和优势，积极寻求本科人才培养模式的突破，探索多样化的培养途径，取得了有益的经验和积极的成效。目前全国已建立了501个人才培养模式创新实验区，80%以上的重点大学都成立了创新人才培养特区（周光礼、黄容霞，2013）。

行业特色类高校的人才培养要围绕行业需求导向设立人才培养特区，加大学科专业结构调整力度、强化实践教学环节，改变传统的“学科—专业—专业方向—就业”的专业设置思维，转变为“就业岗位—行业需求—专业方向—专业—学科”思维，以需求为导向，围绕行业需求设置和优化专业结构，制定科学的培养方案，真正实现内涵发展，从根本上改变原有学校教育与社会需求脱节的现状，提高人才培养的质量。

（2）学科专业设置及内部资源的配置和优化要以行业发展变化为风向标

高等学校履行着人才培养、科学研究、社会服务和文化传承与创新的职能。大学必须根据自身所处的内外环境条件变化、市场需求变化和高等教育发展趋势来主动思考、调整发展战略。学校的学科建设、专业设置等都要切合行业发展对人才需求的变化，从人才培养角度来看，从行业特色高校成立的那天起就打下了深深的行业烙印。因此，集中力量建设好与学校办学定位和办学特色相匹配的学科专业群，把办学思路真正转移到服务行业发展上来，转移到产教融合、校企合作上来。要围绕行业需求变化，优化专业结构，强化特色专业建设；要注重校内各学科和专业之间的融合，兼收并蓄、博采众长，在培养行业专业人才方面形成自己的特色和优势。

由于社会的进步和技术的发展，社会的职业需求也处于不断的发展变化之中。高校的专业设置就不能一成不变，而是应该对社会职业需求的变化做出及时的响应。今天现实中遇到的应用性问题十分复杂，往往会涉及多个学科的知识和技能，而学科分类的细化又使多学科合作解决实际问题的情况更加普遍。高校跨学科设置专业，培养复合型人才就成为一种必然的趋势。事实上已经有许多专业，例如动漫、社会工作、工业设计等都是明显的复合型。如编辑专业不仅要掌握新闻知识和编辑技巧，而且要掌握网络知识、摄影技术等。高校要根据行业发展动向，在新专业培育上重点考虑行业发展前沿所需的专业人才，力争做到“人无我有”，并努力建设成为学校的王牌和龙头专业，这对于吸引优秀生源、培养王牌学生，对于增强学校的实力和知名度，更好地满足行业发展对人才的急需具有十分重要的意义。要坚持产学研结合和与行业发展相结合的原则，加强特色专业群建设，特别是具有本校学科特色和优势的专业，把学科优势和人才优势转化为专业优势。

（3）构建以“就业为龙头”的招生培养就业联动机制

高校要深入开展市场调研和科学预测，掌握行业需求的变化趋势，把学校人才培养计划纳入行业发展规划，并将其作为调整专业设置、制定招生计划和人才培养方案的重要依据。高校要充分调动用人单位的积极性，邀请用人单位或企业全方位参与高校人才培养工作，共同研究人才培养方案，设置专业的方向和模块，拟订每个方向和模块的培养人数和招生规模，及时更新和调整人才培养方案和教学内容。同时在培养过程中引入企业资金和设备，在校内或企业内共同建立专业实习实训基地，加强实习和实践环节，以促进人才培养和行业发展的无缝对接，深入推进人才培养模式、课程体系、教学大纲、教学内容和实践教学改革。

当前，行业特色类高校发展中面临的突出问题是高校人才培养与行业需求脱钩的问题。建立招生就业联动机制是解决这个问题的重要手段，招生培养就业联动机制的构建要以行业产业需求为中心，建立社会需求与招生专业、人才培养和学生就业之间的内在关联体系，以招生促培养、以培养促就业、以就业促招生，缩小社会需要与人才培养质量之间的差距。高校要引入毕业生就业和社会需求双向信息反馈机制，推进人才劳务网络市场进校园工作，建立健全供高校毕业生和企业、社会各界资源共享、规范运作的现代化信息网络平台。行业特色高校招生、培养、就业联动长效机制的构建要以提高就业率和就业质量为落脚点，要完善专业预警、退出和专业结构动态调整机制，及时调整与行业发展需求不相适应、就业率和就业对口率较低的专业，建立健全适应行业需求的人才培养动态调整机制，使学科专业结构与行业发展需要相适应。在这三个环节中，招生是基础，培养是关键，就业是保障，三者相互联系、相互影响、密不可分。招生培养就业联动机制指的是在高校招生就业领域改变社会需求与招生专业、人才培养和学生就业等原有的各自为政的分裂的状态，根据行业发展对人才需求的内在关联性进行联合与协作，通过“市场需求”和“资源共享”整合优势，共同参与人才培养，实现高校的可持续协调发展。

(4) 人才培养过程要强化实践环节和对学生创新素养的培育

行业特色类高校在培养学生基本素质与能力的同时，要加强对行业的实践能力的培养，强化实践教学环节。在教学过程中重视学生创新精神和能力的培养，特别是要采取多种形式帮助学生在从事课外活动过程中走向社会、走向企业，要在与行业发展需求紧密结合中探索人才培养的道路。在办学行为上，产教融合、校企合作也是综合性大学最为缺少的成分。近年来，高校毕业生在就业人口中的比例日益扩大，绝大多数毕业生必须在各行各业的第一线岗位中寻找就业机会，从事的职业基本上都与具体的实际问题相关，高校就要根据行业需求设置多种多样的专业，培养适应社会需求的多品种的适用型人才。对学生的培养过程要多一些工场，少一些教室。在校企联合培养人才方面可实施“1+2+1”“2+2”“3+1”等多种人才培养模式，面向企业需求为企业量身打造专门人才。在遵循高等教育规律、保证本科培养规格的基础上，针对企业对人才能力、素质结构的要求和企业发展需要，校企双方共同制订教学计划，共同实施教育管理和教学过程，这样培养的人才就能适应企业发展的需要。

参考文献

[1] 储召生. 三问“地方高校转型”[N]. 中国教育报, 2014-12-15 (9).

[2] 赵继. 明确定位发挥优势，积极推动协同创新 [N]. 中国教育报, 2014-12-15 (9).

[3] 徐飞. 培养“五有”交大人 [N]. 光明日报, 2014-12-30 (13).

[4] 何根海. 应用型本科院校文科人才培养探析 [J]. 国家教育行政学院学报, 2014 (9).

[5] 何伟军. 大学经营与经营大学 [N]. 光明日报, 2015-01-06 (14).

[6] 赵德武. 高等教育新常态与教育改革创新 [N]. 光明日报, 2015-01-06 (16).

[7] 李长治. 该用什么衡量高校就业质量 [N]. 光明日报, 2015-02-25 (2).

（作者：王关义、闫朝，北京印刷学院）

5

高校本科人才培养中的招生、培养、就业联动机制研究*

——以北京印刷学院为例

摘　要： 招生、培养、就业是高校人才培养的三个环节，实现招生、培养、就业联动是高校的重要课题。本文介绍了北京印刷学院联动机制建立的背景和综合指标的应用，从以市场需求为导向，科学设置招生专业、创新人才培养模式、建立健全就业服务体系等方面阐述了北京印刷学院实现招生、培养、就业联动机制的途径和保障机制，以人才培养质量促就业，以就业促招生，提高学校办学声誉。

关键词： 联动机制　人才培养　建设　改革

招生、培养、就业是高校人才培养的三个环节，构建招生、培养、就业三位一体的联动机制，实现人才供给和需求的动态平衡已成为高校适应国家经济社会发展需要和促进教育教学改革的重要工作，也成为衡量高校办学质量的重要指标。通过这三个杠杆的调控，使高校的教育资源配置与市场直接对接，实现资源利用效益的最大化，这是高校改革尤其是行业高校培养应用型人才的改革趋向。

---

* 本文是王关义教授主持的 2014 年北京市教委重点教改项目“行业特色高校设立人才培养特区与建立招生培养就业联动长效机制研究”的研究成果，课题编号为：2014 - lh05。本文刊发于《北京教育》2015 年第 11 期。

5.1 招生、培养、就业联动机制的建立

招生、培养、就业三者相互影响、相互制约。生源的优劣直接影响到人才培养质量的高低，人才培养质量的高低又影响到学生的就业率，就业率的高低反过来又影响到学校生源质量和学校的声誉。积极推进招生、培养、就业联动机制建设，进一步加大就业质量对学生培养质量和招生计划的指导作用，以人才培养质量促就业，以就业促招生，提升学校的综合竞争力。

5.1.1 量化指标

设立由“专业招生录取一志愿率、专业净转学生比率、专业学业警示学生比率、专业初次就业率”四个指标构成的综合指标监测指标体系，作为联动机制的量化指标，四个指标加权求和得到综合指标，以更好地反映专业招生和就业的真实现状，科学调控招生规模。具体计算公式为：

综合指标（%）=专业招生录取一志愿率×权重－（专业净转学生比率×权重+专业学业警示学生比率×权重）+专业初次就业率×权重。

其中：专业净转学生比率=该专业转出学生所占比率－该专业转入学生所占比率；若该专业中有来自民族地区的学生，如上环节的四个指标计算专业人数时给予扣除。

5.1.2 综合指标的应用

每年对所有纳入招生计划的专业进行招生、培养和就业工作的评估，对招生志愿不足、转出比例高、就业率低、社会需求趋于饱和、综合评价在当年招生排在后三位的专业要给予亮黄牌警示，连续两年黄牌警示没有好转的采取亮红牌停招，同时整合相关教学资源，进行专业重组或申办新专业。

受黄牌警示的专业次年综合指标未排在最后三名的，原则上应取消黄牌。若当年安排招生计划时有扩招需求的专业，学校予以政策倾斜。若该专业学科背景差，且该专业的培养规模已压缩至最小自然班，当年即红牌停招，第二年是否恢复招生，可由学院根据该专业的实际情况向学校申请。若该专业有很好的学科背景，且具有较强的师资队伍，且本年度招生规模较大的，可暂不发放红牌停招，将予以第二次黄牌警示，并大幅度缩减招生计划，减幅达30%以上

直至最小规模（30 人自然班）。对连续两年被黄牌警示的专业，第三年仍未达摘牌条件的，不论其专业所依附的学科背景、师资队伍如何，一律红牌停招。被红牌停招的专业，以后需要恢复招生的，可由学院根据该专业的实际情况向学校提出整改报告和恢复招生的申请，学校组织专家进行论证，达到恢复招生条件的可恢复招生，但招生计划安排不能大于 30 人。

5.2 实现招生、培养、就业联动机制的途径及保障机制

5.2.1 紧跟市场需求，科学设置本科专业

高校在设置和调整本科专业时，应坚持与社会经济发展对人才的需求相一致，与市场需求相吻合，科学合理地设置专业。不能适应社会发展的专业或专业方向应及时给予更新、调整或停招，同时适时增加社会发展急需的新专业，吸引优秀生源。

2015 年北京印刷学院本科专业总数达到 28 个，涵盖工学、文学、管理学、艺术学 4 大学科门类 14 个专业类，其中包含 4 个数字化专业，及网络与新媒体、摄影等新兴专业，整体专业布局日趋合理，结构不断优化。同时在编辑出版学、英语、包装工程、印刷工程、市场营销、财务管理等专业设置辅修专业。为了进一步扩大学校影响，吸引更多优质生源，学校于 2012 年年底启动了一本招生的申请工作，截至 2015 年学校已在北京市、河北省、吉林省、黑龙江省、安徽省、江西省、河南省等 16 个省市全部或部分专业获批一本招生。2014 年学校共录取本科新生 1457 名，一志愿报考人数为 1359 人，所占比例为 93.27%，同比增长 8%。在文科专业招生的 24 个省市中，录取平均分高出一本线的省份有 16 个，在理科专业招生的 29 个省市中，录取平均分在一本线上 10 分左右的省份有 16 个，生源质量有较大提升。

5.2.2 不断创新人才培养模式，提高人才培养质量

随着社会经济的发展以及高考招生制度的不断改革，高校之间的竞争、专业之间的竞争日趋激烈。因此，高校若要在残酷的竞争中生存和发展，建设优势特色专业，创新人才培养模式，提高专业核心竞争力已经成为亟需解决的问题。

（1）加强专业建设，制定明确的专业建设规划

专业建设是高校教育教学质量提升的关键和核心，是高校生存和发展的生命线。为促进专业建设和特色发展，加强内涵式发展，提高人才培养质量，依据经济建设和社会发展等宏观需求和学科专业发展规律、人才成长规律的客观要求，各专业应明确专业建设的指导思想和发展目标，把握先进教育教学理念，具有清晰的改革思路，有明确的专业建设思想和科学定位，有明确的中长期建设思路，有完善的保障措施，提高专业建设工作的主动性，在众多专业中形成自己的优势和特色。专业建设包含人才培养方案、课程建设与改革、实践（实验）教学建设、教学团队建设、教学条件与设施保障、教学管理及监控机制、人才培养质量和社会影响。

自2006年本科教学水平评估以来，学校始终贯彻“以评促建、评建结合”的方针，专业建设取得了显著成效。国家级教学成果奖、国家级规划教材、国家级教学团队、国家级实验教学示范中心等一系列教学成果取得突破性进展，极大地促进了教师参加教学改革与研究的积极性；数字艺术教学实践中心、印刷工程综合训练中心2个市级实践教学示范中心顺利通过验收，数字艺术教学实践中心申报国家级实践教学示范中心并获批。5个工科专业将陆续参与国际工程教育专业认证。2015年学校已完成2个国家级特色专业、2个北京市特色专业、5个校级特色专业及其他11个本科专业的评估工作。目前，学校正在全面总结近年来专业建设的成绩和薄弱环节，制定科学完整的专业建设规划指南，以期更好地规范专业建设，指导各个专业良性发展，平衡专业之间的差距，提高专业核心竞争力。

（2）探索多样化人才培养模式，制定科学合理的本科人才培养方案

本科人才培养方案是专业建设的核心内容，是高等学校实现学校人才培养目标，开展人才培养工作的总体设计和规划安排是保证教育教学水平和人才培养质量的重要指导性文件，是安排教学任务、实施教学过程、监控教学运行、评价教学质量等教学环节的依据。因此，高校应根据党和国家的教育方针、高等教育的发展现状和趋势、社会发展需求，结合学校办学优势和特色，不断优化人才培养体系，制定科学合理的本科人才培养方案，提高人才培养质量。

学校于2007年、2011年对人才培养方案进行了较大改动，各专业毕业学分由200学分降至180学分。2015年学校又启动并完成了人才培养方案的全面修订，坚持“三个十”的思路，即每个专业培养方案的制订至少要调研国外10所高校、国内10所高校的同类专业的培养方案并进行对比分析后学

习借鉴，同时还要调研行业 10 家骨干企业对人才的需求意向，邀请这些企业的工程技术专家和管理专家参与培养方案的修订。专业课程体系的构建采取“1+2+1”模式，前期按学科大类实行通识教育和学科基础教育，后期进行宽口径的专业教育和个性化的选择性教育。继续推进课程体系改革，优化课程体系结构，避免课程的交叉与重复，适当减少必修学分，增加选修学分，完善实践教学体系，增加综合性、设计性试验。同时，为了充分发挥学生个性，鼓励学生的多样化、个性化发展，积极探索创新教学模式，培养开放式、国际化、复合型人才，提高专业人才培养质量，学校相继开设了“毕昇卓越工程师”“机械卓越工程师”“韬奋实验班”等实验班，并分别制定相应的人才培养方案和管理制度，取得了较好的教学效果。2015 年学校再次对本科人才培养方案进行修订，分别制定了中文版本和英文版本。本次修订进一步突出了课程体系的优化和课程内容的整合，明确了卓越化和国际化人才培养的标准。通识选修课体系增设校本特色课程《印刷概论》、《出版概论》、《艺术概论》和《大学语文》，增强了学生的人文素养、创新精神和实践能力。积极推动与其他高校的专业群建设，启动实施与北京交通大学、中国传媒大学、中央财经大学等高校的联合培养本科生模式。通过设立“中美联合培养国际班”、外培计划，不断拓展国际合作交流项目，探索国际化人才培养的新路径。2014 年共派出 85 名在校学生赴境外进行短期交流和联合培养，双向交流总人数达到 94 人，比 2013 年增长 16.3%，在规模、数量、质量上都有很大提升。

（3）以市场需求为导向，不断深化教育教学改革

高校的根本任务是人才培养，在人才培养过程中应始终围绕社会经济建设需要，坚持以市场需求为导向，不断深化教育教学改革，培养社会需要的、实践能力强的学生，提高市场竞争力。加强学生创新创业教育，制定适合我校实际的创新创业教育管理办法。加强与其他高校、科研院所、地方政府和企业的合作，邀请企业人员参与制定本科专业人才培养方案，参与实施教学过程，实现学校与市场的有效对接。

学校始终重视并大力支持教师进行教学改革与课程建设，自 2001 年起已立项资助教师市级教改项目 24 项，校级教学改革与课程建设项目 900 余项。教改成果丰硕，获得国家级教学成果奖 1 项、市级教学成果奖 13 项，校级教学成果奖 71 项。制定实施《课程评估方案》，开展课程评估工作，目前已有市级精品课程 5 门，校级精品课程 100 余门。实施大学生研究计划创

新实践项目，近两年国家级创新创业训练计划项目、北京市本科生科学研究计划项目、校级大学生研究计划项目资助总金额达200余万元，学生科研水平和研究能力显著提高。实施大学生创新教育行动计划，学科竞赛成绩显著，2014年共获得省部级及以上奖项近300人次。加强实践教学建设，大力开展校企合作，聘请校外专家、企业专家到校讲授实践教学内容，部分课程或实践教学放在校外实践基地进行。目前，学校已经建立拥有1个国家级大学生校外实践教育基地、1个市级示范性校内创新实践基地、2个市级校外人才培养基地和150多家校外实践基地，这些基地不仅给学生提供了实习实践活动，也为青年教师认识行业、走进企业建立了平台。

（4）建立人性化的学籍管理制度，提升人才培养质量

学籍管理是高校教学管理的重要组成部分，是保障教学质量的重要环节。随着社会经济发展及高等教育内涵发展的需要，以及学校专业建设和改革，原有的学籍管理制度已经不能适应现行的教学管理需要，亟须修订和完善。高校应建立灵活的、人性化的学籍管理制度，强化学生的主体地位，突出学生个性化发展，充分发挥学生在学习过程中的主动性、积极性，激活学生的创造力，从而达到培养高素质的、符合社会发展需要的人才培养的目的。

为了贯彻教育部和北京市教委文件精神，深化我校教学管理体制改革，转变教育教学思想观念，充分利用教育资源，提高人才培养质量和办学效益，适应社会发展需要，学校于2014年对现行《本科生学籍管理规定》及附属文件《考试违纪行为认定及处理办法》、《关于体育教育的有关规定》进行了修订。为充分调动和发挥学生的学习积极性，满足学生兴趣和自身发展的需要，促进专业发展和提升人才培养质量，同时为了规范转专业工作，制定了《北京印刷学院本科生转专业管理办法（试行）》，规范了转专业工作。《办法》规定学生在校期间可有两次转专业机会，扩大了学生对专业的自主选择权，同时对各教学单位的操作程序和课程学分认定进行明确规定，充分体现“以学生为本”的教育理念，将有力促进学生个性发展。

5.2.3　以市场需求为风向标，建立健全就业服务体系

据教育部统计，2015年全国高校毕业生总数为749万，比2014年增加22万，就业形势严峻，大学生“就业难”已经成为全社会普遍关心的问题。高校在大学生就业工作中起着举足轻重的作用，大学生就业好坏也直接影响到学校的生存和发展。因此，高校应坚持以市场需求为导向，建立健全就业

服务体系，不断创新就业工作思路，积极拓展就业渠道，创造更多的就业机会，提高大学生就业率和就业质量。

为有效解决毕业生“就业难”题，学校建立了“校领导主抓、就业中心统筹、院系落实、全员参与”的就业工作格局，全面落实就业工作“一把手”工程，为就业工作的顺利开展提供组织保障。以提升就业质量为重点，以优化就业服务为手段，以拓宽就业渠道为保证，以学生思想教育工作为抓手，形成了“就业管理、市场开拓、职业指导、信息服务、创业教育”五位一体的工作模式。截至 2014 年 10 月 31 日共有 1350 名 2010 级本科毕业生落实了去向，初次就业率为 96.70%。

5.3 结语

培养出适应社会发展需要的高质量人才是学校各个培养环节共同努力的结果，而招生、培养、就业是关键所在。做好招生工作是保证生源质量，科学合理的人才培养模式是人才培养的关键，良好的就业是对人才培养质量的检验。为推动招生、培养、就业联动机制的顺利实施，今后我校将继续推动专业结构调整，建立专业预警制度，加强和规范专业建设，深化教学改革，继续探索人才培养新模式，加强对学生职业规划、专业认识等方面的指导，加强学生创新创业教育，提升学生就业能力，形成招生、培养、就业的良性循环。

参考文献

[1] 王英，万庆生，韩文灏．高校招生、培养、就业联动机制的探索和实践[J]．东北农业大学学报（社会科学版），2013（6）．

[2] 青岛理工大学．以提高人才培养质量为目标，探索大学创新创业与充分就业相融合的工作新路[J]．大学生就业杂志，2013（2）．

[3] 黄兆信．用科学发展观构建高校招生培养与就业联动改革体系[J]．高等工程教育研究，2006（1）．

[4] 蓝维鼎．高校学籍管理改革创新要“以人为本”[J]．教书育人，2010（9）．

（**作者**：王关义、魏荷凤，北京印刷学院）

6

行业特色类高校实验教学示范中心建设的实践和成果*

——以北京印刷学院印刷工程综合训练中心为例

摘　要： 大学生实践创新能力培养是高等学校提高教育质量的重要环节，实验教学中心是加强学生实践能力和创新能力培养的重要基地。本文以具有行业特色的北京市级实验教学示范中心（北京印刷学院印刷工程综合训练中心）为例，结合实验教学示范中心的建设实践，从建设理念、建设目标及思路、实验教学及成效等方面进行了详细阐述。中心建设以来，依托实验教学示范中心进行的实验教学取得了丰硕成果，促进了学生创新实验能力的培养。

关键词： 实验教学示范中心　行业特色　创新能力　人才培养

为推进高等学校实验教学内容、方法、技术、手段、队伍、管理及实验教学模式的改革与创新，加强学生实践能力和创新精神培养，2007 年国家级实验教学示范中心的建设纳入“十一五”本科教学质量工程规划。作为高等教育质量工程的一个重要内容，实验教学示范中心的建设与管理，已越来越多地引起全国各高校和教育主管部门的高度重视。2007 年北京印刷学院印刷工程综合训练中心被评为北京市级实验教学示范中心（以下简称“中心”）。

* 本文为王关义教授主持的 2014 年北京市教委重点教改项目“行业特色高校设立人才培养特区与建立招生培养就业联动长效机制研究”的研究成果，课题编号为：2014 - lh05。

中心以推进实验教学改革和实验室建设、提高实验队伍素质和实验教学管理水平、加快对学生实践能力和创新能力的培养、提高教育质量为目标，结合行业特色围绕“印刷工程创新型人才培养”，依据学科和行业优势优化资源、强化特色、创新模式，打破学科和专业界限，整合印刷工程相关的实验教学资源，吸引行业和社会办学资源，以提高人才培养质量。

6.1 建设理念

在“质量立校、人才强校、创新驱动”的办学宗旨下，以学校印刷工程、包装工程、机械工程等特色优势专业群为基础，有效整合校内外优势资源，以提升、强化大学生实践能力、协作能力、创新能力和工程素养为重点，致力于培养创新型、综合型、应用型高级工程人才，确立了“优化整合、面向工程、项目驱动”的建设发展理念。

（1）优化整合平台资源，夯实实践教学基础

通过实验体系与实验室资源、科研平台资源、学科平台资源、工程项目资源和校外实习基地资源以及师资队伍、管理体系、资金经费等全方位的整合，夯实实践教学基础。

（2）立足行业，面向培养学生的工程能力，以满足行业需求

中心和企业联合制定面向工程的实践教学培养方案；坚持教师开展面向工程项目的教学并把实际科研项目引入实践教学；坚持企业工程技术人员参与实践教学活动，并把企业的实际工程项目引入实践教学；进一步拓展校内和校外人才培养实习基地，为学生工程实际训练提供便利条件。

（3）培养学生实践创新能力

实践教学的根本任务是提升学生的实践能力，培养学生的基本工程素质、团队协作能力、创新意识和创新能力。综合工程训练中心将围绕首都经济、社会、科技发展对应用型高级人才的需求，以工程实践能力和创新能力培养为核心，全面开展各项建设工作，充分发挥实践教学在人才培养中的重要作用。

6.2 建设目标及思路

建设总体目标为：以印刷工程综合训练中心为依托，有效整合印刷工

程、包装工程和机械工程各实训实验室的教学资源，建成“功能集约、教研互动、校企协同、特色鲜明、开放充分、国际接轨”的综合训练实验教学示范中心，推进校外人才培养基地建设，加大学生科研创新实践和特色人才培养平台建设，构建立体化、全方位的开放式的实践教学体系，不断提高学生的工程实践能力和创新能力。

（1）优化平台资源，构建“教研互动、校企协同、特色鲜明”的综合工程训练平台

通过优化整合学校的国家/北京市特色专业和重点建设学科等学科资源、北京市重点实验室等市级科研平台、以及市级校外人才培养基地和教育部卓越工程师教育培养计划等校企合作基地与资源，集中建设面向工程训练的教学型实验教学平台；拓展建设一批校企协同、优势互补、面向就业的应用型实践教学平台。通过理论教学环节与实验教学环节互通互补、学校专职教师和企业兼职教师互补、科研项目与人才培养互动、学校实验室和相关企业融合，培育一支掌握印刷相关专业前沿理论和先进技术、实践教学经验丰富、结构合理的高水平师资队伍，为实践教学提供人才保障。同时加强实践教学管理队伍建设，以先进管理理念为指导，不断提高管理队伍水平。

（2）立足行业优势，构建“面向工程、激发创新、突出能力”的实验教学体系

构建面向印刷行业高级工程技术型人才培养体系、印刷出版创新人才培养模式。综合工程训练中心构建基础实验教学平台、综合实验教学平台、创新实验教学平台、校企协同实践教学平台。构建多层次、模块化实践教学体系，强化实践教学在大学生工程素养、实践应用能力和创新精神培养中的作用，如图 6－1 所示。

综合实践融合了开放实验项目、学生科技活动项目和基础能力训练与比赛项目，主要面对具备了基础知识的二三年级本科生。创新和应用实践：科研创新实践以高水平科研项目和先进技术应用为引领，训练学生发现问题、解决问题的能力，培养面向科研、继续深造的人才；学科创新实践依托国家/北京市/学校设立的科技计划项目与创新竞赛活动，培养创新型人才；应用实践模块结合全国印刷技能大赛、行业资格认定证书考试与校企合作项目，借助校外实习基地和顶岗实习，培养学生成为现场工程师。

整个体系建立“项目任务驱动、学生主动参与、教师积极引导”的多元化实践教学模式，激发学生的科研兴趣和创新意识，强化学生的工程实践应

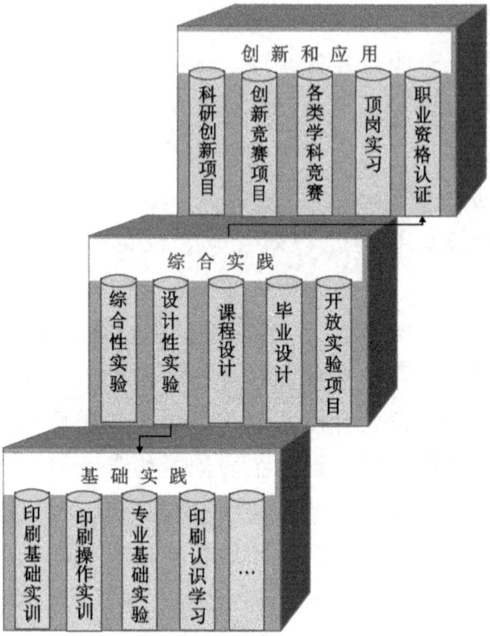

图 6-1 面向人才培养的多层次、模块化实验教学体系

用能力和科学研究能力。改进和完善实验室开放条件，更好地为学生科技活动、研究生论文研究、教师科研以及社会机构服务。

（3）加强校企合作，建立互利共赢的合作机制

中心与企业共同制定学生的实验教学培养方案，适应企业和社会对学生的需求。另外，学生定期到相关企业实习 3—6 个月，个别专业学生实习时间可长达 1 年，或由企业工程技术人员携实际工程项目到学校与教师一起指导学生实习。中心所涉各专业在实践教学方面逐步达到国家卓越工程师人才培养要求。

中心教师参与企业实际开发的研究项目，为企业发展提供动力支持；中心为企业技术人员提供知识更新培训；推荐相关专业毕业生到有关企业就业，适应企业对人才的需求。通过产、学、研、用四位一体的方式，建立起校企合作、互利共赢的良好合作机制。

6.3 实验教学及效果

中心以培养特色人才为目标，构建“自主学习、综合实训、创新训练、

工程实践”四段渐进交互式实验教学模式，设计多层次、重特色的教学内容，采用多样化的实验教学方法与手段，教学成效显著。

（1）加强实验教学改革，完善实验教学和考核模式，构建多层次、模块化的实验教学体系

以课程实验为基础构建实验教学体系，逐步形成综合性试验、设计性试验及创新性实验的分层次、阶梯型的分类教学模式，培养学生自主式、合作式和研究式三维一体的创新能力。采用多元化考核方法，改变传统考核注重实验成效，改为结果、过程统筹，引导学生由过去的“学习、考试”型向“学习、思考、研究、创新”型转变。在“毕昇卓越班”的《印刷工艺工程训练》课程中，要求学生组建团队并设计印刷品及实施方案，学生通过自主选择中心的设备实现设计方案的制作，提升了学生的创新和团队协作能力。通过多层次、模块化的实践教学体系及开放式管理，面向不同学生的需求，为达到科研创新、国家级创业创新训练计划实现提供了有利条件。完善的教学和考核模式有效提升了实验教学水平，达到了从多方位培养专业人才的目的。

（2）以综合训练的目标，开展强化工程的实验教学活动，全面提升学生的专业技能

将工程应用性较强的课程开设到训练中心，将课堂教学与实际操作相结合，提高学生实际操作能力。对于单张纸胶印机、柔性版印、凹版印刷、热固轮转印刷等实验材料消耗额度高、硬件设备投入台数有限的大型印刷设备，通过配置虚拟仿真实验，使学生能够方便地进行实际操作的模拟，另外系统中设置的题库进一步加强学生解决实际问题的能力，全方位提高学生的专业技能。除了虚拟印刷操作软件外，中心还配置了印刷 ERP 系统的网络版虚拟仿真平台，供学生访问学习。并同时采用了客户端/服务器的网络访问方式，为学生提供充足的印刷数字化工作流程的实验环境。注重工程实训，通过邀请企业专家到中心现场指导学生实践训练，提高学生工程实践能力，使学生有更多机会参与企业的工程实践。中心提供印刷包装职业资格认证如运输包装工程师认证、印刷质量管理体系认证等培训平台，开展强化工程的实验活动，全面提升学生的专业技能。

（3）开展专业创新实验改革，培养符合社会需要、能解决实际问题的专业人才

围绕创新能力的培养，构建了旨在培养复合型人才的实验教学体系。“1

+2+1”人才培养模式方案的创新使学生更多时间参与实践活动，培养其实践和创新能力。把厚基础、宽专业的本科教育模式与校内实习、企业实习相结合，提高了学生的就业竞争力，充分发挥了校内中心平台的支撑作用，创新实验改革内容使学生实践创新能力在企业能够更充分地提高。2013、2014年学生在企业的顶岗实习中展现的专业素质得到了企业的好评，部分优秀学生加入企业的队伍，成为企业的重点后备人才，促进了学生对印刷行业的认可及对本行业的热爱。

部分实验项目为印刷企业开展了科技攻关，学生通过企业项目的研究提升了解决实际问题的能力。

（4）效果明显，成果显著

近年来，印刷工程综合训练中心支撑100余项大学生科研计划项目，在北京市、全国印刷行业职业技能竞赛中，国家级获得奖项35人次、北京市级62人次，优秀指导教师13人次。学生参与科技周发表论文60余篇，获得奖励200余人次，学生参与申报专利10余项。依托中心平台的实践教学提高了人才培养的质量。

6.4 依托中心平台，专业建设取得的主要成果

中心坚持开放式办学，依托学校、社会和印刷行业，拓展各类工程教育资源，探索多种形式校企深度合作的人才培养模式。

（1）依托中心，探索“1+2+1”人才培养模式，打造崭新的人才培养平台

中心探索印刷、包装、机械工程等印刷相关专业“1+2+1”人才培养模式，贯穿“厚基础、宽口径、重实践、显特色”的培养思路，打造崭新的人才培养平台。依托中心，建立校外人才培养基地30余个，实行校内印刷实践训练平台与校外实际应用平台相结合，校内印刷基础训练与校外生产实践相结合，校内训练成效与校外企业人才需求相结合，形成了校内、校外实践教育，学校、社会合作育人的良性运行机制。

（2）依托中心，以培养杰出工程师为目标，构建多层次实验教学体系

中心以工程理念引领印刷工程训练教学内容的改革，采用基础训练—综合训练—创新训练—研究型训练阶梯式的培养方法，如图6-2所示。体现

“加强基础，注重实践”的印刷工程专业建设特色，逐步培养和提升学生的工程思维能力和工程实践能力，鼓励学生进行专业技能及专业认证，从而达到社会对人才需求的目的。

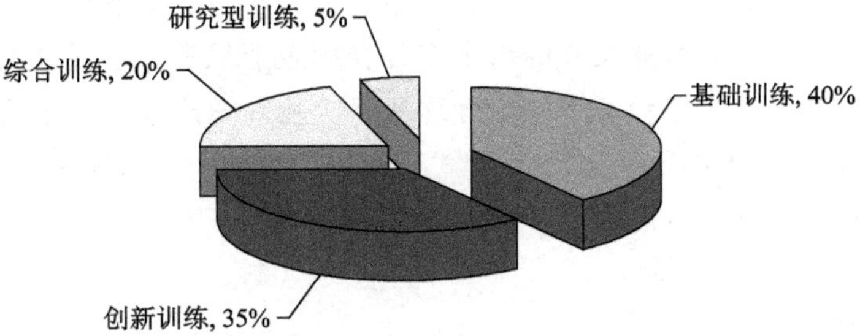

图 6－2 阶梯式培养模块示意图

（3）依托中心，开展学科竞赛，实施项目驱动教学

在保证学生基础实践教学的基础上，大力组织学生参加各种创新印刷包装学科竞赛，使学生开展多种形式的创新与竞赛活动，从业务经费中拨出一定资金用于学生的活动经费和奖励。中心以学科竞赛为龙头，以各类项目为依托，实施项目驱动教学，为学生实践动手能力、团队协作能力和创新能力的综合提升，探索出了一条科学、有效、简捷的路子。

（4）依托中心，教研相长，造就高素质师资队伍

一方面教师以实验教学的创新环节带动科研，教学是高校科研的前提和基础条件，为科研提出问题、解决问题提供思维方式和技术路线。教师在印刷相关课程的实践教学中，发现技术和科学问题进行研究，进而指导学生开展科研计划或毕业设计。中心的教师在印刷相关教学中向学生传授已有的知识，更注重培养学生的能力。另一方面教师将科研成果应用到实验教学改革环境之中，解决实验教学中的基本理论问题，更新实验教学知识体系，补充丰富教学内容，改进教学方法，提供教学知识创新的源泉。教师在科研中开发设备和开发创新实验，从而为学生的教学实践提供平台。依托中心，教学和科研相结合，提高了师资素质的同时提升了教学质量。

6.5 总结与展望

“印刷工程综合训练中心”是北京印刷学院重点建设的市级实验教学示

范中心，已经成为我校培养印刷工程专业高级应用型人才的基地和培养学生创新实践能力的重要实验教学平台，为提高本科生的培养水平做出了突出的贡献。中心推行了“1+2+1”培养模式，加强了专业内涵建设及专业综合改革。还聘请企业高级技术人员作为学生实习、实践、毕业设计环节的指导教师，围绕印刷包装行业发展的需求充分发挥企业优势，形成了校内、校外相互补充的实践教学平台。下一步继续加强实验教学改革和多层次实验教学体系，结合“1+2+1”人才培养模式，使校内校外人才培养基地有机结合，充分发挥校内实训平台的作用，进一步提高人才培养质量。

参考文献

[1] 初汉芳，李锋．高校实验教学示范中心管理模式与运行机制的研究与实践［J］．实验室科学，2010，113（16）．

[2] 孟庆繁，逯家辉，孟威，等．实验教学示范中心管理模式与运行机制的研究与实践［J］．实验技术与管理，2006，23（9）．

[3] 谢云，章云，鲍鸿，等．高校实验教学示范中心建设中的问题与成果初探［J］．广东工业大学学报（社会科学版），2008，8（增刊）．

[4] 陈江薇，林杨，杨玉荣．实验教学示范中心建设探讨［J］．河北农业大学学报（农林教育版）．2013，15（2）．

[5] 张文璐，汪成楚．建设实验教学示范中心，加快高校创新人才培养［J］．北京教育（高教版），2010，528.

[6] 黄山，宗其俊．基于创新能力培养的实验教学模式［J］．实验室研究与探索，2009，28（6）．

[7] 周继烈，钱俊，唐洁．大工程背景下高校工程训练及工程训练中心的建设［J］．实验技术与管理，2012，29（8）．

（作者：王关义、张改梅，北京印刷学院）

7 台湾地区高校传媒教育管窥*

摘　要： 综合对台湾地区5所以传媒为特色的高校进行考察访问，发现台湾地区高校的传媒教育有以下特点：强调特色发展；专业建设紧密对接产业发展；注重办学综合效益与控制办学成本；强调高校行政管理的扁平化；校际学术交流活跃；重视学生实践能力的培养等。基于此，本文提出了对内地以传媒为特色的高校创新发展的三点建议。

关键词： 传媒教育　台湾高校　特色发展

2015年5月，我赴台与国立台湾艺术大学、景文科技大学、世新大学、佛光大学以及中国文化大学5所台湾地区高校的高层领导和传媒类专业的部分师生进行了较深入的研讨和交流，现把台湾地区高校传媒教育的特色发展和管理创新的大致情况总结如下。

7.1 传媒教育特色发展情况

7.1.1 强调专业特色与差异性

台湾地区共有162所高校，大学学生总人数约130万人，平均每校学生

* 本文受北京印刷学院重点教改项目“普通高校管理类通用专业的特色建设研究”（项目编号：22150114013）和北京市教委重点课题“高校招生培养就业联动机制建设与人才培养特区建设研究”资助。本文发表于《中国出版》2016年2月第4期。

不足万人，要想在教育业取得生存和发展的空间，凸显大学的特色尤其重要。它既是吸引大学生源的名片，也是毕业生获得就业机会的通行证。据统计，在台湾地区68所综合性大学中，共有23所高校设立了传播相关科系，占33.8%。而在台湾地区职教体系的72所科技大学和技术学院中，共有16所设立传媒类专业，占22.2%。在我考察的5所大学中，除中国文化大学规模较大之外，其他4所院校都属于中等规模，其中尤以开办仅10余年的佛光大学的学生人数最少。这5所大学的特色专业都与传播或传媒相关，但由于学校发展历程和背景的不同，又各有侧重。其中台湾艺术大学侧重艺术与传播，佛光大学和中国文化大学侧重文化传播，世新大学侧重新闻传播，教学概况如表7－1所示。

表7－1 台湾地区高校传媒教育概况

学校	类型	性质	学生人数	特色专业
台湾艺术大学	专科性	公办	15000	艺术与图文传播
景文科技大学	专科性	私立	8000	图文传播
世新大学	专科性	私立	12000	新闻传播
佛光大学	专科性	私立	4000	文化与传播
中国文化大学	综合性	私立	20000	文化与新闻传播

7.1.2 传媒专业建设紧密对接产业发展

我们这次重点考察了5所大学与传媒教育相关的几个专业，发现这些高校传媒类的专业建设与台湾地区文创产业发展对接非常密切。由于媒体融合发展的影响，台湾地区的文创产业也面临着发展方式的调整与转型升级，特别注重用文化创意设计与思维引领传统产业发展。这5所大学均开设有与印刷包装有关的专业，但近年来，这些专业的发展均做出了重大的调整。一是专业名称与产业发展对接。这些高校都把印刷复制专业更名为图文传播专业，中国文化大学甚至把专业名称从印刷专业更改为资讯传播专业。这标志着专业内涵的重新定位。二是专业课程与产业发展对接。这些专业开设的课程也从先前的以印刷复制为主向印刷产业的前后端延伸，形成了覆盖产业链主要环节的课程，包括内容生产、设计、加工制作、产品发布与营销等方面的课程。这些课程都紧密结合产业发展的趋势，特别是媒体融合发展背景下的产业对人才的能力和知识的要求，对课程内容进行了大量的调整，增加了如 APP 电子书制作、数字印刷、跨媒体发布等方面的课程。对于创新实践类课程，更是强调与业界的结合。三是师资对接产业发展。这些高校大量聘请业界精英担任相关课程老师，产业发展与高校人才培养形成良性互动。近年来，台湾地区文化创意产业的快速发展有力地推动了地区经济，这为高校人才培养注入最新的内容，同时高校适用性很强的专业人才也为地区文化创意产业的发展提供了智力支持。

7.1.3　重视学生实践能力的培养

台湾地区高校的传媒类课程特别强调动手能力，很多专业课程的一半课时是理论教学，另一半课时用于锻炼学生的综合运用能力和实践能力。台湾地区高校大多有“入学即入职，毕业即就业”的理念，学校透过校内外的各种实践平台尽力为学生们创造各种实践机会。我们此次参与的学术研讨会，组织和筹办过程都有学生参与，学生还担任了此次研讨会的主持人。主办方的领导还特意安排学生参与来宾的接待工作，在他们看来，学生参与接待来宾也是一项很重要的实践训练活动。此外，学校还积极搭建学科竞赛的平台，并以各类学科竞赛来提升学生学习专业知识的积极性。我们此次带学生赴台参加的 APP 电子书竞赛，就是由台湾艺术大学牵头其他 3 所院校举办的，4 所大学传媒类专业的 200 余人参加了此次竞赛。另外，学生的毕业设计转向实践类，这几所高校的学生毕业时并没有硬性规定要做毕业论文，而是有一个毕业展，展示全班同学的设计。我们赴中国文化大学资讯传播专业交流时，正逢学生的毕业设计展，这个展览直接向社会公众开放，部分优秀的设计成果直接转化为市场产品。

7.1.4　积极推进校际传媒专业建设联盟，校际学术交流活跃

相对于内地高校而言，台湾地区高校的传媒专业师资流动性强，很多的专任教授或中高层管理人员均有多所大学的任职经历，这种渊源使得校际交流非常活跃。特别是相关相近、特色类同的院校之间的学术交流非常频繁，如台湾艺术大学、台北艺术大学及台南艺术大学就共同成立了艺术专业建设联盟，我们此行访问的 5 所大学也有非正式的图文传播专业建设联盟。由于专任教师之间保持了很好的良性互动及非常好的私人关系，因此这些不同高校传媒专业师生之间的学术交流非常活跃。比如联合举办学术会议、共同探讨专业发展与专业建设的前沿主题，互派师资承担相关课程教学以及共同签

署校外人才培养实践基地。这种学术交流既可以在师资层面，也可以体现在学生层面。比如学生实验室资源共享、共同开展学科竞赛、学生社团活动的相互支持和参与等。

7.2 传媒类高校的管理特色

7.2.1 注重办学综合效益与控制办学成本

由于财政拨款有限，再加上私立学校较多，台湾地区高校特别强调控制办学成本，以传媒类专业为特色的高校更是如此。这些高校控制办学成本的方法包括以下四方面。一是控制办学空间，除在宜兰地区的佛光大学外，其他 4 所高校的办学空间都非常紧凑，占地规模都在 200 亩左右。我们在与这些高校洽谈时多位校长均表示学校的学生宿舍非常紧张，是与国内高校间合作时的主要瓶颈和限制因素。二是通过与业界或校友合作共担相关运营成本。我们此次赴台参加的数位媒体与图文传播学术研讨会，就是通过与台湾地区的大型印刷企业和校友会合作举办的，这样既解决了成本分担的问题，也可以突破高校财政预算的限制。三是通过校际合作共担相关运营成本。比如师资，每个学院的专任师资都非常精简，通过高校之间的师资互聘解决课程师资紧缺问题，同时也有效分担了教学的人力成本。四是精简行政管理人员。通过合并部门职能减少部处设置，及采取一人多岗等方式有效地降低了行政人力成本。

在强调成本控制的同时，台湾地区的高校也有很强的综合效益观。一方面是由于私立大学的投资方通过学校董事会的各项决策关注学校的投入产出比。另一方面，由于私立大学的办学效益直接影响到教师工资，教师们都普遍关心学校的办学效益。当然对于大学而言，学生的培养质量是最大的效益，因此这些高校都非常关注专业培养质量和学生的综合素质提升。虽然学校强调控制成本，但这些高校的专业实验实践资源完全对学生免费开放，学生可以自由选取所需的实验材料制作实践作品。

7.2.2 强调高校行政管理的扁平化

因为前面提到的成本因素，或是由于台湾地区高校发展的历史因素，其高校的组织结构特别强调扁平化。高校管理的扁平化主要通过以下三点来实现。一是通过增加管理幅度，减少管理层级。台湾地区的高校一般设有教务长、研发长、学务长、总务长，这“4 长”属于中层领导干部，但均直接向校长汇报。二是不设副职或很少副职。在考察交流的 5 所大学中，中国文化大学和景文科技大学这两所大学没有副校长，台湾艺术大学有两个副校长，世新大学的校级领导配备是一正两副，佛光大学是一正一副。与内地每所高校均配备 8—10 个校级领导相比，台湾地区高校的校级领导非常精简。三是高校的专业系所为办学实体，而二级学院相对虚化，财力与人力配备均直接下放到专业系所，专业系所主任行使实际的决策权。比如这次学术研讨会承办主体就是台湾艺术大学图文传播系和景文科技大学图文传播系，主持会议的也是该系的系主任和该系教授。像这种在责权结合的前提下，按照“就低原则”处理高校的各项管理事务的做法能形成一种有利于实施扁平化管理的权力结构，有效地促进了的学术治校，也有效地抑制高校的官僚主义作风。

7.3 对内地高校传媒专业建设的启示

总体来看，台湾地区高校传媒类专业的建设对内地以传媒为特色的高校的发展有一定的借鉴意义，主要有以下几点。一是内地高校需要走差异化发展道路，加强传媒专业的特色建设。可以看出，台湾地区高校传媒类专业通过不断地创新逐渐走出了一条差异化发展之路，为人才培养赢得了较大的市场空间。目前内地传媒教育领域竞争日益激烈，形成自己的特色，走差异化发展之路是国家教育特色化发展对内地传媒类高校的现实要求。二是要以更加开放的思维加强校际间以及与产业界交流。通过强化开放思维，从校际互访、师资交流、学生互派、实践平台共享等方面，更为广泛地组织与整合相关传媒类高校资源，形成内地传媒类高校互信互惠、共同发展的局面。同时，也还要注重与国外与境外高校、以及传媒产业实业界的交流，提升师生的国际视野与产业视野。三是要加强内部科学管理，形成高效的教育管理体系。台湾地区高校的扁平化管理以及注重成本与综合效益的观念，都值得内地高校很好地学习借鉴，从而提升内地高校的管理水平和人才培养质量。

参考文献

[1] 张晋升，陈致中．传媒经营管理人才培养模式探究——以台湾地区传媒经营管理教育为例［J］．新闻界，2010（2）．
[2] 吴谷平．台湾世新大学新闻教育一瞥［J］．新闻记者，2015（3）．

（作者：刘益、王关义，北京印刷学院）

8　国内10所大学财务管理专业课程设置调查分析*

摘　要：本文对国内10所高校所设置的“财务管理”专业培养方案进行了调查，从公共基础课、学科基础课、专业必修课、专业选修课和集中实践教学环节五个方面归纳总结其课程设置情况，为设置财务管理专业的院校制定培养方案提供参考依据。

关键词：课程设置　培养方案　财务管理专业

为了做好财务管理专业培养方案的编制工作，我们对中国人民大学、首都经济贸易大学、上海财经大学、厦门大学、东北财经大学、西南财经大学、南京审计大学、浙江工商大学、河南财经政法大学和河海大学共10所大学财务管理专业的课程设置情况进行了调研。课程设置基本按照公共基础课、学科基础课、专业必修课、专业选修课和集中实践教学环节，现将调研情况报告如下。

8.1　公共基础课开设情况

公共基础课也称公共必修课、通识教育课，这10所大学共开设了22门

* 本文受北京印刷学院重点教改项目“普通高校管理类通用专业的特色建设研究”（项目编号：22150114013）和北京市教委重点课题“高校招生培养就业联动机制建设与人才培养特区建设研究”资助。本文发表于北京印刷学院《高等教育研究》2015年第2期。

必修课程，平均设置 56.6 学分。其中所有的学校均开设“高等数学”等 8 门课，而 90% 的学校开设了“线性代数”“形式与政策”“计算机应用基础（信息技术基础）”三门课程，详细课程开设情况见表 8－1。

表 8－1　　公共基础课开设情况表

学校 / 学分 / 课程	中国人民大学	首都经济贸易大学	上海财经大学	厦门大学	东北财经大学	西南财经大学	南京审计大学	浙江工商大学	河南财经政法大学	河海大学	开课学校数量	开课占比
高等数学、概率与数理统计、马克思主义基本原理（哲学）、毛邓理论和“三个代表”重要思想、中国近代史纲、思想道德修养与法律基础、体育、大学英语											10	100%
线性代数	2.5	3	3	3	3	3	3	3	3	—	9	90%
计算机应用基础	2.5	3	2	1	3	2	3	2	2	—	9	90%
形势与政策	2	1	—	2	1	2	2	2	1	1	9	90%
数据库应用	3.5	3	—	—	4	3	4	4	—	—	6	60%
大学语文	—	—	3	2	—	—	—	3	2	—	4	40%
大学生心理健康、当代世界经济与政治											3	30%
C 程序设计基础、应用写作											2	20%
Visual FoxPro 程序设计、卫生保健、跨学科基本课程、文学欣赏、大学生职业生涯规划与创业基础											1	10%

注：1. 表中对不同学校设置不同课程名称的相同课程进行合并，课程名称中括号内的内容为类似的课程名称，下同。

2. 本文全部数据资料均来自于上述高校的官方网站。

8.2　学科基础课开设情况

财务管理专业属于“工商管理”一级学科下的专业，其学科基础课一般为工商管理的基础课程，10 所学校共设置了 26 门学科基础课，平均设置 28.18 学分。10 所学校均开设了“管理学原理”，90% 的学校开设了“微观经济学”“统计学”，80% 的学校开设了“宏观经济学”“会计学”“市场营销”，60% 的学校开设了“财务管理”“经济法”“管理信息系统”。学科基础课的详细开课情况见表 8－2。

表 8-2　　学科基础课开设情况表

学校 学分 课程	中国人民大学	首都经济贸易大学	上海财经大学	厦门大学	东北财经大学	西南财经大学	南京审计	浙江工商大学	河南财经政法大学	河海大学	开课学校数量	开课占比
管理学原理（管理学）	3	3	2	3	3	4	3	3	3	3	10	100%
微观经济学	5	3	3	3	4	4	3	3	3	—	9	90%
宏观经济学	3	3	2	—	—	4	3	2	3	3	8	80%
统计学	3	3	3	3	4	4	3	3	3	—	9	90%
会计学（会计学基础、会计学原理、基础会计）	3	4	—	3	4	4	4	—	3.5	2	8	80%
市场营销学（原理）	3	—	2	3	3	—	3	3	3	5	8	80%
财务管理（概论、基础、通论）	3	5	—	3	3	—	—	—	4	2	6	60%
经济法概论（商法学）	3	3	3	—	—	—	3	3	3	—	6	60%
管理信息系统	—	3	2	3	—	—	3	3	2.3	—	6	60%
政治经济学	—	—	5	—	—	2	3	3	—	—	4	40%
管理沟通、货币银行学（货币金融学）											3	30%
企业战略管理、人力资源管理、组织行为学、商业伦理与会计职业道德、国际金融、国际贸易、财政学、社会学概论、金融学、会计信息系统、中国税收、项目管理、运营与信息系统、国际商务											1	10%

8.3 财务管理专业必修课开设情况

财务管理专业必修课是为了让学生掌握财务管理工作必备知识和技能而开设的课程，由于对该问题认识的不同，10 所学校开设课财务管理专业必修课统一度并不高。10 所学校共开设了 33 门专业必修课，平均设置 25.85 学分。开设占比最高的 3 门课程包括“财务会计学”“财务管理学”“成本管理学”。财务管理专业必修课的开设情况详见表 8-3。

表 8-3　　　　财务管理专业必修课开设情况表

课程＼学分＼学校	中国人民大学	首都经济贸易大学	上海财经大学	厦门大学	东北财经大学	西南财经大学	南京审计大学	浙江工商大学	河南财经政法大学	河海大学	开课学校数量	开课占比
财务会计学（中级财务会计）	4	5	6	4	—	5	5	6	6	3	9	90%
财务管理学（中级财务管理、公司理财）	3	—	6	—	4	4	4	4	—	3	7	70%
成本管理学（成本管理会计、成本会计）	3	4	3	—	—	4	3	—	5	3	7	70%
财务分析学（财务报表分析）	2	2	—	3	4	—	3	—	2	—	6	60%
管理会计	—	—	3	3	4	—	3	6	—	2	6	60%
高级财务管理	2	3	—	—	—	—	3	—	3	2	5	50%
投资学	3	3	—	—	—	—	3	—	—	2	4	40%
财务建模方法与技术、审计学、会计信息系统（电算化会计）											3	30%
金融市场与金融机构、国际财务管理、基础会计、高级财务会计											2	20%
论文写作、财务管理专业导论、证券投资学、财务管理信息化、衍生金融产品、风险管理、固定收益证券、资产评估基础、资信评估与管理、公司战略和风险管理、基础会计模拟实验、税法、品牌管理类与探讨、战略管理、人力资源管理、金融工程、商业银行财务管理、国际金融、货币银行学											1	10%

8.4　财务管理专业选修课开设情况

财务管理专业选修课是由学生根据个人需要或兴趣选择学习其分支课程。10 所学校均为财务管理专业的学生提供了丰富的选修课，共开设了 93 门课程，大致可分为“会计类课程”“财务管理类课程”“金融类课程”“审计及内部控制类课程”“税务类课程”“研究方法类课程”“计算机应用类课程”和“其他类课程”共 8 类课程。开设率最高的 10 门课程包括：“资产评估”“税法”“高级财务会计”“证券投资”“公司治理”“现代会计学（英语）”“政府与非营利组织会计”“会计信息系统”“审计学”和“内部控制”。财务管理专业选修课开设情况详见表 8－4。

表 8－4　　财务管理专业选修课开设情况表

类别	课程＼学分＼学校	中国人民大学	首都经济贸易大学	上海财经大学	厦门大学	东北财经大学	西南财经大学	南京审计大学	浙江工商大学	河南财经政法大学	河海大学	开课学校数量	开课占比
会计类	高级财务会计	—	3	—	2	—	—	3	3	3	—	5	50%
	现代会计学（英语）	2	3	2	—	—	4	—	—	—	—	4	40%
	政府与非营利组织会计	—	—	—	—	—	4	—	2	2	2	4	40%
	会计信息系统（财务软件应用）	2	4	—	—	3	4	—	4	—	—	4	40%
	金融（企业）会计	—	—	—	—	—	—	—	2	2	2	3	30%
	会计理论、成本会计											2	20%
财务管理类	个人理财	—	—	2	—	—	—	—	2	—	2	3	30%
	兼并与收购、公司财务理论、高级财务管理、财务管理案例、财务分析学、跨国公司财务管理（国际财务管理）											2	20%
金融类	证券投资	—	—	—	—	3	—	2	2	1.5	2	5	50%
	国际金融	—	—	—	—	—	—	2	3	2	—	3	30%
	金融市场学、金融工程学、国际金融与理财、房地产金融学、风险投资管理、金融学											2	20%
审计内控类	审计学	—	4	—	—	3	—	—	3	—	2	4	40%
	内部控制	—	—	—	—	—	—	—	2	—	2	4	40%
	内部控制与风险管理	2	—	—	—	2	4	—	—	—	—	3	30%
税务类	税法	—	3	2	2	—	4	2	3	—	—	6	60%
	税收筹划（纳税筹划）	2	2	—	—	2	4	—	3	1	—	4	40%
其他类	资产评估	2	2	—	—	3	4	2	2	2	—	7	70%
	公司治理	2	2	—	2	—	4	—	2	—	—	5	50%
	计量经济学、管理咨询、ERP 沙盘模拟实验											3	30%
	公司战略与风险管理、管理研究方法、财会职业道德专题											2	20%

8.5 集中实践教学设置情况

为了增强财务管理专业学生的社会实践能力，各学校均设置了集中实践教学的环节，除了“军事训练”“毕业实习”和“毕业设计”必备的3个实践环节外，10所学校还为学生提供了各种实践课程，大致可分为“专业实践”“社会实践”和“其他实践”3类课程。10所学校共提供了32门必修实践课程，平均设置25.3学分，详情见表8－5。

表8－5　　　　集中实践课程开设情况表

<table>
<tr><th colspan="3">学校
学分
课程</th><th>中国人民大学</th><th>首都经济贸易大学</th><th>上海财经大学</th><th>厦门大学</th><th>东北财经大学</th><th>西南财经大学</th><th>南京审计大学</th><th>浙江工商大学</th><th>河南财经政法大学</th><th>河海大学</th><th>开课学校数量</th><th>开课占比</th></tr>
<tr><td rowspan="12">集中实践教学环节</td><td rowspan="3">必备实践</td><td>军事训练</td><td>4</td><td>2</td><td>2</td><td>3</td><td>2</td><td>4</td><td>4</td><td>2</td><td>2</td><td>2</td><td>10</td><td>100%</td></tr>
<tr><td>毕业实习</td><td>4</td><td>5</td><td>6</td><td>3</td><td>3</td><td>4</td><td>4</td><td>3</td><td>6</td><td>4</td><td>10</td><td>100%</td></tr>
<tr><td>毕业设计（论文）</td><td>14</td><td>5</td><td>6</td><td>5</td><td>6</td><td>4</td><td>4</td><td>9</td><td>6</td><td>12</td><td>10</td><td>100%</td></tr>
<tr><td rowspan="2">专业实践</td><td colspan="11">课程设计、财务成本会计模拟实验、学年论文</td><td>2</td><td>20%</td></tr>
<tr><td colspan="11">簿记训练、财务管理电子沙盘推演、公司财务建模、专业实习、上市公司信息披露调查与分析、投资项目分析与评价、企业税务筹划、综合能力训练（ERP模拟经营沙盘）、综合实验、论文选题及文献检索</td><td>1</td><td>10%</td></tr>
<tr><td rowspan="4">社会实践</td><td>社会实践与调查</td><td>—</td><td>—</td><td>7</td><td>—</td><td>2</td><td>4</td><td>3</td><td>13</td><td>1</td><td>—</td><td>6</td><td>60%</td></tr>
<tr><td>认识（知）实习</td><td>1</td><td>2</td><td>5</td><td>—</td><td>—</td><td>—</td><td>—</td><td>—</td><td>1</td><td>—</td><td>4</td><td>40%</td></tr>
<tr><td colspan="11">计算机实践、创新创业训练计划</td><td>2</td><td>20%</td></tr>
<tr><td colspan="11">公益劳动、生产实习、第二课堂、“两课”课外活动、外语听说</td><td>1</td><td>10%</td></tr>
<tr><td rowspan="3">其他实践</td><td>训练</td><td>—</td><td>—</td><td>—</td><td>—</td><td>1</td><td>4</td><td>—</td><td>—</td><td>—</td><td>1</td><td>3</td><td>30%</td></tr>
<tr><td colspan="11">文学阅读训练（名著阅读、文献阅读）、应用写作训练、思想道德修养与法律基础</td><td>2</td><td>20%</td></tr>
<tr><td colspan="11">毛泽东思想与中国特色社会主义理论体系概论、马克思主义基本原理、中国近现代史纲要实践、形势与政策实践</td><td>1</td><td>10%</td></tr>
</table>

8.6 财务管理专业课开设率前10名课程

通过对10所大学财务管理专业课程开设的情况进行分析，有10门与财务管理工作密切相关的课程开设率达到了70%以上，详情见表8-6。

表8-6　专业课开设率前十名课程

课程＼学分＼学校	学科基础课	专业必修课	专业选修课	开课学校数量	开课占比
会计学（基础、原理）	8	2	—	10	100%
财务管理	3	7	—	10	100%
成本（管理）会计	—	7	2	9	90%
财务分析	—	6	2	8	80%
会计信息系统	1	3	3	7	70%
高级财务管理	—	5	2	7	70%
审计学	—	3	4	7	70%
税法	—	1	6	7	70%
高级财务会计	—	2	5	7	70%

8.7 结束语

培养方案是各个学校落实人才培养目标的具体实施方案，决定着人才培养的过程和结果。不同高校的财务管理专业，只有根据高校自身的特点结合财务管理专业发展方向合理设置课程体系，将基本理论、最新研究与实践密切结合，才能培养出有特色的具有良好人文、科学素质和社会责任感，教学基础扎实，具有自我学习能力、创新精神和创新能力的专业性人才。

（作者：张颖、刘益，北京印刷学院）

9 "互联网+"时代的出版人才培养探究*

摘　要：互联网技术改变了出版业的基础技术，延伸了出版产业链，为行业发展带来了新的机遇。在"互联网+"时代，传统的单一型出版人才已经无法适应新业态的需要，更无法推动出版产业发展。出版人才培养面临着新的问题需要及时研究应对。

关键词：互联网+时代　出版人才培养

"互联网+"是互联网思维的进一步实践成果，代表先进的生产力，推动经济形态演变。为社会经济实体注入新的动力，为改革、发展、创新提供广阔的网络平台。通俗说，"互联网+"就是"互联网+各行业"，这并不是简单意义上的两者相加，而是利用信息通信技术以及互联网平台，让互联网与传统行业进行深度融合，创造新的发展生态。

社会各个行业都随着互联网技术的不断发展与应用发生着深刻的变化，对出版业来说，互联网技术的发展让整个出版行业都发生了前所未有的大变革。互联网技术改变了出版业的基础技术，延伸了出版产业链，为行业发展带来了新的机遇。"互联网+"时代下出版业的快速发展迫切需要大量符合新时代要求的人才作强有力的支撑，而传统的出版编辑人才有他们多年来积累的自身优势，但面对日新月异的"互联网+"时代下的出版业，仍然显得

* 本研究为王关义教授主持2014年北京市级重点教改项目"行业特色高校设立人才培养特区与建立招生培养就业联动长效机制研究"阶段性成果。本文发表于《出版广角》2016年第20期。

心有余而力不足。为了响应时代要求，我们必须培养新的复合型出版人才，同时对传统出版人才进行提升。

9.1　“互联网 +”时代出版人才的能力结构

“互联网 +”时代，面对数字化浪潮，传统出版的内容编辑加工手段、产品形态和传播渠道等发生了翻天覆地的变化。但是，出版的本质并没有变。

因此，“互联网 +”时代的出版人才首先必须具备扎实的编辑业务能力。出版人要有扎实的文字功底、敏锐的信息嗅觉以及识别、筛选信息的能力来应对海量的信息和潜在稿源资源。对已搜集的信息或资料进行筛选、编辑加工等，有时还需要对相关内容进行转换、分类等处理。在“互联网 +”时代，出版人已经不需要或很少用传统的方式进行文字的处理，所以传统的编辑业务能力还必须匹配相应的计算机处理能力。

其次，随着信息进入大爆炸时期，新媒体逐渐成为人们主要的信息来源，现阶段的出版人才必须具备扎实的新媒体运用能力。第一，出版人员要熟悉各网络平台、新媒体平台，例如微博、微信等，善于并熟练地从海量的信息中寻找选题，激发灵感。第二，新媒体之所以“新”，是因为较之于传统媒体，它具有更加丰富的内容表现形式和表现方法。因此，“互联网 +”时代的出版人要熟悉各种媒体的特性，具备能根据不同的媒体特性来进行内容的开发和运作，对不同的媒体形态进行多样重组，实现最有利于内容表达的融合。

改革开放以来，中国出版业逐步改变了原来国有事业单位的体制格局，开始了市场化和产业化运作的进程，在激烈的市场竞争环境下，出版人才必须拥有强大的市场运作能力。“互联网 +”时代的出版市场是多元化的，除了传统的出版单位之外，电商、互联网公司、电信运营商等都纷纷进入到这个市场，因此出版人员必须具有全方位的市场运作能力。在激烈的市场竞争环境中，谁能准确把握市场动向，掌握消费者心理，并针对目标消费群体进行选题策划、开发设计产品，根据市场潮流以及目标消费者的消费习惯，制订相应的市场推广和宣传计划，谁就能立于不败之地。“互联网 +”时代，行业分工界限逐渐淡化，作为“互联网 +”时代的出版人，要具备一定市场运作能力，熟悉市场，不断培养自己的市场意识和用户意识，才能更好地参与到产品的编辑开发与推广中去。

9.2 “互联网+”时代出版人才的知识结构

与上述“互联网+”时代的出版人所需具备的能力相对应，“互联网+”时代的出版人才要文理兼备，“技”与“艺”二者缺一不可。行业要求出版人才的知识结构能够融计算机、网络、通信技术、艺术设计、多媒体技术、出版发行、市场营销、经济学等于一体。

首先，“互联网+”时代的出版还是出版，出版人才必须具备坚实而深厚的人文社科知识和经营管理方面的知识。出版人才本是“杂家”，深厚的人文素养是出版人才所必备的。因此，出版人不仅要知晓文学、哲学、社会学、心理学等相关知识，还要有一定的美学基础。出版业是产业，出版活动的经济效益诉求决定了出版人必须熟悉出版市场运作的相关知识，懂得基本的经济学、营销学、管理学等相关知识。

其次，要掌握迭代后的出版专业知识。“互联网+”时代严格的行业分工界限被打破，新媒介环境下的出版人才必须对数字技术主导的整个出版流程非常熟悉，能在稳固掌握传统出版专业知识基础上，不断更新自己的专业知识结构，加强数字出版、版权输出等相关知识学习，以更好应对“互联网+”时代的出版数字化和国际化等发展趋向。

再次，要具有计算机科学与技术的相关知识，懂得计算机图形图像处理技术、网络通讯和网站编辑等。能熟练使用 IT 技术，处理出版行业各环节的事务，提高行业工作效率。因此，计算机科学与技术的相关知识都需要纳入到“互联网+”时代出版人才培养的知识体系中。

最后，还需要有一定的新媒体技术知识。熟悉数字内容管理技术和海量内容存储、传输、再现等新媒体技术知识，能娴熟使用新媒体技术进行数据可视化，让信息的传播更生动、直观、有效。能够综合运用新媒体技术实现出版产品的美学设想和美学追求，能够熟练进行多媒体、跨媒体的内容发布。

上述“互联网+”时代的出版人才必备的知识充分说明，目前出版产业需要的是能将各基础学科的知识融会贯通，兼备扎实的出版专业知识和一定水平的信息技术操作能力的复合型出版人才，甚至可以说是一定程度上的通才。在传统出版中靠一技之长吃饭的单一型人才已经无法适应出版新业态的人才需要，更无法推动整个出版产业发展。

9.3　“互联网+”时代出版人才培养策略

如何培养出大批符合“互联网+”时代特征的复合型出版人才，我认为应紧密联系“互联网+”时代下出版企业对人才知识、能力、素质的要求，通过学校、用人单位、出版者自身三方面共同努力，多管齐下，构建符合“互联网+”时代要求的出版人才知识和能力的体系，走产学研管一体化道路。

（1）从根本上转变教育理念和培养目标

在媒介融合的趋势下，“互联网+”时代的出版行业对出版人才的要求已经发生了根本性的变化。所以，首先需要从根本上转变原有的教育理念，顺应产业发展需求，从实用性、开放性、兼容性的角度树立“大出版”“大文化”“大媒体”“大教育”的教育理念。确立实用型高级出版专业人才培养目标，即培养掌握出版专业知识和技能，具有较宽的知识面，能够综合运用多学科专业知识解决出版业实际问题，适应社会主义经济发展和出版业发展新需求的高层次、复合型、应用型专门人才。

（2）注重跨学科教育，培养复合型人才

出版专业人才培养要迎合“互联网+”时代的人才需求，注重拓宽视野，积极开拓新的学科领域，打破所属学院的藩篱，将各学科的力量整合起来，进行横向联合培养。例如，北京印刷学院的出版专业硕士设置编辑出版学、出版产业与管理、跨媒体与数字出版技术三个培养方向，在培养模式上由新闻出版、信息技术、经济管理和印刷包装四个学院师资力量联合培养，打通了出版学、经济学、信息科学等学科壁垒。高校应结合自身特色为学生安排学习课程，学生在学习出版专业必修课的同时选修其他专业和相关学科的课程，在实际培养过程中通过跨系选课、跨学院选课等方式实现“大出版”的培养理念。为适应出版数字化行业人才需求，出版人才培养院校应注重数字出版实务类课程的开设比例，为学生开设数字出版物编创、多媒体信息处理等数字出版实操类课程，并配备优质先进的数字出版系统、多媒体信息采集与信息处理系统等相关设备，为培养满足“互联网+”时代出版人才提供丰富的教学资源，让学生在学校课堂里所作都是“有用”功。

（3）加强教师队伍建设，促进教学方式变革

第一，平衡教师队伍结构。西方国家理论和实践教师的比例目前是 1:1，而我国的比例远远高出这个比例，这必然会影响学生的实习实践能力的培养。所以，开设出版专业的院校应该坚持派理论课教师到出版业界交流学习，同时引进业界知名人士到学校授课，平衡教师队伍结构。

第二，提升教师专业素养，促进教学方式变革。高校应定期组织教师进行专业学习，教师应及时洞察行业变化，更新教学内容，从而培养业务一流的出版专业人才。同时，随着“互联网+”时代的到来，互联网已经深深地改变了人们的生活方式，也包括学生的学习方式。教师应该顺应时代变化，不断创新教学手段，改变传统的以老师为中心的授课模式，建立以学生为中心的互助互学联盟。一方面，老师可以更好地掌握学生的学习需求，制定更有针对性的授课内容；另一方面，老师也可以从学生的反馈中更全面地了解新生事物，例如一些学习工具等，以便创新教学手段，打造更能吸引学生注意力的教学模式。

（4）以行业需求为导向，学校、业界联手，建立灵活的协同培养模式

首先，学校可以聘请出版领域内具有广泛影响力、丰富管理和运作经验的专家兼任导师，实行“双导师”模式。校内导师侧重理论教学，而校外导师则强调对学生实践工作能力的指导，两者之间既有分工也有合作。以校内导师指导为主，校外导师参与实践过程、项目研究、课程与论文等多个环节的指导工作。

其次，出版企业是出版人才需求的主体，出版专业教育必须坚持产学研结合。学校的出版专业需要与国家新闻出版管理部门、大型出版传媒集团、新闻出版研究单位和相关院校等各类型机构建立教学、科研及人才培养等方面稳定的合作关系。通过与国家新闻出版管理部门合作，学校可以获取和掌握最新的行业管理政策和国家层面的行业发展规划和重点发展计划，为人才培养目标的制订等提供有效指导。学校多与出版企业合作，企业可为学生提供更多的实习和就业机会，让学生参与“互联网+”时代出版企业的实际业务环节，使学生有机会将理论与实际相结合，从而弥补纯理论学习的不足，能够深入了解出版前沿工作，学生也可以从出版工作实践中发现自我专业知识学习的不足之处，从而有的放矢地补充和提升所需要的知识或技能。

最后，学校还可以与国内外新闻出版研究机构和相关院校合作，打造在线学习平台。互联网帮助人们打破了时间、空间的限制，也使得合作培养教学的模式更容易进行。学生可以通过互联网随时随地查找自己所需要的资料，也可以通过 MOOC 等在线学习平台进行学习。学生足不出户也可以开阔眼界，学习不同国家的相关专业的课程，从而全面了解世界出版行业发展情况和发展水平。

9.4　结语

"互联网 +"时代的出版产业正在飞速变革与发展，这对出版专业的人才培养提出了新的目标与要求。在"互联网 +"时代，培养高层次、复合型的出版人才是大势所趋。目前我国出版专业人才培养在教育理念、培养体系和课程设置等方面进行了一些探索，但还是存在很多问题。出版专业开办院校应该在深入研究"互联网 +"时代出版产业变革和发展趋势的基础上，总结出版人才需求的新特征，探索新型出版人才培养的规律，致力于出版专业人才培养的发展优势，培养出符合现阶段和未来出版产业发展需求的出版人才，为我国的出版业和经济社会的发展作出更大的贡献。

参考文献

[1] 祝兴平，马瑙．大数据时代新闻出版人才培养的创新［J］．出版发行研究，2016（4）．

[2] 周鹏．"互联网 +"时代传统图书编辑的转型［J］．现代出版，2016（2）．

[3] 黄先蓉，刘玲武．媒介融合背景下出版人才培养的路径选择［J］．出版广角，2015（13）．

[4] 张志强，姚瑶．德国大学的数字出版类课程分析［J］．出版发行研究，2015（12）．

[5] 董鑫．中英高校数字出版人才培养现状比较研究［D］．北京：北京印刷学院，2015.

[6] 邹石川，黄先蓉．媒介融合背景下我国各类型出版人才需求调研报告［J］．出版发行研究，2014（9）．

[7] 吴鹏，程放．数字出版转型期高校出版人才培养策略研究［J］．出版发行研究，2014（2）．

[8] 张秀梅，郑鹏，潘春玲．基于 SECI 模型的数字出版人才培养路径研究［J］．编辑学报，2014（2）．

[9] 蒋玉梅，杨海平．英美中三国大学出版硕士课程比较研究［J］．科技与出版，2013（11）．

[10] 张志成．本土人才国际化与国际人才本土化——谈出版走出去与出版人才培养［J］．中国出版，2013（4）．

[11] 徐维东，许琼英．上海复合型数字出版人才培养策略刍论［J］．科技与出版，2011（12）．

[12] 洪九来．美国出版专业研究生教育的特色及启示——一个以佩斯大学出版系为中心的考察［J］．现代出版，2011（3）．

[13] 刘阳，周澍民．国外出版研究生课程设置分析与思考［J］．东南传播，2010（1）．

[14] 张维娣，张志林，黄孝章．数字出版人才知识能力结构分析［J］．北京印刷学院学报，2010（1）．

（**作者**：吴泱、张文红，北京印刷学院）

10 行业特色类高校人才培养中面临的困境与对策

摘 要：行业特色高校凭借其在办学定位、学科特色设置、人才培养和产学研结合方面的独特优势而成为我国高教领域的一支特殊而重要力量。然而随着大学特色高校陷入了办学定位模糊、特色学科优势减弱、缺乏行业支持的困境。表现为在人才培养上，片面追求学术和理论素养，而对围绕行业需求培养适用类人才不够重视，无法满足行业需求，大量毕业生面临“就业难”，人才培养与行业需求严重脱节，满足不了国民经济和社会发展的需求。如何处理行业特色类高校在发展中面对的种种困境，成为我国高等教育中的一个重要课题。

关键词：行业特色 高校 人才培养 困境 对策

行业特色类大学是在中国特定历史时期发展形成的一类大学，其特征是具有显著的行业背景、专才类的人才培养理念、相对集中的学科分布等，作为我国高等教育办学体制的了一批专业化人才骨干，为我国特色行业发展做出了积极卓越的贡献。行业特色类大学历来是我国高等教育的一支重要力量，在高等教育体系中占有重要位置，对我国行业经济有着重要影响。

10.1 行业特色类高校的地位与作用

（1）行业特色类大学是人才需求多元化的根本要求

特色类大学在人才培养、专业设置，科学研究等方面能够满足不同行业的特殊需要，为我国高等教育专门人才的培养做出其特有的贡献。如果保留其特色，扬长避短，将有利于我国高等教育结构体系的建立与完善，有利于满足广大人民群众不断增长的对高等教育的需求，因此应使其成为我国高等教育体系不断完善，走向专业化、多样化的重要组成部分。现代社会对人们的职业素质提出了越来越高的要求，新的职业不断诞生，新的要求不断增加，这不仅需要高层次的研究类人才，还需要大量能将成熟技术转化为生产力的应用类人才、技术专家和管理专家。从我国的实际情况看，特色类大学的毕业生大多在生产一线从事技术开发、技术应用和生产管理工作，他们为经济建设发展做出了重要的贡献。这说明特色类大学更有利于应用类人才的培养，其人才培养目标以就业为导向、以本专科学生为主体、以能力为重点、以行业为依托、以理论联系实际为着力点。

（2）行业特色类大学是人才培养多元化的根本体现

行业院校为行业的发展培养了大量的专门人才，提供了厚实的人才资源的基础，是行业高层次人才培养的主要基地。例如中国石油大学从建校以来为石油石化行业培养了专门人才 10 万余人；北京科技大学为国家矿冶、冶金、材料、先进制造工业培养了各类高层次人才 7 万余人；我国高校为煤炭行业培养的 30 余万高层次专门人才中，有 80% 以上的高级工程技术人员都是由矿业特色高校输送的。

（3）行业特色类高校在我国经济发展中扮演重要角色

行业特色类高校是高层次专业化人才培养的摇篮，行业特色高校人才培养的针对性、应用型特点较为突出，这些高校毕业生的一个重要去处就是原行业领域，成为行业领域中的骨干与专家，使学校与行业发展血脉相连。即使在高等教育管理体制改变之后，这些高校依然承担着培养行业高层次人才的重要任务，并始终以服务行业为己任。行业特色高校是行业科技进步的重要支撑，为行业技术创新与发展起到重大推动作用，使科学研究更贴近一线生产，行业特色高校是行业原始性创新、技术转移和成果转换的重要载体与平台，在行业创新建设中有不可替代的重要作用。

10.2　行业特色类高校人才培养面临的困境

随着我国经济的发展和办学定位高校扩招的加剧，许多行业类高校纷纷开设了很多与行业无关的专业，办学特色日益模糊，与行业的关系渐渐疏远。表现为在人才培养上片面追求学术和理论素养，而对围绕行业需求培养适用类人才不够重视，无法满足行业需求，大量毕业生找不到工作，人才培养与社会需求严重脱节，人才供给满足不了国民经济和社会发展的需求，大学生“就业难”成为一种影响广泛的社会现象。高校人才培养如何紧跟社会需求，成为我国高等教育的重要课题。

（1）行业特色类高校办学定位问题

许多行业特色类大学为了追求规模发展、提升竞争力和吸引生源，不断增设新专业，追求外延式发展。许多行业特色类大学特别是产业类，资源类院校还纷纷更改校名，其中 86.8% 的产业类化转院校从校名已看不出原行业的影子。有的行业特色类大学盲目追求综合化发展，把创建“研究类、综合性、国际化”一流大学作为自己的办学定位，对传统的行业特色专业进行了不恰当的调整，在追求外延式发展的同时忽略了自己的办学定位，造成学校定位日益模糊，办学质量与人才竞争力下降，无法满足行业需求。

（2）行业特色类高校特色学科发展问题

学科建设是行业特色高校核心竞争力的集中体现。行业优势学科经费不足，学科建设发展陷入困境，过窄的行业学科与服务面的劣势凸显，行业人才流失严重，大大削弱学校竞争力。对传统的行业特色专业进行了不恰当的调整，甚至有的专业被撤销，导致特色学科核心竞争力削弱，特色专业的招生人数减少，原优势学科在招生中吸引力下降，生源质量不如从前，对人才培养形成了恶性循环。传统学科和特色学科专业优势被削弱，而非行业特色的新增学科专业由于受师资、教学条件、办学经费等因素制约，实力也相对较弱，从而导致学校整体办学实力的下降。

（3）行业特色类高校缺乏行业支持

由于认识上的缺失或者合作动力不足，学校与企业的深层合作互动尚未形成健全的机制，具体表现在：组织领导机构不完善，双方的合作互动缺乏统一的规划、组织和协调；校企合作的政策路径不明确，合作共建的途径、方法、形式、保障措施等尚不明晰；校企合作的资源整合机制不健全，无法顺利实现人才、技术、信息等资源的有效共享；校企合作的长效机制未建立，难以实现双方的发展战略与发展重点的完全对接，难以保证合作的持续性和稳定性；校企合作的深层联盟未形成，产学研合作的有效模式还在探索之中，校企合作中可能出现的一些矛盾和问题，如风险投资问题、利益分配问题、技术转让问题、研究成果保密问题等没有得到很好的解决。

10.3 行业特色类高校改革与发展对策建议

行业特色类大学的人才培养为承担起培养高层次、高素质、创新性行业专业人才和领导人才的重任，要强化对学生实践能力的培养，强调理论教学与实践教学紧密联系，把实践教学过程作为消化理论、强化应用、拓展知识、锤炼技能的过程。大力加强产学研合作教育，课内课外相结合，处理好教学与科研的关系，特别是要把学校的学科特色融入教学。人才培养模式要适应创新对人才知识、能力和素质的要求，课程体系要适度体现行业特点。

（1）行业特色类高校的科学定位要以重点学科建设为基础

第一，着重建设能反映学校办学水平的品牌特色学科，重点学科的品牌优势越明显、特色越鲜明，其生存竞争力越强，宝贵的学科资源能彰显本校学科建设的亮点，带动整个学校学科结构的优化，推动学校学科整体水平的提高。第二，高校特色重点学科建设要有明确的目标定位，要准确把握国内外学科发展的趋势，把握学科发展的新生长点，凝练学科方向，在特色类学科的基础上发展新兴、交叉类学科，为特色类学科的发展开辟更广阔的空间，培养出更全面的专业化人才。

（2）处理好特色学科与非特色学科的关系

如何处理特色学科与非特色学科的关系一直是行业特色类大学所探讨的问题之一，从长远来看，行业特色类大学保持和发展行业优势学科是必要的，因此应通过多学科交叉协同，非均衡发展特色学科与非特色学科。随着我国产业结构的升级转类，作为依托这些行业的特色类大学在面对复杂的科学技术问题时，单一学科的知识体系与方法往往不能独立解决问题，必须开展跨学科研究，通过多学科的、相互的交叉与渗透，以点带面，通过优势特色学科带动各学科全面发展，促进实现技术的创新和提升，通过加强交叉学科的建设解决这一问题。

（3）面对行业需求加强校企合作

近年来，学院应依托校企合作，形成了开放化课程开发机制，构成了多元化的课程开发主体，针对企业实际岗位应具备的知识和技术要求，开发专业课程、研究课程标准、制定培养方案、课程体系和教学模式，使行业发展水平，科技含量和职业岗位结构变化直接反映到专业课程体系和课程内容中。通过岗位实际需求加强学生竞争力，使人才培养与企业需求无缝化对接。同时学院要发挥人才和专业理论研究的优势，帮助企业培训员工，开展技术攻关，全面为企业提供服务，校企形成互惠共赢的合作关系。

（4）加强高水平师资队伍建设，坚持教学与实践相结合，以学生为本

对一所大学而言，大师是地位、实力和声望的象征。哈佛大学前校长科南特曾说过："大学的荣誉不在于它的校舍和人数，而在于它一代又一代的教师质量，一个学校要站得住，教师一定要出名。"拥有一流的学术大师和颇具影响力的学科带头人及其创新团队，是高行业特色类大学提升核心竞争力的关键。行业特色类大学应紧紧围绕学科发展、人才培养和科学研究的需求，创造育人环境，坚持引进与培养相结合原则，吸引和培育优秀人才，建设一支高水平的师资队伍。重视学生开展课外活动、培养学生实践技能，积极开展大学生创新性实验计划项目，鼓励学生参加实际工作、课外科技活动、社会实践和各类行业知识竞赛。发挥行业特色类大学与行业、企业联系密切的优势，主动加强校企合作，巩固和建设一批相对稳定、形式多样的"实践教学基地"，让学生能够到生产一线进行教学实践锻炼，把理论与实践结合起来，提高学生的工程素养。

（5）给予特殊政策扶持和财力支持

国家和地方政府在制定教育发展政策时，要充分考虑行业特色类大学的历史传统、现实基础、办学定位、学科特色、培养目标和服务面向等，采取倾向性的扶持政策，营造良好的政策环境。一是充分发挥政府宏观调控作用，制定有利于行业特色类大学发展的财政、金融政策。对于划转地方管理的行业特色类大学，地方政府要在征地、贷款、基建、项目等方面给予特殊政策支持。还可借鉴法国等国家的做法，尝试以立法的形式向企业征收教育税，促使企业加大对教育的支持。二是在优势学科创新平台建设、研究生院设置、各类人才支持计划、学科点申报与评审、科研和教研项目立项、特色

专业评选等方面，适当向高水平行业特色类大学倾斜。三是积极探索行业特色类大学招生制度改革，放宽行业特色类大学招收外地生源的限制，扩大高水平行业特色类大学的招生自主权，让这些高校根据本校培养高层次应用类、创新类人才的需要进行人才自主选拔。

此外，对于国家急需行业、特殊专业和艰苦专业，要通过减免部分学费、提供助学贷款、适当降低录取分数线等措施，给予特殊政策扶持，以吸引学生报考这些专业并在毕业后到这些行业工作。

参考文献

[1] 王关义．对行业特色类高校适用人才培养的思考［J］．北京印刷学院学报，2015（3）．

[2] 高文兵．新时期行业特色型高校发展战略思考［J］．中国高等教育，2007（Z3）．

[3] 王亚杰，张彦通．论新时期特色型大学的建设和发展［J］．教育研究，2008（2）．

[4] 瞿亚军，王战军．理念与模式：关于世界一流大学学科建设的解读［J］．清华大学教育研究，2009（1）．

[5] 潘懋元，车如山．特色型大学在高等教育中的地位与作用［J］．大学教育科学，2008（2）．

[6] 唐守廉，王亚杰．行业特色型大学和区域经济社会发展互动机制的研究［J］．北京邮电大学出版社，2011（7）．

[7] 陈翠荣，王坤庆．小而精：普林斯顿大学办学特色分析［J］．高等教育研究，2009（4）．

（作者：张辰旭，北京印刷学院）

第三部分

研究专报

1

我国行业特色类高校招生、培养与就业脱节现象严重，迫切需要构建能够满足行业需求的人才培养体系

内容摘要：

- 调查结果显示，约有57%的行业特色类高校培养的学生没有选择从事与其所学专业对口的工作，人才培养与就业匹配性较差。
- 高达75%的热门专业毕业生感到就业严重扎堆，人才供给远远超过用人单位对人才的需求，“就业难”问题尤为突出。
- 约有41%的用人单位表示所对应的行业特色类高校毕业生不能满足其对专业人才的需求。

目前，我国经济进入了新常态发展阶段，经济总量稳居世界第二位，高等教育规模位居世界前列，但随之而来的却是经济社会发展与人才培养的结构性矛盾更为突出，高等教育同质化倾向严重，毕业生“就业难”和“就业质量低”的问题日益显现。究其原因，主要源自招生、培养与就业三个环节脱节现象严重。为改善这种状况，行业特色类高校更应该发挥其特有的优势，紧密围绕行业需求进行科学定位，保持特色发展，进一步提高人才培养与行业需求的匹配性，建立招生培养就业联动机制，更好地满足行业发展对人才的需求。

1.1 我国行业特色类高校招生培养与就业脱节表现

（1）不少行业特色类高校培养的毕业生没有选择从事与其所学专业对口的工作

通过对十所行业特色类高校毕业的四百名学生进行的抽样调查，结果显示，约有57%的毕业生没有选择从事与其所学专业对口的工作，表明高校的人才培养与就业匹配性较差。

（2）热门专业毕业生求职严重扎堆

通过对目前热门的十个专业二百名毕业生进行调查，高达75%被调查者感到就业严重扎堆，说明高校集中开设热门专业导致这类专业的人才供给远远超过用人单位的需求，使得“就业难”问题极为突出。

（3）行业特色类高校毕业生不能满足用人单位需求

据不完全统计，约有41%的用人单位表示所对应的行业特色类高校毕业生不能满足其对专业人才的需求，尤其是与之相关的新兴和高精尖工作。具体来说，一方面，行业特色类高校培养的学生未达到用人单位的用人标准，另一方面，毕业生人数不能满足与之相关行业对人才的需求量。

1.2 我国行业特色类高校招生培养与就业脱节成因分析

（1）行业特色类高校办学定位求大求全，存在盲目向综合性大学发展的趋向

新中国建立之初，为适应国民经济恢复和发展，需要大量专门技术人才，国家对高等教育领域进行了大规模的建设和院系调整。中央各部委及地方政府陆续兴办、重组了一批行业特色十分鲜明的高等院校，涉及农业、林业、水利、地质、矿产、石油、电力、通信、化工、印刷、建筑、交通等多个领域，也包括一批与文化、艺术、体育、财经、政法等社会事业紧密相关的高校。行业特色类高校指的就是这样一批具有显著的行业背景、学科分布相对集中、服务于某一特定行业发展的高等院校。经过长期的发展，行业特色类高校大都形成了自己的优势特色专业和学科，并以此为基点，形成了学

校的核心竞争力，赢得社会的广泛认同以及在行业领域的比较优势。但随着国民经济发展水平的日益提高，伴随着科技进步以及人们物质文化水平的普遍提高，高等教育也由传统的精英教育向大众化教育转变。众多的行业特色类高校纷纷开始扩大招生规模，增设更多的专业，不再完全围绕原来的单一行业，而是对学科覆盖面进行扩展。不少高校错误地认为社会对人才的要求越来越综合，那么只有综合性大学才能更好地满足社会对人才的需求，在办学定位方面开始求大求全，向综合性大学靠拢。甚至一些原本非常具有行业特色的高校都纷纷申请更改学校名称、把创建国际一流的、高水准的综合性大学作为新的办学目标，这样就导致行业特色类高校的优势渐渐丧失，学校的办学定位不再是集中力量把优势做大、把特色做强，而是热衷于追求大而全的办学定位。

（2）专业及课程设置与行业需求渐行渐远，热门专业严重扎堆

随着行业特色类高校招生规模的扩大，专业覆盖面也不断扩展，但是很多专业、课程的设置并没有充分考虑到社会和行业发展的需求，也没有立足于学校的办学特色和优势。调查显示，约有25%的高校教师认为专业结构调整势在必行，课程设置急需推陈出新，42.5%的高校教师主张20%左右的专业已不适应社会需求，应该对其调整，开设与行业发展密切相关的针对性更强的专业。

例如，很多高校纷纷效仿开设了管理类专业，包括工商管理、企业管理、项目管理、公共事业管理、文化产业管理、管理科学等等，可谓五花八门。据了解，很多高校管理类专业的学生数量也是相对庞大的，甚至单独成立管理学院。数据显示，截至2015年年底，我国共有597所大学在本科层面开设了工商管理专业，加之招生规模庞大，必然导致此类专业人才供过于求，相当数量的毕业生不能找到与其所学专业对口的工作。况且，多数管理相关专业的课程设置较为宽泛，众多开设此专业的行业特色类高校也没有结合其特色和优势学科，使得学生没有机会了解行业的专业知识，单单学习管理理论，造成行业特色类高校的毕业生与综合性大学毕业的学生相比，并不具有独特性，这样更加大了学生求职的竞争压力。

又如，目前热门的会计专业早已不是仅有财经类高校开设，可以说几乎各个行业的特色高校都开设了会计专业，但是很少高校真正做到了与行业特色相结合。然而，各个高校会计专业的课程设置大致相同，专业方面的教材选用也都大同小异、趋于一致。那么，这样就会造成无论是传媒行业特色类高校

培养出的会计专业学生，还是以建筑工程、农业、工业、石油化工等行业学科为办学特色的高校培养出的学生都没有显著的差异。因为大学期间他们所学的课程几乎没有将会计知识与学校特色学科相联系，使得学生没有机会了解自己学校特色学科所面向行业的会计工作有何特殊性。因此，很大比例的行业特色类高校的会计专业毕业生不能选择从事与其适应的行业的会计工作，越来越多的学生共同选择走向会计师事务所、银行等不需要具备太多会计专业外知识的热门行业，这就形成了由于热门专业扎堆开设使学生扎堆，加之专业的针对性不强使就业选择又扎堆的一系列被动局面，最终的结果就是就业竞争大大增加。但事实上，社会的各个领域更加需要了解本行业的专业型财会人员，这样不仅企业可以缩短员工的入职培训时间，员工也可以尽早为企业经营管理水平的提高贡献智慧。而目前高校的专业、课程设置与所对应的行业需求联系不够紧密，甚至存在渐行渐远的现象，对于学生就业非常不利。

（3）人才培养重课堂教学、轻实践教学，学用结合不够紧密

人才培养是高校工作的重中之重，行业特色类高校的特色专业往往属于技术、技能型专业，因此，所对接的行业对学生的实操能力要求较高。但是，在人才培养的过程中，由于众多行业特色类高校重课堂教学、轻实践教学，导致学生的应用能力不佳。造成这种情况的原因一方面是由于大学教师大多是学术性研究人才，他们能教给学生扎实的基本理论和基本技能，能灌输一些前沿的学术思想，但是不少大学教师是自己毕业后就直接到高校任教，本身与社会接触少，缺乏来自生产一线的经历和经验，所以他们所能传授的实战经验就会较少。培养的人才相对也会缺乏实践能力，导致学用脱节，企业认为这样培养出来的人才到工作岗位上表现为“上手慢”。另一方面是由于学校对实验、实习、社会实践等训练学生实操与应用能力的活动重视不够，相当一部分毕业生没有本专业的实践经验，仍停留在课本上的学习，不知如何将理论与实践结合到一起。这样一来，很多学生求职面试的表现难以让用人单位满意，造成就业质量大大降低。

1.3 行业特色类高校应紧紧围绕行业需求构建人才培养体系

（1）行业特色类高校的办学定位要紧密围绕行业发展对专业人才的需求确定

行业特色类高校要形成自身的核心竞争力，就必须立足于学校发展历史和现状，发掘自身所具有的比较优势，构筑并强化别人难以模仿的自身特色，在办学类型、办学层次、办学模式上，进行科学的分析、准确定位。由于行业特色类高校的特色专业往往对接的是对学生应用能力与技术、技能要求较高的行业特殊需求，因此这类高校只有在发挥自身特色和优势的基础上，定位于培养以创新精神和实践能力为核心的应用型人才，才能更好地服务行业发展，促进学生就业。这就要求科学构建实践育人教学体系，积极进行实践教学内容、方法、手段及模式的改革与创新，全面提升学校人才培养质量。

（2）根据行业需求设置专业及课程，建立能满足行业专业人才需求的人才培养特区

行业特色高校应坚持专业特色，有所为有所不为。有所不为，指的是避免从众，一味追求办学规模，求大求全，而弱化自身特色。有所为，指的是开设和行业密切相关的专业以及课程，突出行业特色。具体来说，要突破原有学科门类过于单一的局面，围绕本行业新技术新领域拓展对专业人才的需求，相应地开设行业发展所需新专业，建立起与行业紧密相关的相互促进、互相补充、互为依托的专业群，形成有别于非行业院校的特有的学科专业生态。对于行业特色明显的优势专业，可尝试建立人才培养特区，对学生进行精细化定向培养。2007 年教育部、财政部就组织了人才培养模式创新实验区的申报和评审工作，并发布了《教育部、财政部关于实施高等学校本科教学质量与教学改革工程的意见》（教高〔2007〕1 号），批准了包括厦门大学经济学科人才培养模式创新实验区，中国科学技术大学的微软联合培养人才新模式实验区等 220 个。近年来，人才培养特区的数量还在不断增长，据不完全统计，全国高校已有 500 余个，其中有一部分已经形成较完善的人才培养模式，如北京大学的“元培计划”、上海交通大学的“致远学院”、北京印刷学院以印刷工程专业为特色的“毕昇班”、以编辑出版为特色的“韬奋班”以及与雅昌文化集团合作办学的“雅昌班”。这些人才培养特区的改革尝试，使学生从这种校企合作模式中学到了更丰富、更适用的知识，就业情况良好，对于行业特色类高校人才培养模式的改革具有借鉴意义。

（3）重视实践教学、校企合作，建立招生培养就业联动机制

首先，高校应该从内部建设着手提高教学质量。在理论教学不忽视的情况下，更加注重实践教学。通过分小组案例讨论、课堂展示等方式，提高学

生的课堂参与程度；同时，通过增加实验教学、社会实践和社会调查等各类的实践教学环节，起到强化教学的目的，提升学生的实践操作与运用能力，做到真正的产与学结合。在这一过程中，也需要根据科学水平的发展进步不断更新实验内容和模式，建立与教学联系更为紧密的实践基地，创立新的实践调查方法。

其次，为了学生知识、能力、素质可以协调发展，高校应加强与用人单位的共建工作。调查显示，61%的被调查者认为高校十分有必要与行业企业合作，通过构建招生培养就业联动机制，外聘一批行业企业的一线专家参与人才培养，从专题讲座到课程讲授、从实习指导到专业导师、从师生关系到师徒关系，建设一支业界与学界融合的高素质教师队伍。同时，可以选派缺乏实践经验的教师到行业单位当中进行培训或兼职，在积累一线实践经验的同时还可以为行业服务，形成行业高端人才与行业院校师资良性互动、互惠双赢的人力资源共享平台；也可以在大型企事业单位设立大学生实践基地，搭建大学生参与实践、参与创业的平台。这样不仅可以向学生提供更多的实践机会、增强职业素养、增加对行业的了解，还可以引导学生树立正确的择业观和就业观，起到拉动就业的作用。对于企业而言，学生有了实践经历之后，校方还可以引导他们从解决企业最为窘迫、现实问题的角度出发，进行论文选题、毕业设计，最终达到服务企业、服务社会的目的，这种互利合作有助于改变过去校企之前“有合无作”的被动局面。若高校想进一步调动企业的积极性，还可以通过创新项目、教师的科研课题等优先解决合作企业棘手问题的方式，以及通过合作企业具有优先选聘毕业生的优惠政策的方式吸引企业与高校合作，真正实现校内与校外的结合。

最后，伴随着高等教育的普及，社会对高等教育具有多层次、多规格、多样化的需求，但这并不意味着只有综合性大学才是未来的发展趋势，行业特色类高校同样具有广阔的发展前景。对于行业特色类高校来说，要充分发挥其优势，紧密围绕行业需求，坚持“不求大而全，贵在专而特”的办学理念，充分结合自身的办学传统、发展轨迹、历史积淀，牢牢把握行业发展的脉搏，形成自己的办学特色，走精细化的人才培养发展道路。

参考文献

[1] 陈峰. 加快探索地方高校转型发展道路 [N]. 中国教育报，2015 - 11 -

30 (9).
[2] 瞿振元. 提高高校教学水平 [N]. 光明日报, 2015-11-17 (13).
[3] 王平祥, 唐铁军, 等. 构建人才培养模式创新实验区的探索 [J]. 中国大学教学, 2010 (5).
[4] 吴晶, 刘奕湛. 地方高校转向"应用型": 不是"降格"是机遇 [N]. 新华每日电讯, 2015-11-17 (6).
[5] 杨昌英, 郑泽俊, 赵军, 等. 开放式培养, 实践中成才, 将实践育人落到实处 [J]. 广东化工, 2014, 41 (12).
[6] 张泽朋. 深化实践教学改革, 培养创新人才 [J]. 科技教育信息, 2010 (22).
[7] 张运. 岂能"一刀切"逼着"齐步走" [N]. 中国教育报, 2015-11-30 (9).
[8] 郑晋鸣. "红""专""特"是高校生命线 [N]. 光明日报, 2015-11-19 (4).

(作者: 王关义、胡慧中, 北京印刷学院)

2 以行业对人才的需求为基点，围绕市场需求科学定位是行业特色类高校发展之路

内容摘要：

- 行业特色高校涉及领域众多，已成为高等教育发展的生力军，社会迫切需要行业特色高校向其输送专有人才。
- 行业特色高校发展过程中出现很多问题，尤其是其办学定位与社会对特色人才的需求越来越不符。
- 改进行业特色高校的发展滞碍需要从创新性和科学性角度出发，注重向社会输送人才。

行业特色高校形成于特殊的历史条件下，为我国经济社会的发展尤其是特定行业的发展作出了自己特殊的贡献。在长期的办学过程中，行业特色高校也形成了自己独特的办学风格，培养了大批专业技术人才。行业特色高校涉及行业或领域众多，比如矿业、工业、商业、林业、农业、地质、石油、印刷、服装等。历史上，行业特色高校是指为满足某一特定行业发展对特色人才的需求由国家行业部门所管辖的高等学校。20 世纪 80 年代随着高等教育管理体制改革的推进，行业特色高校逐渐脱离原来的产业部门，划归给教育部或地方政府管辖。在高等教育大众化浪潮的推动下，与原行业管辖时相比，行业特色院校办学层次、办学规模、办学空间都已得到极大提升，行业特色院校已成为我国高等教育发展的重要生力军。

2.1　行业特色类高校发展中出现问题的探讨

（1）行业特色类高校的社会认可度

多元化行业特色类高校生存的研究与调查近几年成为热点，根据北京印刷学院 2015 年的《高校招生培养就业联动机制与人才培养特区建设调查问卷》里的调查报告显示，参与调查的受访者中认为完全有必要建立人才培养特区及完全有必要设立多元化行业特色高校的占 36%，有一定必要的占 45%，很难说有必要的占 13%，完全没有必要的只占 6%，如图 1 所示。

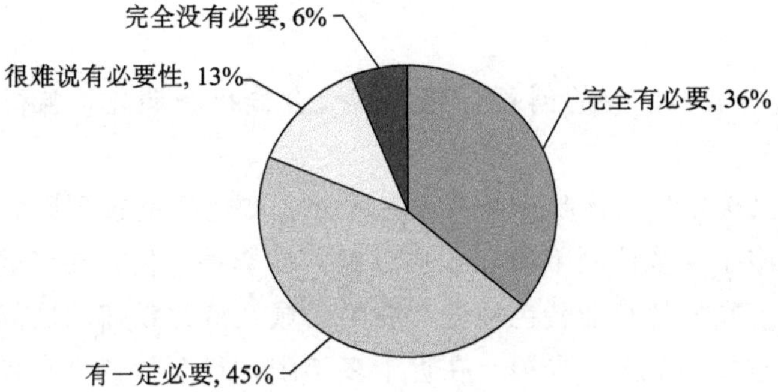

图 1　有无必要建立人才特区调查结果占比

以上调查结果显示，多元化行业特色高校的存在在社会上已经得到一定程度的认可，只有 6% 的人认为没有必要设立，所以建立高质量的多元化行业特色高校已成为社会迫切的需求，从上述调查也可得出设立多元化行业特色高校的核心就是对特色人才的培养。

（2）行业特色高校发展面临的问题

首先，教育作为社会延续和发展的工具，必然要适应社会发展的需要，特别是要适应经济发展的需要，作为与经济密切相关的特色教育更是明显。可行业特色高校在发展的历程中却一直没有一定程度上满足经济发展的需要，只是机械的招生、培养、输出，并没有考虑其宏观产业结构、就业结构、技术结构的变化对经济环境造成的影响，造成人才培养的缺陷和某一特定行业的人才积压，从而一定程度上影响经济发展。

其次，三大产业结构在劳动力人数上的比例关系是就业结构的基本比例之一，其比例关系和发展趋势对行业特色高校教育的发展具有引导和参照作用。行业特色高校教育培养的劳动力有较长的周期，这一周期产生行业特色高校教育的滞后现象，所以势必要求在确定行业特色教育在各产业中的配置时，对未来数年内劳动力的需求进行预测。行业特色教育的专业结构受社会生产的分工状况和社会职业结构制约，由于社会生产的分工状况处于不断变化之中，行业特色教育的专业结构也需要不断调整。

总之，就行业特色高校发展滞后的问题归结起来还是人才培养出现缺陷。

2.2 行业特色类高校办学定位与对行业需求渐行渐远

(1) 人才培养需要的创新管理体制及合作机制僵化，与行业需求渐行渐远

20 世纪 90 年代的体制改革将原有的行业特色型高校划归教育部或地方后，虽然克服了传统体制下的“条块分割”的弊端，但是在管理体制上以地方政府为主，在发挥行业特色优势与满足区域经济建设需求之间仍然存在矛盾，阻碍了学校的决策及发展。在近十多年中，行业特色型高校发展服务面向摇摆于行业与地方之间，在此过程中失去了许多资源与发展机遇，大大影响了行业特色型高校的转型发展。因此，创新管理体制与合作机制仍是重大的挑战。在管理体制创新方面，主要是进一步理顺管理体制，平衡好服务行业与服务地方的关系。行业特色型高校划转到地方后，虽然要直接接受地方政府的领导，但在经费投入、政策扶持以及科技创新等方面对原主管部门仍有很强的依赖性，相比之下与地方政府的利益关联度并不大。如何理顺与原对应的行业、地方政府及地方教育主管部门之间的关系，建立一个全新的管理体制是摆在这些高校面前的一个现实问题。要解决这些问题，还需建立相应的创新合作机制，以解决行业特色型高校与原行业部门沟通渠道和沟通机制逐步弱化的问题。目前，学校与地方政府、行业之间合作互动尚未形成健全的机制，共建合作模式一定程度上还停留在文本阶段，对各方没有强制性约束作用，无法明确地方政府与行业对高校的责任。如何通过合作机制的创新进一步拓宽合作渠道，努力形成多方位、多层次、多领域的开放办学格局，使学校在为行业发展服务的同时取得行业、产业及社会各界的支持，进

而求得自己发展生态的优化与完善、提升办学水平、走出一条有自身特色的办学路子，将合作模式由文本转化为实际行动，以此促进行业特色型高校发展也是一个现实的挑战。

（2）人才培养依赖的办学质量、学校核心竞争力与行业需求渐行渐远

高质量办学是行业特色型高校面对挑战的立足之本，行业特色型高校的规模大多都是近 10 年发展起来，一些院校多数专业的办学历史都在 10 年以内。因此，加强内涵建设、提高教育质量是行业划转院校不能回避的重要课题，其中如何坚持走特色发展之路、提升核心竞争力是最大的挑战。高校核心竞争力是指高校参与市场竞争所形成的具有显著特色的、相对于竞争对手的巨大优势以及充分整合竞争资源的能力。在市场体制和开放办学的环境下，行业特色型高校所面临的竞争涵盖了各个层次，从国际大学竞争到国内大学竞争，从国家重点大学竞争到地方高校竞争，再到高校组织内部团队之间的竞争。这都必然要求在行业特色型高校本身优势和固有竞争力的基础上进一步构建核心竞争力，以取得竞争优势。《国家中长期教育改革和发展规划纲要》在提升高等教育质量方面提出十大措施，从资源配置来看，着重强调资源的竞争性获得，高校要通过发挥自身的核心竞争力去竞争性地获得资源。而行业特色型高校的资源配置原先依靠行业部门的投入，划转以后以地方政府的财政投入为主，淡化了原有行业的联系，由于学科发展的局限性，整体的核心竞争力不足，在竞争性资源获得过程中将面临重大挑战。

（3）人才培养必要的学科面向与行业需求渐行渐远

在体制改革之前，行业特色型高校因其鲜明的行业背景和行业特色，学科专业和科学研究与地方经济和社会发展的结合度相对较低。原来以服务部门行业需要为主要目的，学科专业数量少、学科面偏窄。其中基础理论学科薄弱，特色学科缺少相邻学科支撑，学科间交叉融合不够等问题依然是大部分行业特色型高校面临的一大困境。经过对 15 所行业特色高校拥有国家重点学科的分析显示：2007 年这些学校共拥有二级重点学科 120 个，其中与行业密切相关的 116 个，占比 96.7%（如图 2 所示）；经济管理类学科 3 个，占比 2.5%（如图 3 所示）；基础理论学科仅 1 个，占比 0.83%（如图 4 所示）。

较窄的学科面导致了行业特色高校的科学研究缺少支撑，原创性明显不足，很难适应当前科学技术多学科交叉和相互渗透、整体化发展的趋势，更难以承担和解决国家或行业的重大战略性科技任务。体制改革之后，虽然强调由原先服务行业转向服务地方经济，但是服务面向狭窄的问题更加凸显，

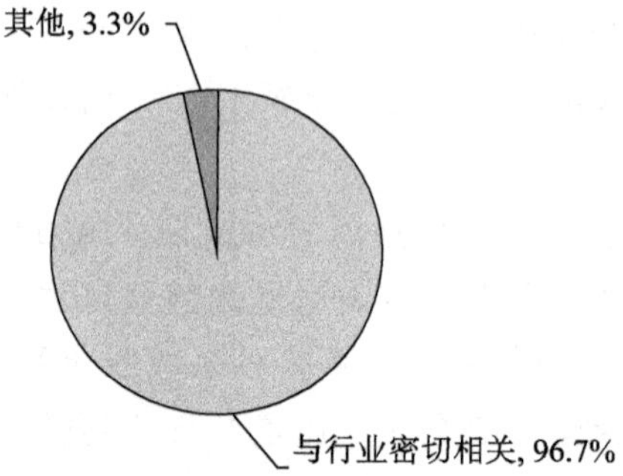

图 2　2007 年 15 所行业特色高校二级重点学科中与行业密切相关的学科占比情况

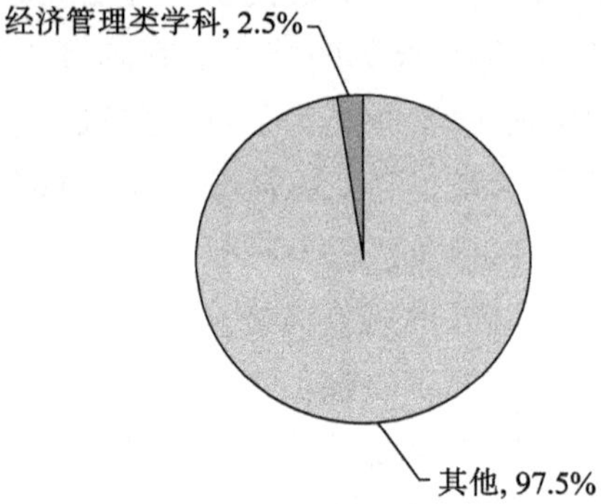

图 3　2007 年 15 所行业特色高校二级重点学科中经济管理类学科占比情况

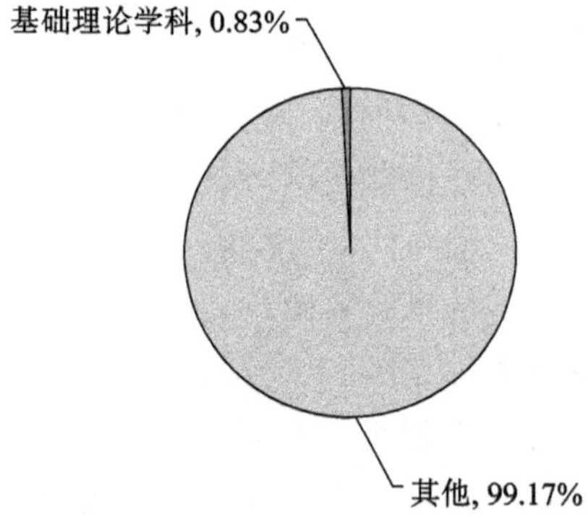

图 4　2007 年 15 所行业特色高校二级重点学科中基础理论学科占比情况

短时期内很难适应地方经济社会对多样化人才的需要。与服务面向狭窄一致的是人才培养模式的单一化，忽视了创新人才的培养。1998 年 10 月，世界高等教育大会指出："高等教育质量是一个多层面的概念"，应"考虑多样性和避免用一个统一的尺度来衡量高等教育质量"。这就要求高等教育应朝多层次、多规格、多样化的方向发展。

行业特色型高校原先学科比较单一，培养模式主要是培养“工具化”的应用性人才，较少考虑个性发展及人文素质对学生发展的重要作用，这与创新型国家建设对创新型人才培养不相适应。如何调整学科、专业与课程设置，使之既满足地方经济社会对高素质应用人才培养的要求，又能拓展学生的知识面，培养出了综合素质高的创新型复合人才，对行业特色型高校来说将是很现实的挑战。

2.3 着重定位人才需求以解决多元化特色高校发展滞碍

（1）以创新性人才培养计划的制定为根本

国家高等院校的设立是为了使学生可以学习知识、传承文化、创新发展，以求培养出可以为社会前进做贡献、为国争光的人才。社会发展的过程中，势必会面临新型产业或行业的出现，行业特色高校就势必会设立新型专业以满足社会需求，但设立新专业必须严谨，既要快速发展吸引高质量人才，又要稳扎稳打铸造教学质量。要坚持产学研结合和行业发展相结合的原则，加强特色专业群建设，特别是具有本校学科特色和优势的专业，把学科优势和人才优势转化为专业优势。

（2）以科学合理人才培养方案的设立为导向

高等院校要及时掌握国家发展动向，配合国家实施发展政策。对于行业特色类高校来说，必须紧跟行业发展，及时掌握行业人才需求数量及行业要求人才水平等数据的变化，以便使其培养的学生可以充分满足社会需求而不造成负面影响。具体来说，学科和专业的建设需要及时调整，学生社会理念的教育需要紧随国家政策，老师以行业为基础的专业技能培训要不断加强。围绕行业需求变化优化专业结构、强化特色专业建设，要注重校内各学科和专业之间的融合，兼收并蓄、博采众长，在培养行业专业人才方面形成自己的特色和优势。

（3）以专业高质量人才就业目的为重中之重

行业特色高校所面临的一个重要问题是培养的学生与社会行业贴合程度有所欠缺，而以就业为目标来提高培养学生的教学计划和一系列相关政策是对于这个问题的最好解决办法。

以北京印刷学院2015年的《高校招生培养就业联动机制与人才培养特区建设调查问卷》里的调查报告显示，在对北京印刷学院、北京农学院、北京电子科技职业学院、北京石油化工学院、北方工业大学、广东财经大学、西北政法大学的有关高校是否建立了招生培养就业联动机制的问题中，建立的占比34%，正在建设的占比23%，没有建立的占比8%，没有考虑建立的占比5%，如图5所示。

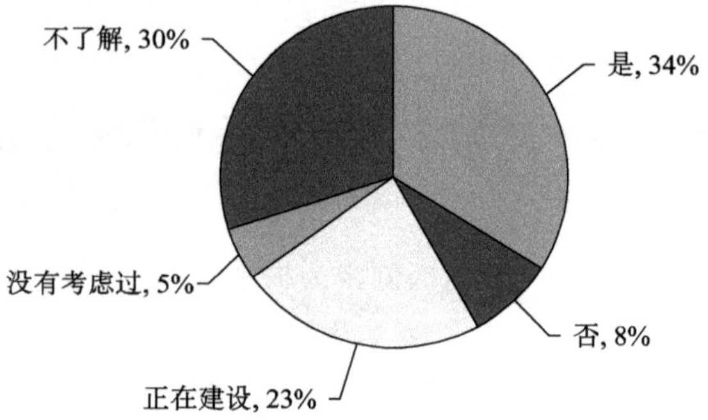

图5　高校是否建立了招生培养就业联动机制的占比情况

如上数据表明，大多数行业特色高校选择注重人才的就业目的，这更说明行业特色高校的建立与就业的关系密不可分。行业特色高校应该时刻关注社会动态与行业需求，及时调整现阶段的招生、培养工作，使学生的就业能充分贴合行业需求。行业特色高校必须积极与学生未来就业行业和单位联系，与就业单位一起设置学生的培养计划，如学生的培养方案、学习课程等，并且共同分析未来行业的用人趋势，以便控制招生规模。最重要的是学校可以合理地对培养的学生进行资金和设备的投入、更新，不会造成紧缺与浪费。

在以就业为目标制定培养学生的战略政策主要分为三个环节，即招生、培养和就业。招生处于基础地位，是保证学校教育质量、用人单位选择合适人才以及学校的社会评价的根本。培养阶段是重要环节，其直接关系到学校教学态度与学生个人的未来发展。在此环节，学校应该大力支持有必要的教学投资，如设立专业的产业教学实践基地、教学资源的维护和及时更新等。其次，学校还得对比其他优秀学校的培养方案，吸取其长处，以求将学生培养成行业工作能力出众的人才。就业，即学生最后的保障，也是学校培养人才的成果，更重要的是它是行业特色高校培养学生的目标。在此环节，学校必须及时建立信息反馈机制，反应毕业生的就业质量以及就业单位的用人质量，以此来继续改进招生与培养的政策。总之，三者联系紧密，是行业特色高校实行以就业为目标来提高教育质量的重中之重。

参考文献

[1] 王关义. 对行业特色类高校适用型人才培养的思考［J］. 北京印刷学院学报，2105，23（3）.

[2] 罗维东. 新时期行业特色高校发展趋势分析及对策思考［J］. 中国高教研究，2009（3）.

[3] 王亚杰. 关于行业特色型大学建设的几点思考和建议［J］. 中国高教研究，2009（3）.

[4] 高文兵. 新时期行业特色型高校发展战略思考［J］. 中国高等教育，2007（15）.

[5] 李廉水. 行业特色高校的开放发展战略［J］. 阅江学刊，2010（6）.

[6] 白强. 创新人才培养“特区”实证研究［J］. 重庆大学学报（社会科学版），2014，20（2）.

[7] 刘英，高广君. 高校人才培养模式的改革及其策略［J］. 黑龙江高教研究，2010（1）.

[8] 陈昌贵，翁丽霞. 高等教育国际化与创新人才培养［J］. 高等教育研究，2008（6）.

[9] 徐高明，张红霞. 我国一流大学创新人才培养模式的新突破与老问题［J］. 复旦教育论坛，2010（6）.

[10] 欧飞兵. 国内外人才培养目标探究［J］. 吉林广播电视大学学报，2009（4）.

（作者：王关义、刘苏，北京印刷学院）

3 行业特色类高校招生、培养、就业相互脱节，人才培养脱离社会和行业需求

内容摘要：

- 高达60%的被调查者认为行业特色类高校建立招生培养就业联动机制十分有必要，但约有三分之二的高校尚未建立招生培养就业联动机制。
- 高达89%的被调查者认为自己所在高校的专业的设置不够合理。
- 高达77%的被调查者认为招生、培养、就业联动机制中最重要的环节是人才培养模式的改革。

建立招生、培养、就业联动机制是高校经过长期探索和改革中总结得出的一套行之有效的人才培养方法，它是指创设一种以就业为导向的招生培养就业一体化运行机制。在这一机制中，要以科学的招生方法为龙头，构建人才培养模式，加强高校的就业服务体系建设，提高行业特色高校的毕业生的就业率，更好地满足经济和社会发展需求。

目前，大学生“就业难”是高校就业工作面临的一个普遍问题，其根源在于高校的人才培养忽略了社会需求，导致人才培养过程与社会需求脱节。主要表现为社会对人才的有效需求与高校无效供应、社会有限需求与高校过量供给的矛盾。解决这一矛盾的关键是高校要建立一套能将招生、培养、就业三个环节紧密联系在一起的联动机制。

3.1 高校普遍未建立招生、培养、就业联动机制，专业设置不够合理

（1）建立招生、培养、就业联动机制的必要性很强，但高校普遍还未建立这种行之有效的联动机制

课题调查显示，高达80%的被调查者都认为高校建立招生、培养、就业联动机制是很有必要的，但67%的高校并未建立起招生、培养、就业联动机制。在高等教育大众化的时代，随着高校招生规模的不断扩大，毕业生的就业问题就显得尤为突出，高校要通过招生、培养、就业三位一体的联动机制来促进人才培养质量的提高。目前大学生“就业难”问题主要体现在社会对于专业型人才的需求得不到有效的供给，解决这个矛盾需要高校能够明确招生、培养、就业三者之间的内在联系，并且将三者很好地融合在一起，建立三位一体的联动机制。在人才培养过程中，招生是前提，科学的培养是关键，完善的就业服务体系是提高毕业生就业率的根本保障。另一方面，优秀的生源是高质量培养的基础，高质量的培养过程和体系又直接关系到学生就业率的高低，而反过来，毕业生就业率的高低又直接关系到学校招生生源的质量。在这样的一个循环模式下，高校很有必要建立一个科学的联动机制，以此来提高生源质量，以良好的教学水平确保就业质量。

（2）大学生就业困难现象普遍

如今社会经济快速发展，我国高等教育水平不断提高，高等教育逐渐普及所带来的社会问题也十分引人注目，其中大学生的“就业难”现象就是突出反映。大量的高校毕业生涌入几乎已经饱和的就业市场，但社会并没有足够的岗位来容纳他们，从而出现了一批“待业在家”的知识分子，这已经成为我国越来越突出的一个社会问题。根据教育部门的统计，2015年高校毕业生高达749万，但市场对于大学生的需求较前一年相比并没有太大的变化，所以大学毕业生供过于求的现象十分严重。由于高校专业设置的不合理，毕业生的期望与社会需求之间存在很大的差异，造成了当下社会“多个萝卜一个坑”或“好多萝卜没有坑”的现象。

（3）高校专业结构设置不合理

调查显示，高达89%的被调查者都认为本校的专业结构不够合理。在专

业的分布方面，认为学校的重点建设专业在40%以上的只有12%。这说明大部分的高校还没有设置足够的重点建设专业。因此综合以上数据来看，高校的重点建设专业在学校的专业总体布局中所占的比重的合理程度是较低的，存在无用专业、与社会脱节专业的比重过高的情况。在学生的教育培养过程中，专业结构的设置则是学生培养过程中一个基本的环节。随着经济和科学技术的发展，很多在过去十分重要的专业已经逐渐被淘汰，或这个专业所培养出来的成功人才的数量已经足够多，社会需求量已经达到饱和状态。但是，一方面，有许多高校还未能意识到这种变化，或者说意识到了但还没有做出改变，这就导致了学生的培养与社会的需求脱节，导致了专业人才“就业难”的现象，使高校的学生培养与就业环节脱节。另一方面，一些高校并没有在综合考虑社会发展趋势，以及分析社会对于人才的需求状况之后设立重点专业，而是将重点专业的建设重心放在当下就业前景好、热门的专业上，减少甚至砍掉当前看来不重要的一些基础学科、艰苦专业或者比较冷门的专业。高校没有用发展的眼光看待这个问题，从而设置了不合理的专业结构。但是，随着经济的发展，一些现在看起来冷门或者基础性的学科很有可能成为将来国民经济的支柱产业，而曾经热门的专业很有可能由于大量人才的输出导致市场的饱和，成为夕阳产业。因此，当前高校招生专业设置缺乏科学性和动态性，不能很好地适应和满足社会经济发展的需要。

3.2 行业特色类高校招生培养就业三个环节互相脱节，招生培养计划与市场人才需求之间存在较大差异

(1) 在招生方面，高校招生专业设置与社会需求脱节

调查显示，86%的被调查者认为培养和就业方面的指标是反映高校人才培养质量的晴雨表。在招生、培养、就业联动机制中，普遍被认为最重要的两个机制是“产学研人才联合培养机制”和“社会化专业评价机制”。这也说明了社会需求与高校人才培养之间密不可分的关系。而在目前，大部分高校不能够很好地将社会的需求纳入学生的培养机制中。

当今高校人才的培养不能很好地适应市场的需求，有很大的原因是高校设置专业的不合理，其主要表现在一些专业所培养出的毕业生就业问题十分严峻，但另一些专业的毕业生却出现了供不应求的状况。不少高校人才培养

方案的制定缺乏市场针对性，培养模式僵化，忽略了实践教学环节的重要性，重理论、轻实践，注重知识的灌输，忽视了在就业环境中实战能力和综合素质的培养，理论与实际严重不符。在这种教育模式下培养出来的学生知识面窄、实践能力差、缺乏自主学习能力、自我解决问题能力和创新能力，从而导致他们的综合素质较低，在激烈的竞争环境中缺乏必要的竞争能力，无法满足社会发展的需求。

对一所高校来说，毕业生就业率的高低并不是一个孤立的指标，它是由生源的质量、培养的质量等一系列变量决定的。在对学生的培养过程中，社会需求应该成为引导高校建设一套更完善的培养体系的指路灯。

（2）高校在人才培养过程中，招生、培养、就业三个环节相互分离，联系不够紧密

调查显示，高校最关注的指标是毕业生的就业率和签约率，而很少关注社会的需求状况，这就造成高校在培养学生时忽略了社会的需求。目前，高校内部存在一个非常常见的尴尬局面，就是高校的招生、培养、就业工作互相分离，三个部分各自有一套管理体系。当前我国的高校招生、培养、就业工作机构设置的主要形式为：成立招生就业处，其下设招生办公室和就业指导中心，分别负责学校的招生和就业工作；人才培养由教务处负责。也就是说，高校的招生就业活动与人才培养的环节是脱节的，他们是各自独立的部门，有不同的领导，这就导致两个本应该在一起的部门在沟通和协商问题时出现困难。例如，教务部门只考虑各专业教学大纲和教学计划的运行，却很少去关注学生就业能力的培养和社会的需求状况。招生与就业机构虽然处于同一个部门，但是却由不同的人员分别负责，相互之间的参与和融合程度低。招生办公室的关注点在于如何按时、按点完成本年度的招生计划，很少或者不考虑学校所设置的招生专业的合理性、师资力量是否充足以及学生的就业前景如何等问题；就业指导中心只关心如何将更多的毕业生推销出去，很少关注毕业生的培养过程、培养质量以及就业质量和专业的吻合度。招生、培养、就业之间的严重分离致使高校的人才培养与社会需求严重脱节，导致了当前严峻的就业形势。

（3）高校在人才培养过程中忽视了对学生就业观念的教育，使学生在就业过程中出现严重的盲目择业现象

上大学是人力资本投资的一种形式，许多学生对这种投资的回报期望值比较高，但是在大学里，学生没有受到应有的正确引导，产生了准备不足、

从众心理严重等问题，因而在没有树立正确就业观的前提下，出现了盲目择业的现象。

在大学阶段，学生在生理上已经成熟，但是在心理上还没有完全定型，正处于世界观、人生观和价值观的塑造期，这种情况就容易导致大学生在就业时产生从众心理。而在这一过程中，高校由于对大学生就业观念教育理念的缺失，也对大学生就业的从众心理起到了一定的催化作用。

改革开放以来，高等教育呈现出大众化的趋势，这使原本只针对精英的、少数人的教育变成了大众的普遍性的教育。教育的大众化使得部分学生学习目的不明确，缺乏判断力和自信心，因此高校应该注重大学生的职业指导，正确引导学生进行有效的自我评估，从而缓解大学生的“就业难”问题。

3.3 建立以市场需求为导向的招生、培养、就业联动机制是建设高效特色人才培养的立足点

（1）高校加强招生工作研究，将招生计划与毕业生对口就业率挂钩，根据社会需求调整专业结构

高校在设置和调整招生专业时，应充分考虑到区域产业结构的变化和科学技术的发展状况，在社会和经济快速发展的状况下，实施“专业数量与专业质量并重”的战略，对于那些已经被时代远远抛在后面的专业进行调整或者削减，将目光放长远，着重建设那些发展前景广阔，社会需求量大的高质量专业。高校的专业建设与调整应尽量体现与社会行业需求协调统一、与地方经济发展协调统一、与学校教育资源协调统一的原则。

一方面，在数据分析层面，高校应该着重注意招生与就业数据之间的关联性，在定量的分析中发现过去不曾发现的隐形问题并将其妥善解决。另一方面，高校要注意在招生政策、生源质量等方面的问题并且加强研究，充分考虑近几年市场就业状况、未来一段时期的社会需求的变化，还有高校的学科建设状况、教学资源等，经过科学的调查和论证之后制定招生规模和专业设置和调整计划；充分考虑近几年不同省份的生源的状况、对现有专业的报考热情、不同地区的社会经济发展情况和社会需求状况，合理地分配各省生源数量，做好招生专业结构、区域结构的调整。

以东北大学为例，为了提高毕业生的就业率，东北大学参考了近三年来

毕业生的就业状况，对于连续三年初次就业率不理想的专业进行预警，严格控制或调减预警专业的招生规模。如果某个专业连续三年都在预警名单上，学校将暂停这个专业的招生；对于毕业生的就业率连续两年都低于80%的专业，将实施隔年招生或暂停招生；对于连续三年初次就业率低于全校平均水平的学院，控制其专业数量等；同时，对于申报的新专业，要求必须从人才需求预测、产业发展前景、人才培养目标、主干课程设置、师资力量以及专业建设的社会可利用资源等方面进行充分论证。

高校可以参考东北大学的策略，将招生计划与学生的就业率结合起来，最好能够将学生就业的对口率也考虑进去，这样既能使学校更加清楚地了解社会的需求，也能使学校更有效率地培养出对口的高精尖人才。

（2）高校要建立内外部协调统一的招生、培养、就业联动机制，并且加强制度方面的保障

高校招生、培养、就业联动机制的建立具有很高的必要性，并且应该将其内、外部统一起来，建立一个内、外部联动的招生、培养、就业联动机制。内部联动机制主要是指以学生的就业为风向标，将学生的就业率与一系列内部教学指标挂钩，包括专业的招生规模、不同专业的比重、人才培养方式和教学评估等。并且在招生、培养到就业的整个过程中，从学校到各二级学院实行严格的奖惩制度和责任制。具体地说，就是高校应该建立从学校校长、院长、系主任、学生导师、到专业教师五个层面上的具体、严格的奖惩制度，来保障学校内部的招生、培养、就业联动机制。

外部招生、培养、就业联动机制是指学校要加强与外部方面的联系，形成校企联合（与企业深度合作，让企业深入到教学的各个环节之中）、学校与政府结合（通过政府的政策使招生、培养、就业联动机制能够更好地运行）、校际之间的合作等。

与此同时，高校要加强制度方面的保障。一方面，高校要有一个明确的专业设置，专业要与我国的经济社会发展相适应，使培养出来的高素质人才能够全方位立体地满足国家对于人才的需求；另一方面，高校在建设和调整现有专业结构的同时，要有一套详细的专业评审准则。例如，设置专业委员会负责对新设置的专业进行指导、检查和评估。对于评估没有达到要求的专业，给予一定的惩罚，并对专业规模进行调整。学校要根据毕业生的就业状况来调整学科专业结构，对于就业率低、社会需求已经趋向饱和的专业进行整顿或者取消。学校在设置专业时必须考虑到社会的需求和毕业生就业实际

状况。围绕学科特色，灵活制定出适合社会发展的制度保障。

高校要建立一个专业的职能部门，由学校的招生、培养、就业职能部门的负责人、校内以及校外的专家、人才服务机构负责人、优秀校友等组成。他们可以为学校的课程体系、教学规划、人才培养的目标和模式提供相关的决策和咨询，这一过程加强了一系列相关主体，特别是用人单位与高校的人才培养过程的联系，使高校能够建立更加贴近社会实际的专业设置、课程建设、教学大纲、实习实训、就业指导教育等。

（3）完善并创新工作运行机制，创新人才培养模式，培养高质量人才应对大学生“就业难”问题

在当今严苛的社会竞争条件之下，社会需求应该成为高校培养学生的主要方向，坚持科学发展观，把就业率作为最终评判的标准，在充分了解国民经济发展状况和对于各类人才的需求情况之后，制定出一套科学的招生、培养、就业方案，将招生、培养、就业工作有效地结合在一起，使彼此之间能够最大限度地发挥作用。一方面，高校要建立对人才培养有指引作用的就业指导部门，从招生、就业前后两个方向深入参与人才培养的各个环节。另一方面，在高校运行招生、培养、就业的整个过程中，要将就业率与招生计划、学科建设、专业设置、培养模式、课程改革、经费投入、院系及部门绩效考评等挂钩，高校要建立行之有效的奖惩制度和层级责任制度。此外，高校要将教学改革放在一个十分重要的战略位置上，在实践中逐渐摸索出合适的人才培养模式，通过创新教学管理运行机制，完善课程体系，改革教学方法和手段，改进考试方法等途径，以重实际技能、强调实践能力，创新和实践能力培养为目标，全面提高人才培养质量。

高校要建立一种厚基础、宽口径、高素质的培养模式。放到细节层面来说，厚基础是指高校要培养出一批有着扎实的基础知识功底的学生。宽口径是指在充分考虑到现代社会对人才需求的发展变化趋势之后，不再将教育分得过细，拓宽专业口径，以开阔学生的专业视野，培养出一批具有综合和创新思维的学生。厚基础、宽口径是培养高素质学生的基础，高素质是高校培养人才的最终目标。为了保证厚基础、宽口径、高素质培养模式的实现，需要高校确保在加强基础的前提下，拓宽专业。在专业建设的同时，大力加强基础教育和其他基础知识，另外还要树立科学教育观与思想观，以促进科学教育与人文教育互相补充、相互支持、相互渗透。这样的培养模式能够培养学生的创新精神和创新能力，培养出“一专多能”的优秀人才，从而更好地

适应社会需求。

在高校对人才的培养过程中，应该着重注意几个方面。一是职业理想的确立。一个正确的职业理想能够指引着学生向着有益的方向前进，为社会和个人创造源源不断的价值。二是要使学生通过一个合理的知识架构来学习，使他们能够将所学的知识发挥出最大作用。三是着重培养学生的实践能力。在学生毕业走向社会之后，实践能力是他们最需要的能力之一。大学生只有将合理的知识结构和适用社会需要的各种能力统一起来，才能立于不败之地。

参考文献

[1] 史贞军，闫立．高校招生、培养、就业联动机制的建立［J］．中国校外教育，2010（5）．

[2] 张建国．谈新形势下的大学生就业指导工作［J］．郑州牧业工程高等专科学校学报，2002（4）．

[3] 王英，万庆生，韩文灏．高校招生、培养、就业联动机制的探索与实践［J］．东北农业大学学报，2013，11（3）．

[4] 王志武．建立招生就业联动机制［N］．中国教育报，2013-11-25（7）．

[5] 汪平．中南财经政法大学践行招生、培养、就业联动机制［J］．中国大学生就业，2015（3）．

[6] 曾冬梅．高等学校学科专业结构调整的新走向［J］．科技进步与对策，2003（08）．

（作者：王关义、王羽辰，北京印刷学院）

4 行业特色类高校应围绕行业需求，加强对特色人才的培养

内容摘要：

- 80%以上的高校认为探索人才培养模式改革很有必要
- 约有20%的高校没有围绕行业需求探索人才培养模式改革
- 高达75%的高校对人才培养模式改革投入经费不足

随着我国高等教育事业进入大众化阶段，如何增强高校人才培养特色，突显行业类高校的办学优势，探索新形势下人才培养模式，成为行业特色类高校发展中一大亟待解决的问题。行业特色类高校应围绕行业需求创新人才培养模式、设立人才培养特区。

4.1 行业特色类高校在人才培养模式改革过程中存在培养模式特色淡化、学生特色化培养意愿不强、经费投入不足等问题

(1) 行业特色类高校人才培养模式特色淡化

调查显示，受访的291人中，约有20%的高校没有围绕行业需求建立人才培养特色班级。由此可见，特色人才培养在高等院校中并未普及，许多高

校没有围绕行业需求建设特色化的人才培养模式，或不具备开设人才培养特色班级的现实条件。这一情况也存在于行业特色类高校，没有开设具有代表性的特色班级，即人才培养模式特色淡化，这将使学生失去在行业中竞争的优势。

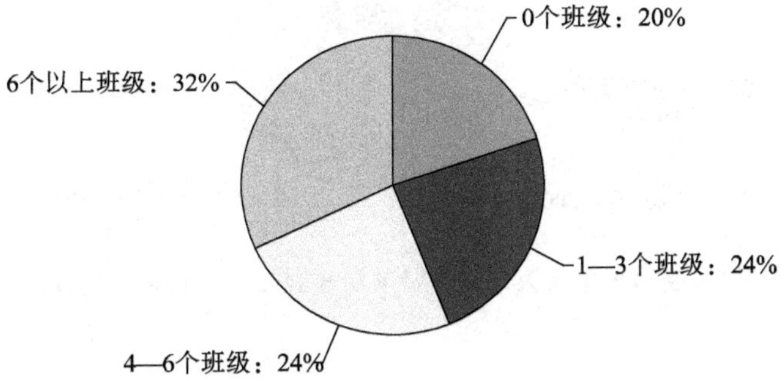

图1　受访校中建立人才培养特区班级数的占比情况

（2）高校学生参与特色人才培养计划意愿不强

调查显示，19%的受访者所在高校没有学生参与人才培养模式改革计划，并且有36名受访者认为人才培养模式改革完全没必要。在这样的认知下，高校很难围绕行业需求推动特色人才培养模式改革，尤其是行业特色类高校，若学生不能积极参与特色人才的培养，可能说明高校所开展的特色项目不能吸引学生，将会流失很大一批具备行业潜力的人才。

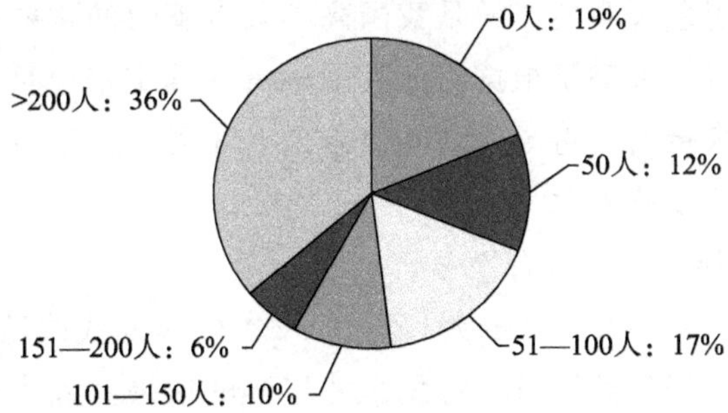

图2　受访校中参加人才培养特区学生人数的占比情况

（3）行业特色类高校围绕行业需求培养适用人才经费投入不足

调查显示，仅有25%的受访者所在高校达到每年400万以上的经费投入。这说明目前的高等院校对于人才培养特区建设重视不够，一些学校用于人才培养特区的经费不足 100 万，不仅不能支持计划的发展，甚至造成了资源的浪费。

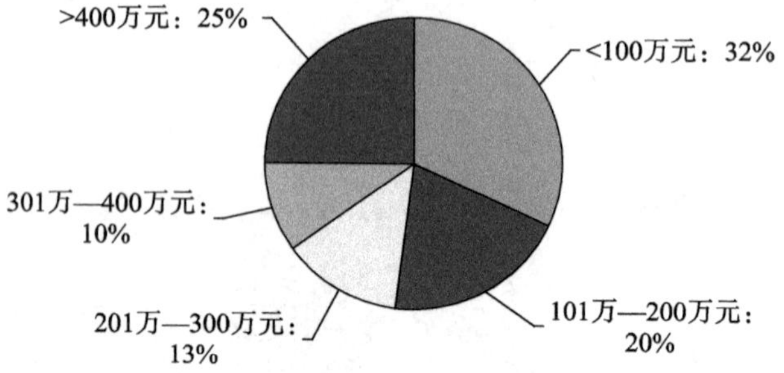

图 3　受访校中对人才培养特区每年经费投入资金占比情况

4.2　培养目标定位不科学、培养过程较封闭、专业设置不能有效对接行业需求等严重影响行业类高校建设人才特区的成果

（1）培养目标定位不科学

调查显示，大多数受访者认为目前在人才培养特区建设中最为突出的问题是人才培养目标定位不科学，而确定培养目标却是特区建设的首要环节。众所周知，行业特色鲜明的高校是我国高等教育事业的重要组成部分，对行业特色类高校而言，关键是根据行业发展的需求确定培养目标，否则，培养目标偏离行业未来走向，将导致培养出来的人才无法找到适用的岗位，从而失去人才培养模式改革的意义。

（2）培养过程与行业结合不紧密

调查显示，人才培养过程较封闭作为人才培养模式改革中的显著问题，极大地影响着行业特色类高校对特色人才培养的成果。人才培养模式若不能及时配合行业需求动态而改革，就会滞后于行业的发展，起不到带动行业进步的作用，随时会被淘汰。

（3）专业设置不能有效对接行业需求

培养目标对接社会需求作为公认的人才培养模式改革最重要环节，最直观的体现在专业设置是否合理，而据调查显示，一半以上受访者认为行业特色类高校专业设置不能有效对接行业需求，其中包括缺乏特色课程与特色教材。在人才培养模式改革过程中，有了科学的培养目标和配套的培养方案，若不能设置合理的特色课程对接行业需求，终究无法达到理想的建设成果。

4.3　设定科学的培养目标、运用合理的培养计划、结合优秀的师资及生源，从而共同推进行业类高校的人才培养模式改革

（1）设定科学的培养目标

行业特色类高校办学应定位于面向行业发展的需求。例如，传统工业行业在培养特色人才时，应注重创新能力的提高，适应“互联网＋”时代的倡议，尽早实现传统行业的转型；而新兴互联网行业的人才特区建设，需要更加重视人才道德意识的强化，在提升技能的同时，弘扬和传播中华文明的美德、树立正确的价值观。如此设定科学清晰的培养目标，才能实现特色人才培养的真正价值和意义。

（2）制定合理的培养计划

行业特色类高校在设置培养计划时，应随时根据行业改革动态做出相应调整，才能对行业的发展起到积极作用。例如，行业处于拓展时期，高校应重点培养实务操作型人才，填补行业中关键岗位的需求，防止在用人阶段人力缺失；若一个行业处于瓶颈阶段，急需变革模式来寻求新的突破，则该行业类高校应优先组织人才总结、借鉴国内外相关行业的经验，加强交流合作，进而使行业重新恢复活力。不同的发展阶段需要不同的培养计划予以配合，才能使行业类高校的特色人才培养计划发挥最大的作用。

（3）重视经费及师资力量等的投入

合理的计划也需要有力的经济支持才能达到理想的效果，经费和师资的投入显示着高校对人才培养模式改革的重视程度。先进的设备可以吸引更多的行业人才，掌握真正实用的技能，优质的资源能够帮助学生了解行业的需求和动态，成为市场适用型人才；高水平的师资队伍能给予学生正确的引导和合理的建议；并且，留住行业人才也可以施以适当的经济鼓励。这些物力、人力、财力的支持也是促进行业特色类高校人才培养模式改革的重要因素。

(4) 加强优秀生源的选拔

重视学生的选拔也是推进特色人才培养计划的重要环节，行业特色类高校有义务帮助学生选择适合的特色行业或专业。学生可能由于对行业的误解进行错误的职业规划，高校应该及时纠正，配合学生做出合适的选择，避免错失人才；或者，有些学生在选拔过程中因为差异性而被忽略，行业类高校应该尊重人才的个性和特性，实施差异化的培养方案，保证优秀人才的独特竞争力。

参考文献

[1] 王关义．对行业特色类高校适用型人才培养的思考［J］．北京印刷学院院报，2015，23（3）.

[2] 陈金如．高校本科人才培养教学特区建设的探索与实践［J］．信息系统工程，2009（10）.

[3] 刘强．加强高校“人才特区”建设的实践与思考［J］．中国高校科技，2014（9）.

（作者：王关义、折沛微，北京印刷学院）

第四部分

实验班与招生、培养、就业联动案例：高校的改革与探索

1 全国部分高校实验班建设情况

目前，我国高校开设的实验班已有近百个，很多高校设有多个实验班，根据实验班的专业性质及培养模式，目前实验班大致有以下几种类别：理科实验班、文科实验班、工科实验班、人文科学实验班、社会科学实验班、基础科学班、复合培养实验班等。

1.1 实验班产生的背景和初衷

1.1.1 产生背景

第一，历史因素。计划经济时代僵化的教育模式日益沦为改革开放后高等教育发展的瓶颈。从20世纪50年代开始，我国高校进行了大规模的院系调整，虽然满足了当时特殊历史情景下的需要，但其偏重工科，忽视理科，严重削弱政法、财经等人文社会学科，致使近代历史上我国大学内部的通识教育被迫中断。

第二，实践诉求。因高等教育的普及化，高校在组织、规模上的发展将推行通识教育、建立现代大学制度、提高高等教育质量等议题开始提上日程。提高高等教育质量也是高等教育量性发展到一定阶段的必然要求。高校实验班（学院）就是作为一种新的教学组织，希望通过在组织结构上的调整为高等教育带来人才效益与高校人才培养理念的完善。

第三，时代要求。知识经济时代对复合型人才的呼唤成为推动高校实验班发展的最强有力的因素，在多元文化相激相荡的全球化时代中，时代所需要的人才是具备创新能力的人才。

1.1.2 产生初衷

为适应知识经济时代的挑战，教育部门人才培养的重点转移到全面推进素质教育、培养创新人才上。很多高校为了培养具有竞争力的一流创新型人才，便以开设“实验班”的形式积极探索人才培养的新模式，试图打破人才培养条块分割、专业划分过细的弊端。

1.2 实验班的选拔途径和条件

目前我国高校实验班招生主要有两种形式。一种是直接从高考生中招收，考生填报志愿时直接报考实验班，如北京大学元培学院的文科实验班、清华大学的人文科学实验班、中国政法大学的法学实验班等。另一种招生形式是从大学新生中选拔，如北京师范大学励耘实验班的选拔，通常在新生入校第二学期进行。

清华大学的化学—生物学基础科学班，主要招收通过化学或生物学竞赛获奖保送的学生，以及从各理工科院系通过全校性第二次面试选拔的学生。北京林业大学“梁希实验班”也是在新生入学后选拔的。

1.3 实验班在人才培养理念和教学模式

第一，广挑精选，优化生源。由于培养目标的高定位，各校实验班的招生办法也各有一套严格的程序，以确保生源质量的高起点。

第二，强化基础，淡化专业。从各校的办学实践来看，加强基础、淡化专业、追求多学科的结合与相互交叉成为优秀人才培养的重要途径之一。

第三，进行教改试点，提高教学质量。在教学上，鼓励任课老师进行教学改革，更新教学内容，采用灵活的教学方法提高教学效果。

第四，实行专业分流，贯彻因材施教。实验班的学生完成第一阶段基础课程的学习任务后，在自愿基础上实行专业分流，以辐射状进入各专业继续学习。

第五，加强素质教育，鼓励个性发展。加强对学生的素质教育，教会学生如何“做人”和“做事”，目的在于拓宽学生的知识视野和对社会的适应性。

1.4　部分高校实验班情况

1.4.1　文科试验班类、理科实验班

北京大学：可以说试（实）验班为北京大学首创，2001 年北京大学开办了元培计划实验班，2007 年 9 月成立元培学院。考生填报志愿时只填写“文科试验班类”或“理科试验班类”，也就是说，学生进校时只按文、理分类，不分专业。低年级主要进行通识教育，在他们对北大的学科状况、专业设置、培养目标有了解后，可以根据自己的志趣于第二学期末提出专业选择意向，一般在第三学期末最后确定专业，但每个学生修读专业的最后确定还必须考虑相关专业教育资源及学生的综合条件。

元培学院的学生低年级通识教育和基础教育内容主要为：全校公共课；通选课（数学与自然科学类、社会科学类、哲学与心理学类、历史学类、语言学、文学与艺术类共五个领域）；公共基础课（理科：高等数学、物理学、化学、生物学；文科：高等数学、人文及社会科学方面的课程）。高年级宽口径专业教育内容为：学生在有关院系选课进行专业学习，修学各专业教学计划规定的专业基础课和任意选修课。

元培学院实行学分制和更为灵活的弹性学制，其基础是在各个专业教学计划框架内由导师指导学生进行自由选课。学生完成公共基础课、通选课及相关专业课的学习，修满规定的学分后即可毕业，并获得所学专业的学士学位证书，学习年限可在三至六年内灵活掌握。元培学院已经有计划在未来几年内实现“自主设置专业”，即学生按照自己的专业兴趣选择不同院系的特定课程，经审核通过后即可按照这一量身定做的培养计划完成学分，获得学位证书。

1.4.2 人文科学试验班

清华大学：人文科学试验班学生入学后第一至第三个学期，实行不分专业的通识教育，打好专业学习基础。自第四学期开始，分别开设中国语言文学、历史学、哲学等专业课程，实施双向选择，学生经过必要的考核后，可根据自己的兴趣和愿望于文史哲三个专业中选择一个作为主修的专业方向，同时选修其他两个专业的相关课程。

浙江大学：人文科学试验班涵盖了人文学院、外国语言文化与国际交流学院以及传媒与国际文化学院三个学院的专业。主要包括：哲学、汉语言文学、古典文献、编辑出版学、历史学、博物馆学、英语、俄语、德语、法语、日语、对外汉语、新闻学、广播电视新闻学、广告学等专业。

中国人民大学：该班学生学制六年，本硕连读，毕业授予硕士学位。硕士毕业后，有志于继续深造者可以继续在本院攻读博士学位。课程设置主要有学科通识课、学科基础课、专业必修课和专业选修课，如：国学通论、文字音韵训诂、版本目录校勘、国学经典研读系列、先秦诸子研究、宋明理学研究、唐诗研究、宋词研究、敦煌文书研究、西域史研究、信息与社会、外国语言学等课程。

另外，吉林大学、郑州大学、武汉大学等高校也开设了人文科学试验班。

1.4.3 社会科学试验班

清华大学：社会科学试验班的学生第一年和第二年学习基础课，尤其是打好数学和英语的基础，同时也接触专业基础课程，以便确定自己的学科兴趣，寻找到符合自己的发展方向。第三年和第四年，学生按照自己的兴趣以及专业的要求通过双向选择，分流到社会学、经济学、国际关系三个专业方向学习。

浙江大学：文科考生如报考浙江大学，只需要选择人文科学试验班或社会科学试验班即可，因为这两个试验班几乎涵盖了浙江大学的整个文科专业。社会科学试验班涵盖了经济学院、光华法学院、教育学院、管理学院以及公共管理学院等学院的专业。主要包括经济学、国际经济与贸易、财政学、金融学、法学、教育学、公共事业管理、工商管理、物流管理、旅游管理、农林经济管理、社会学、政治学与行政学、国际政治、行政管理、劳动与社会保障等专业。

1.4.4　理科试验班

北京交通大学：北京交通大学理科试验班（思源班）设在理学院。该班前两年在注重通识教育，加强人文社会科学的熏陶，培养“德智体全面发展的高素质人才”的基础上，特别强化了数学和物理学科基础教育，培养学生既有数学的高度抽象思维能力，又有现代物理的形象思维和实验技能，以及优良的外语应用功底；并通过设置“电路分析类、模拟、数字电子技术类、信号与系统类、信号处理类、电磁场类、计算机原理类”等模块的专业平台基础课程，使学生得到宽厚的电气信息大类学科的专业基础。从二年级以后，学生可以根据个人的兴趣和发展需要自主选择通信工程、自动化、电子科学与技术、计算机科学与技术、生物医学工程、电气工程及其自动化、电气信息工程等专业，并通过个性化培养计划完成专业课程的学习。

中国人民大学：自 2009 年起，中国人民大学信息学院各专业统一以“理科试验班（信息与数学）”形式招生，学生进校后根据选课自动形成专业和发展方向。学有余力的学生可以同时完成两个专业的学习并以双专业或双学位毕业。部分学生在第四年起赴美国纽约州立大学宾汉姆顿大学学习两年获得中国人民大学和该校两个学位，部分学生作为交流生赴香港城市大学、台湾逢甲大学、新加坡国立大学等大学学习一年，同时还将选派部分毕业生赴世界著名大学攻读博士学位。此外，该校每年从新生中分别选拔 7 人和 5 人进入数学与经济学双学位试验班、数学与金融学双语双学位试验班学习数学专业和经济学、金融学接轨课程，完成培养要求后获理学和经济学两个学位。

中国农业大学：理科试验班分为生命科学和信息科学两个方向。学生在一年级重点进行公共课和基础课教学。除人文、英语、体育、计算机等公共课以外，主要进行数学、物理、化学等相关基础课程的学习。此外，还安排人文类系列讲座，拓展学生综合素质。二年级重点进行基础课和专业基础课教学。生命科学试验班除继续学习数学、化学等基础课以外，开始学习生物类的专业基础课程。信息科学试验班除继续学习数学、物理等基础课以外，开始学习电子、信息、电气类的专业基础课程。学生确定专业方向，选择导师后开始学习相关的专业课程。如果学生在第三年完成了所选专业方向规定的专业课程并完成毕业论文，则可以提前毕业。

值得一提的是，试验班实行严格的淘汰机制，成绩较差或违反学校规章制度受到纪律处分的学生应转出理科试验班，到其他专业继续学习；其他专业符合试验班转专业要求的学生，也可申请转入试验班学习。也就是说，考生如果在高考中没有被这两个试验班录取，入校后还是有机会进入到试验班学习的，而高考被录取的考生也不能高枕无忧，入校后不可放松学习。

另外，复旦大学、北京科技大学、中国科学技术大学、北京航空航天大学等高校也开设理科试验班。

1.4.5 工科试验班

浙江大学：浙江大学突破学院的划分，以信息学院、计算机学院、材料与化学工程学院、航空航天学院等工科学院为依托建立了特殊工程人才培养基地。以“工科试验班”名称统一招生，基础混合培养，学生在两年内确认主修全校的各个工科专业（包括试验班内设专业和试验班外其他学院的专业）；鼓励交叉学习修读第二专业和进入本硕或本博一贯制培养。工科试验班由学校组建的工科大类培养基地直接负责管理，除荣誉证书需申请认定外，学生享有竺可桢学院学生同等待遇。

1.4.6 数理经济与金融试验班

武汉大学：数理经济与金融试验班（包括数理经济试验班、数理金融试验班）专业课程按照世界一流大学同类专业课程的要求设置，特别注重在现代经济学、金融学、高等数学、计算机和英语方面的教学和训练，采用国际上最新版本的权威性原文教材。学生进校后前两年，在公共基础课和专业基础课学习阶段打通专业界限，采用统一的经济学科基础平台和专业基础课平台进行培养；二年级末，在学生对专业有了一定了解的基础上，根据其兴趣、专长、人生规划和社会需要，分别进入两个试验班继续专业课学习。学生毕业后可获得经济学学士和理学学士双学位。

1.4.7 化学－生物学基础科学班

清华大学：化学－生物学基础科学班的学生，主要包括通过化学或生物学竞赛获奖保送的学生，以及从各理工科院系通过全校性第二次面试选拔的学生，其中不乏奥赛金牌得主和省高考状元。学生在本科一、二年级学习共同基础课，以及化学和生物学的核心课程，包括基础化学（有机化学、无机化学、分析化学、物理化学）及其相关实验，基础生物学（普通生物学、生物化学、分子生物学、细胞生物学）及其相关实验。从本科三年级开始进入科学研究训练，可选择不同学科方向参加科研实践，将本科与研究生培养过程有机衔接。学生成绩合格并参加科研实践后，可根据自己的志趣和对学科的认识通过多次选择机会找到适合于自己的主修学科方向，并在此方向上继续攻读硕士或博士学位。

以上这些试（实）验班带有大类招生的性质，使学生入学时没有固定的专业“帽子”，通过宽口径的通识和大类平台课程的学习，让学生在学习中重新理解专业和认识自己，进而选择适合自己的专业方向。除此之外，高校根据各自的学科优势、师资力量等，还开设了具有明显的学科特点的试（实）验班、试点班、创新班等。这里，我们列举两个。

1.4.8 管理－电子工程复合培养实验班

电子科技大学：管理－电子工程复合培养实验班从当年报考工商管理类专业的考生中择优录取。学生在前两年学习通识类课程、电子信息大类学科基础课程和经济管理专业核心课程，打下厚实的基础。第三年根据志向选择在电子工程或工商管理类专业方向进行深入学习。并且，学生的综合素质培养贯穿于整个培养过程。

1.4.9 电子信息科学类

本硕连读试点班

上海交通大学：电子信息科学类本硕连读试点班学生进校后一年左右将与普通班学生一样，根据规定在电子信息与电气工程学院六个本科专业中选择自己的主修专业；学院将按规定的淘汰机制淘汰不合格的学生，并于第七学期对该试点班学生进行直升硕士研究生资格审核。取得直升资格的学生可以从第七学期开始兼修硕士研究生基础课程，同时确定其硕士研究生阶段的导师，并提前进入导师课题研究组。学生完成全部本科教学培养计划和硕士研究生培养计划后将取得学士学位和硕士学位。

以上所列举的各种班在专业计划里出现并有专业代码。高校还有一些特色班选拔的不仅仅是高考填报志愿的考生，还面向大一新生甚至全校学生进行选拔。也就是说，要想读特色班，除了高考填报志愿选择外，学生还可以进校后通过学校专门组织的考试参加“二次选拔”。这里列举两个。

1.4.10 求是科学班

浙江大学："求是科学班"可以说是"试验班中的试验班"。该班重在加强学生科学基础培育及科学素养的熏陶，实施全程导师制，采用个性化、国际化培养方案，设置本硕博多通道出口。该班选拔的是对数学、物理、化学、生物、计算机科学五个基础学科中某一学科有浓厚学习兴趣、具有较强培养潜力并有志于深入学习的优秀学生。选拔方式可通过保送，或可通过在大一新生中公开选拔，每届招生 100 人左右。

1.4.11 光华创新人才实验班

西南财经大学：光华创新人才实验班在 4 个学院设置，金融学院的"光华创新人才金融与理财实验班"、工商管理学院的"光华创新人才金融服务与管理实验班"、统计学院的"光华创新人才金融统计与风险管理实验班"、经济信息工程学院的"光华创新人才金融智能与信息管理实验班"。每届"光华创新人才实验班"学生选拔总人数为 160—200 人，选拔对象为该校普通全日制本科学生（经济学基地班学生除外），选拔时间定于新生入校一年级第二学期（春季学期）结束后进行。

1.4.12 以名人命名的"班"

（1）吉林大学唐敖庆班

吉林大学"唐敖庆班"按照化学、生物、数学、物理四个方向培养，统一命名为唐敖庆班。其中唐敖庆 I 班为化学专业方向，唐敖庆 II 班为生物科学专业方向，唐敖庆 III 班为数学专业方向，唐敖庆 IV 班为物理学专业方向。该计划充分借鉴国外一流高校的人才培养理念、培养模式和培养方法，突出数学、物理、化学和生物科学四个专业方向，实行全程导师制和国际化培养，通过优化课程体系、拓宽学科基础、强化科学研究训练，培养学生自主学习能力和创新研究的学术潜力，该学生将具有一学年左右的国外学习经历，80% 以上的学生可以免试进入硕士研究生阶段学习。

类似实验班：北京航空航天大学华罗庚班、西南大学袁隆平班和吴宓班等。

（2）哈尔滨工程大学陈赓实验班

"陈赓实验班"以哈尔滨工程大学的前身"哈军工"首任院长兼政委陈

赓大将的名字命名，它以“宽口径、厚基础、倡个性、重创新”的指导思想为办学理念，以未来社会发展对人才的需求为办学导向，按照独特的培养模式和培养方案强化学生理学基础，培养学生的理学思维习惯，最大程度地激发学生的个性和兴趣，培养具有坚实数理基础的高素质创新型拔尖人才。通俗地讲，陈赓班的特点就是个性化培养、强化数理基础、培养创新型拔尖人才。从 2008 级开始，学校从大一新生中选拔了 90 名学员成为第一届陈赓实验班的成员。可以说，陈赓实验班集中了全校最好的教师，该校教务处规定，副教授职称以下的教师不允许给陈赓实验班上课。在大二分专业以后，各个专业会配备给学生专门的导师，指导未来发展。另外，该班极高的保研率、高额奖学金、独特的培养方案均充满吸引力。

类似实验班：东北大学郎世俊自动化实验班、北京林业大学梁希实验班等。

（3）西南交通大学茅以升学院

西南交通大学茅以升学院每年招收应届理科毕业生 110 人左右，要求所学外语语种为英语，并且数学和英语成绩分别达到单科满分的 80% 及以上；具有较强的创新意识和培养潜力，原则上有学科竞赛经历，获奖者优先。根据学生高考成绩、数学和英语单科成绩、其他特长等综合情况择优选拔 220 名左右学生进入预选名单。笔试环节：科目为数学和英语，侧重考查学生的综合应用和分析能力。面试环节：侧重考查学生的知识结构、心理素质、思维反应和独立思考的能力。最后根据学生高考成绩、笔试、面试的综合成绩进行排名，择优录取。

类似学院：浙江大学竺可桢学院、南京大学匡亚明学院、重庆大学弘深学院等。

表 1－1　　全国部分高校实验班汇总

院校名称	类别	重点班及强势专业
北京大学	文史类	文科试验班类（元培学院）
	理工类	理科试验班类（元培学院）：力学、工程结构、能源资源、航空航天、生物医学、材料专业
中国人民大学	文史类	人文科学试验班
清华大学	文史类	人文科学试验班：中国语言文学、历史学、哲学专业

续表

院校名称	类别	重点班及强势专业
清华大学	理工类	航空航天类（钱学森力学班）：航空航天工程、工程力学、能源与动力工程专业
		工程物理（能源实验班）
北京交通大学	文史类	文科试验班类、经济管理试验班
	理工类	文科试验班类、经济管理试验班、理科试验班
北京工业大学	理工类	电子信息工程（实验班）、软件工程（实验班）
北京航空航天大学	文史类	社会科学试验班
	理工类	社会科学试验班、理科试验班（高等工程学院、中法工程师学院）
		飞行器动力工程（国家试点学院）
北京理工大学	理工类	理科试验班（徐特立英才班、数学菁英班、物理菁英班、化学菁英班）、电子信息（实验班）
北京科技大学	理工类	工科试验班（卓越计划）、理科试验班
北京林业大学	理工类	生物科学类（生物学专业基地班）
首都医科大学	理工类	临床医学（基地班）
北京中医药大学	理工类	中医学（岐黄国医班）、中医学（卓越中医京华班）、中药学（时珍国药班）、中药学（卓越中药师）、中医学（卓越中医）、中医学（卓越中西医）、中医学（卓越针推）
中国政法大学	文史类	法学（改革实验班）
	理工类	法学（改革实验班）
天津医科大学	理工类	基础医学（朱宪彝班）
内蒙古大学	理工类	基地班：数学类、物理学类、化学类、生物科学、生物技术
大连理工大学	理工类	应用物理学（王大珩物理科学班）、应用化学（张大煜化学菁英班）、工程力学（钱令希力学创新实验班）、机械类（创新实验班）
中国医科大学（沈阳）	理工类	临床医学（实验班）
吉林大学	文史类	考古学（中科院郭沫若考古学卓越人才培养计划）
复旦大学	理工类	经济管理试验班（工商管理、财务管理、管理科学、信息管理与信息系统、会计学、市场营销）
同济大学	文史类	人文科学试验班（哲学、文化产业管理、汉语言文学）
	理工类	社会科学试验班：（工程管理、信息管理与信息系统、物流管理、市场营销、会计学、行政管理）

续表

院校名称	类别	重点班及强势专业
同济大学	理工类	工科试验班：（计算机科学与技术、信息安全、电子信息工程、电气工程及自动化、自动化、通信工程、电子科学与技术、土木工程、地质工程、港口航道与海岸工程、交通工程、交通运输、物流工程、环境工程、给排水科学与工程、环境科学、机械设计及其自动化、工业工程、能源与动力工程专业）
		理科试验班：（地质学、地球物理学、海洋资源开发技术、数学与应用数学、统计学、物理学、光电信息科学与工程、应用化学、化学工程与工艺专业）
上海交通大学	理工类	机械工程（国际化人才培养试点班）、电子信息科学与技术（LEEE 试点班）
东华大学（上海）	理工类	理科试验班
华东政法大学（上海）	文史类	知识产权（卓越人才实验班）
上海大学	文史类	人文科学试验班（人文社科类基础班）
	理工类	理科试验班（理学工学类基础班）
南京信息大学	理工类	生物科学（生物学基地班）、生物技术（基地班）
中国药科大学（南京）	理工类	药学（基础药学理科基地）、药学（国家生命科学与技术人才培养基地）
浙江大学	文史类	社会科学试验班、人文科学试验班、人文科学试验班（传媒）、人文科学试验班（外国语言文学）
	理工类	社会科学试验班、工科试验班（材料与化工、电气与自动化、机械与能源、建筑与土木、信息）
		理科试验班类、理科试验班类（理科创新之星）、理科试验班类（生命、环境与地学）
浙江大学医学院	理工类	医学试验班类（预防医学）
中国科学技术大学（合肥）	理工类	经济管理试验班：（管理科学、金融学、工商管理精英班） 工科试验班：（科学英才班包括钱学森力学科技英才班、计算机与信息技术英才班、力学类、机械类、安全科学与工程类） 理科试验班：（科技英才班，包含华罗庚数学英才班、严济慈物理科技英才班、卢嘉锡化学科技英才班、贝时璋生命科技英才班）
厦门大学	文史类	人文科学试验班（中国语言文学类、历史学类、哲学、人类学）

续表

院校名称	类别	重点班及强势专业
武汉大学	理工类	数学类（基地班）：数学与应用数学、信息与计算科学、统计学，国家基础科学人才培养基地，基础学科拔尖学生培养计划—弘毅数学班
		物理学类（物理学基地班）：材料物理，国家基础科学人才培养基地，基础学科拔尖学生培养计划—弘毅物理班
		化学类（基地班）：应用化学，国家基础科学人才培养基地，基础学科拔尖学生培养计划—弘毅化学班
		生物科学（生物学基地班）：国家基础科学人才培养基地，基础学科拔尖学生培养计划—弘毅生物班
华中科技大学	理工类	生物信息学（基地班）
中国地质大学（武汉）	理工类	应用化学（卓越工程师）、海洋科学（菁英班）、地球物理（实验班）、地质学类（地球科学菁英班）、地质学（基地班）、生物科学（菁英班）、资源勘查工程（基地班）、环境科学与工程类（菁英班）、环境工程（卓越工程师）
华中师范大学（武汉）	文史类	中国语言文学类（汉语文学基地班）
暨南大学（广州）	文史类	汉语言文学（国家文科基地班）
华南理工大学（广州）	文史类	经济学类（创新班）、行政管理（外向型人才实验班）
华南农业大学（广州）	理工类	机械类（创新班）、电气工程及自动化（卓越班）、信息工程（冯秉铨实验班）、自动化（创新班）
华南农业大学（广州）	理工类	生物科学（国家生物学理科基地班）、农学（丁颖创新班）
南方医科大学（广州）	理工类	临床医学（卓越创新班）
海南大学（海口）	文史类	法学（卓越人才班）
	理工类	卓越人才班：法学、园艺、农学、植物保护、农业资源与环境、动物医学
四川大学	文史类	历史学类（基地班）
	理工类	化学类（基地班，化学）应用化学、数学与应用数学（基地班）、数学与应用数学（数学经济创新班）、生物科学类（基地班）
西南交通大学（成都）	理工类	茅以升学院：金融学类、力学类、材料类、电子信息类、测绘类、交通运输类
西南财经大学（成都）	文史类	双语实验班：工商管理、会计学、财务管理、国际商务

续表

院校名称	类别	重点班及强势专业
西南财经大学（成都）	理工类	双语实验班：金融学、保险学、国际经济与贸易、工商管理、会计学、财务管理、国际商务
西北大学（西安）	文史类	基地班：经济学、历史学
	理工类	基地班：物理学、化学
西安交通大学	文史类	文科试验班（人文科学，汉语言文学、哲学、社会学）
	理工类	工科试验班（钱学森班）、工科试验班（工科与管理贯通，管理科学与工程、工商管理类）
		理科试验班（数学，数学与应用数学（实验班））
		医学试验班（侯守濂班）
陕西师范大学	文史类	英语（创新实验班）
	理工类	化学（创新实验证）、生物科学（基地班）
兰州大学（甘肃）	文史类	基地班：历史学类（历史学、世界史、文物与博物馆学）、工商管理类（会计学、人力资源管理、市场营销）
	理工类	基地班：经济学类（经济学、国际经济与贸易、金融学、经济统计学）、数学类（数学与应用数学、信息与计算科学）、物理学、应用物理学（核科学与技术基地班：原子核物理与核技术方向）、化学类、地理科学类、大气科学类、生物科学类、理论与应用力学、草业科学、工商管理类（会计学、市场营销、人力资源管理）
山西大学	文史类	中国语言文学类（文科试验班）
	理工类	物理学（国家基地班）、经济学类（理科试验班）、工商管理（理科试验班）
燕山大学（秦皇岛）	理工类	卓越计划：机械设计及其自动化、车辆工程、电子信息工程、自动化、生物工程
北京工商大学	文史类	会计学（注会实验班）
	理工类	会计学（注会实验班）
北京建筑大学	理工类	建筑学（大师实验班）
北京联合大学	文史类	金融学（实验班）
	理工类	金融学（实验班）
石家庄铁道大学	理工类	卓越班：机械设计及其自动化、电气工程及其自动化、土木工程、交通运输

续表

院校名称	类别	重点班及强势专业
辽宁科技大学	理工类	卓越班：冶金工程
沈阳药科大学	理工类	生物制药（生命基地班）、药学（理科基地班，国家理科基础科学研究与数学人才培养基地）
上海大学	理工类	卓越工程师班：印刷工程
上海电力学院	理工类	卓越工程师班：电气工程及其自动化、电子信息工程、自动化、计算机科学与技术
华侨大学（福建泉州）	理工类	哲学（中西人文综合实验班）、应用物理学（拔尖人才试点班）
福建师范大学	文史类	经济学类（国家人才培养基地）、汉语言文学（国家人才培养基地）
桂林电子科技大学	理工类	卓越工程师班：测控技术与仪器、通信工程、计算机科学与技术
西安理工大学	理工类	卓越班：机械设计及其自动化、自动化、计算机科学与技术、水利水电工程

资料来源：[1] 马静涛．回应钱学森之问——深度解读国内高校实验班．高校招生杂志社博客．2014.4.9；[2] 李兵．重点高校实验班梳理．搜狐教育－高考－大学专业解读．2015.4.15；[3] 薛耀康．中国高校概览之大学实验班及强势专业盘点．新浪教育．2016－01－11.

2 昆明理工大学：多措培养工程人才，预警机制实现专业动态调整

工程教育在国家工业化进程中，对形成门类齐全、独立完整的工业体系发挥着不可替代的作用。昆明理工大学作为以工科见长的综合院校，有工学类专业60个，占招生专业总数的63.83%，工学类专业设置与地方经济社会发展的契合度高，毕业生直接服务于地方经济社会发展。如何培养一名出色优秀的工程师？昆明理工大学借鉴国际国内工程教育标准，构建工程教育培养体系，多措并举培养工程人才，形成特色发展。

2.1 工程专业认证和评估加快人才培养国际化进程

昆明理工大学教务处副处长、教授、博士生导师许蔚介绍，我国从2005年起开始开展工程教育专业认证试点。2013年6月19日在韩国首尔召开的国际工程联盟大会全会一致通过接纳我国加入《华盛顿协议》，我国成为该协议的预备成员，这标志着具有国际实质等效的工程教育专业认证的帷幕在我国拉开。

《华盛顿协议》是世界上最具影响力的工程教育本科专业认证、国际互认的协议，其宗旨是通过双边或多边认可工程教育资格及工程师执业资格，促进工程师跨国执业。该协议提出的工程专业教育标准和工程师职业能力标

准，是国际工程界对工科毕业生和工程师职业能力公认的权威要求。目前，工程教育专业认证由国家教育部和中国工程教育专业认证协会组织，每年开展。

而土建类专业评估由住房和城乡建设部组织，针对建筑学、城乡规划、土木工程、给排水科学与工程、建筑环境与能源应用工程、工程管理专业进行，其评估要求与工程教育专业认证基本一致。

2001 年昆明理工大学的建筑学专业就已通过专业评估，2008 年环境工程专业率先通过了工程教育专业认证。目前，昆明理工大学工科专业中已有 10 个通过国家工程教育专业认证，4 个通过国家专业评估。此外，非工类的英语专业也于 2007 年通过专业评估。通过认证或评估的专业占昆明理工大学招生专业的 15.96%，远高于全国平均水平，在全国排前列。

2016 年昆明理工大学将有电气工程及其自动化、水利水电工程和计算机科学与技术 3 个专业参加国家工程教育专业认证，材料科学与工程、材料成型及控制工程和机械工程 3 个专业进行复认证，城乡规划和给排水科学与工程 2 个专业进行复评估。

2.2 实施“卓越计划”培养高素质工程人才

“卓越工程师教育培养计划”是贯彻落实《国家中长期教育改革和发展规划纲要（2010—2020 年）》和《国家中长期人才发展规划纲要（2010—2020 年）》的重大改革项目，也是促进我国由工程教育大国迈向工程教育强国的重大举措，旨在培养造就一大批创新能力强、适应经济社会发展需要的高质量各类型工程技术人才，为国家走新型工业化发展道路、建设创新型国家和人才强国战略服务。

国家制订了卓越工程师培养的通用标准和行业标准，该标准与工程教育专业认证标准相衔接，又高于认证标准。

据许蔚介绍，目前昆明理工大学已有 8 个专业进入国家级、4 个专业进入省级卓越计划试点专业。共计 1000 余名学生在“卓越班”进行培养。卓越计划专业占学校招生专业的 12.77%。

学校依据国家工程教育专业认证、专业评估和卓越工程师培养的质量标准，辐射带动所有专业制定培养方案，还特别聘请企业、行业专家参与共同制订人才培养方案。增加了“卓越班”实践、创新类课程，加强工程应用能力培养，细化了累计 1 年的企业阶段培养方案。

2.3 实行预警机制实现专业动态调整

为了引入竞争机制，学校建立并启动了招生与就业联动的“红黄牌”预警机制。该机制采用抓入口（招生）和出口（就业）两个关键环节，促进人才培养过程管理和专业内涵建设，提高人才培养质量。联动机制引入初次就业率、一志愿率、其他志愿率三个指标作为量化指标，三个指标加权求和得到综合指标。依据综合指标实行专业末位动态调整。

具体实施中：一是对综合指标排在后 5 位的专业黄牌预警；二是对连续 2 年综合指标排在后 5 位的专业红牌停招；三是对就业率低、社会需求趋于饱和的黄牌专业减少招生计划；四是对初次就业率高、社会需求大的专业增加招生计划；五是对整改效果好的专业及时摘牌，相应分配招生计划；六是对当前社会需求少，但又是社会必须的专业加强建设。

目前，学校已累计对 26 个专业给予了黄牌警告，对 3 个专业给予了红牌停招。《人民日报》2013 年 7 月 8 日第 13 版撰文《专业好不好就业来参考——昆明理工对 19 个专业亮牌预警》，对学校实施专业红黄牌制度进行了报道，并以《用好就业率这把双刃剑》为题快评。

2.4 健全运行机制规范过程管理

许蔚介绍，学校对参加专业认证或评估的专业定期开展专业自评工作。对办学状况、办学质量进行自我检查与评估。通过采用自我举证的方式，对专业围绕人才培养目标和毕业要求达成所开展的具有自身特色的教育教学实践及取得的成效进行自评，以检查办学条件、人才培养计划和培养效果是否达到工程教育认证标准的要求，有无措施保障教学过程的实施和专业培养目标的达成，为专业持续改进提供依据。

学校每年对所有专业开展专项检查，在学院自查基础上，开展抽查。对自评和检查中发现的问题，督促整改落实。

学校招生办公室每年计算专业综合指标，拿出专业预警或停招初步方案报教务处审核，审核结果报主管校领导审阅并报校招生工作领导小组审议，审议后的结果报校党委会审定、发文。学校规定被预警或停招的专业必须整改，每年需提交整改报告。对于整改合格的专业，须由专业提出摘牌申请，报党委会审定，摘牌后恢复招生。

通过开展专业认证与评估、实施卓越计划和建立专业预警机制，专业建设水平得到提升，专业声誉和生源质量不断提高，为实现工程教育与国际接轨创造了条件，推进了学校办学的国际化进程，为相关专业的学生参与国际交流与竞争奠定了基础。同时还发挥了辐射示范作用，不仅带动了全校各专业建设，提高人才培养质量，还在发挥校内专业动态调整作用的同时，产生了好的社会效应。

（**作者：**陈娜，云南网记者）

3 景德镇陶瓷大学："陶瓷黄埔"以瓷为媒叩问转型之路

不久前，景德镇陶瓷学院艺术设计专业的吴忠慧和李慧杰在导师的指导下，参与了"中国意大利陶瓷设计大赛"。她们历时一个月，完成了天空系列、蕨类植物仿古砖系列等共 30 多块砖的设计，最终这套作品在中意陶瓷设计大赛中崭露头角。谈起创作之路，她们将功劳归于母校，"从没想到自己能在国际比赛的舞台上展示自己，在校期间对陶瓷艺术设计的全面学习和实践，为我们今天的成就铺垫了扎实的道路。"

景德镇陶瓷学院作为中国唯一以陶瓷为特色的多科性本科高等学校，近年来在转型发展和"双创"教育等背景下，一方面坚持凝练专业特色，立足行业，不断拓宽应用转型发展新路径。另一方面，该校以瓷为媒，放眼国际，走出一条人才培养、科学研究的特色道路。作为一所坐落在千年瓷都的百年老校，这所"陶瓷黄埔"如何迎向不断变革的"互联网 +"时代浪潮？

3.1　人才培养聚合四方之力

卡梅伦·麦卡菲是美国肯塔基大学美术学院学生，今年 6 月初，他和同校的 13 名师生一起慕名来到中国景德镇陶瓷学院，学习拉坯、修坯、陶瓷绘画等课程。"这是我第一次来中国，景德镇是世界瓷都，做陶瓷非常讲究，我们学到了很多特殊的陶艺技法，并将在美国所学的知识融合起来，创作了一些有趣的作品，我和同学们都非常开心。”卡梅伦·麦卡菲兴奋地说。

与此同时，法国比利牛斯大学波城和塔布校区迎来了景德镇陶瓷学院的15名学生，他们在这里开始为期3个月的留学生活。一学生在微信上写道，“通过参加比利牛斯大学开放日活动、与国外陶艺家联合创作，聆听国际设计大师专题交流讲座，不但学到了新的知识，更拓展了我的设计理念。”

在景德镇陶瓷学院，这种互派交换生学习的模式已成为一种常态。“只有眼睛向外，才能形成开放的视野、开放的思维，只有了解世界前沿，才能为创新铺平道路。”这也是该校在转型发展中形成的共识。

如何提高人才培养的质量？该校在坚持办学传统、发挥基地办学优势的基础上，通过国际合作来实现。据了解，该校目前已和国外30余所高校建立了合作关系，每年都会选派学生赴韩国、法国、希腊等国外艺术类高校交流学习。

2014年，由该校校友庄志诚设计的帝王黄珐琅彩瓷主餐具《万福攸同》亮相北京APEC会议国宴主餐桌。中国魅力登上世界舞台，赢得了高度瞩目和赞誉。“一个大学毕业才3年的年轻人，能为APEC国宴设计主餐具，太不可思议了！”人们这样赞叹庄志诚。他却坦言：“在校期间，国际化办学培养给了我更高的平台，让我们看得更高、更远。”

“我们将建设陶瓷文献数字图书馆、国际陶瓷博物馆、国际陶瓷科技与艺术作品展示中心、国际教育学院、孔子学院等重大文化工程，通过学者互访与学生互派、引进海外高级人才等方式，致力于推动中华陶瓷文化‘走出去’，推进中华陶瓷文化大发展、大繁荣，并引入国外知名的艺术家在校建立‘国际陶瓷艺术家工作室’。”谈起未来，江伟辉校长充满了信心。

3.2 植根行业校企共建促产学研

景德镇陶瓷学院为“瓷”而生。20世纪初，关心陶瓷业的中国知识分子认为中国的陶瓷要与洋人的陶瓷争夺市场，必须引进国外先进的制瓷技术，同时还要培养陶瓷人才。1910年，中国近代著名实业家、教育家张謇创办了中国陶业学堂，这就是景德镇陶瓷学院的前身。从首届只有8名毕业生，到现在成为“本硕博”完整人才培养体系的综合性大学，该校历经百年沧桑，但“植根行业、钟情陶瓷”的坚守却一直未变。目前，学校开创至今，已累计为陶瓷行业输送了6万余名专业人才。

作为一所历史与时尚，传统与创新深度交融，人才培养以陶瓷为特色的高等学校，如何实现与行业深度融合？该校采用“学校搭台、企业参与、产教融合”模式，按照专业、职业、企业、产业、行业“五位一体”的总体布局，遴选行业龙头企业开展校企合作，成立卓越人才培养联盟，实行人才协同培养。

2014年3月，热能工程专业研二学生赖日东来到广东中鹏热能科技有限公司，开始为期一年的校企联合培养生活，“在公司做实验、搞研究，是‘真刀真枪’，刚开始有些不适应，甚至有畏难情绪。后来，在企业和学校导师的指导下逐渐上手，涉及的问题也从热工延伸到机械、电气、传动……能力得到了全面提升。”如今，赖日东不仅顺利完成了学业，而且留在公司成为技术研发的骨干力量。

走进景德镇陶瓷学院，呈现在眼前的是一派热火朝天的忙碌景象。教学实践中心、文化艺术中心、艺术本科实验教学中心等项目正在建设中。该校党委书记郭杰忠说：“为了加快应用型人才的培养，学校正在进行人才培养体系、培养标准等方面的改革。一些实践性强的课程，请陶瓷行业的技师来学校上课，加强校企互动。对学生的评价也更多注重学生的动手能力、创作能力和创造能力，而不是注重学生写多少论文。”

目前，作为江西省首批转型发展试点高校，景德镇陶瓷学院正着力优化学科专业结构，围绕陶瓷行业产业链需求，以提高学生工程应用能力和职业精神为目标，构建专业集群，打造高水平优势特色专业，并通过构建多元化的人才培养体系、强化实践教学等措施，努力使学校成为陶瓷行业高层次人才培养基地。

3.3　“小瓷片”上飞扬创新之梦

“如果不来逛逛乐天陶社创意市集，就不算来过景德镇”。游客经常这样评价这个位于景德镇市东郊雕塑瓷厂的乐天陶社创意市集，这也是该地大学生和青年陶艺工作者交流和交易的平台。该地众多风格迥异、富有创意的陶艺作品，大都出自景德镇陶瓷学院学生之手。

刘议文是该校2010届陶瓷艺术设计专业学生，“大一刚入学，学校组织新生参观学校校史馆，看到那么多校友成为陶瓷业界的企业家、艺术家、学者，骄傲、崇敬之感油然而生。”在校期间，刘议文就尝试创业，2013年来到广州开设陶瓷饰品销售连锁店，并注册了商标“随心陶坊”。仅仅两年，随心陶坊陶瓷饰品连锁专卖店在广州已开设7家直营店、3家加盟店。

“很多创业者是从工作室里练出来的，这是一种传承。大一下学期，我也加入了创业大潮。现在有四五个学弟学妹在我的工作室里。大家一起钻研，进步很快。”毕业后打算留在景德镇创业的2011级陶工专业林云说。

在景德镇陶瓷学院，像刘议文、林云这样的学生创客还有很多。如今，单做陶瓷首饰，该校附近由学生自发创建的工作室就有300多个。有学生创建了自己的品牌，还有学生开了陶瓷文化餐厅。他们不是单纯的创业活动，而是通过创业实践，体验陶瓷艺术是创造、创新加实践的艺术，并反哺到课堂学习中去。

“科艺结合，脑手并用”正是该校建校百年来凝练出的人才培养模式和办学特色。为了鼓励学生创业，学校积极搭建由政府、企业、学校三方参与的创业服务平台，购置陶瓷创业设备，开设创业教育必修课、举办创业经验交流会、设立大学生创业基金等措施，为学生创业助力。

（作者：曾德生、李明文，景德镇陶瓷学院）

4

北京印刷学院：对卓越出版人才培养相关问题的一些思考

——以韬奋实验班为例

卓越人才培养计划是近年来我国高等教育领域实施的一项重大改革举措，在我国高等学校引发了广泛的影响。本文在回顾卓越人才培养计划实施背景和意义基础上，以北京印刷学院卓越出版人才培养特区计划——韬奋实验班为例，总结卓越出版人才培养模式的经验，探讨卓越出版人才培养的规律，为卓越出版人才培养相关高校提供借鉴。

4.1　“卓越人才培养计划”启动背景和具体实施

“卓越人才培养计划”是近年来我国高等教育教学领域实施的富有系统性的人才培养模式改革举措。自大众化教育时代到来后，我国高等教育获得了长足发展，但随之也面临着几大困境：一是大众教育时代到来后“深刻化教育”观念的弱化；二是专业主义教育理念的强化造成人才培养过程中人文素养和科学精神教育的弱化或者缺失；三是人才创新能力的匮乏，我国高等教育整体质量受到质疑。胡锦涛在清华大学百年校庆上强调指出，“不断提高质量，是高等教育的生命线”。《国家中长期教育改革和发展规划纲要(2010—2020 年)》、《教育部关于全面提高高等教育质量若干意见》等国家高等教育纲领性文件一再对“创新人才培养模式”“全面提高高等教育质量”提出了指导性实施意见。

自2011年起，教育部自身或者联合有关部委陆续发布了在部分高校实施卓越人才培养计划的相关文件。2011年教育部发布《关于实施卓越工程师教育培养计划的若干意见》（教高〔2011〕1号）文件，正式启动卓越工程师教育培养计划。同年，教育部、中央政法委员会联合署名发布了《关于实施卓越法律人才教育培养计划的若干意见》（教高〔2011〕10号），卓越法律人才培养教育培养被提上日程。2012年教育部发布的《教育部2012年工作要点》（教政法〔2012〕2号）文件进一步扩大了卓越人才培养计划的实施范围，该文件第23条指出："继续实施基础学科拔尖学生培养试验计划和卓越工程师、卓越医生、卓越法律人才等教育培养计划。推进医学教育管理体制改革，加强全科医生培养。积极探索文化艺术人才培养改革，启动实施卓越农林人才、卓越新闻传播人才等教育培养计划。"2012年教育部、卫生部联合发布《关于实施卓越医生教育培养计划的意见》（教高〔2012〕7号）文件，卓越医生教育培养计划开始启动。2013年教育部、中宣部联合发布《关于加强高校新闻传播院系师资队伍建设实施卓越新闻传播人才教育培养计划的意见》（教高〔2013〕7号）文件，卓越新闻传播人才教育培养计划正式启动。2014年，教育部发布《关于实施卓越教师培养计划的意见》（教师〔2014〕5号）文件，启动实施卓越教师培养计划。2015年教育部发布的《教育部2015年工作要点》（教政法〔2015〕3号）文件第31条明确提出，"继续实施基础学科拔尖学生培养试验计划、系列卓越人才教育培养计划"。总体来看，"卓越人才培养计划"是由我国高等教育最高主管部门教育部联合相关部委共同发起与推动，我国部分高校贯彻实施的一系列教育教学改革举措，目前该项计划还在深入开展和具体实施。

4.2 北京印刷学院卓越出版人才培养计划实施与效果

2012年，北京印刷学院发布《关于在部分本科二级学院试点开设实验班的意见》（印院发〔2012〕65号）文件。文件提出，为了充分发挥学生个性，鼓励学生的多样化、个性化发展，积极探索创新教学模式，培养开放式、国际化、复合型人才，提高专业人才培养质量，学校决定改革人才培养模式，创建人才培养特区，在本科优势特色专业中选拔优秀学生组建实验班。文件同时要求，根据学校学科优势和专业特点，创设韬奋实验班。整体来看，韬奋实验班是学校深入贯彻教育部和北京市教育委员会“深化教育教学改革，全面提高教育教学质量”而创立的深化教育教学改革实验项目，是我校积极探索卓越出版人才培养模式创新的一项重大改革措施。该班旨在培养“新闻出版、版权与版权贸易及相关领域的从事数字出版、管理的拔尖创新人才”，因此韬奋实验班也被称为我校卓越出版人才培养计划实验班。2012 年 9 月，北京印刷学院新闻出版学院按照学院制定的韬奋实验班既定选拔方案，从刚刚入学的 12 级编辑出版学专业本科专业学生中选拔 25 名同学组建了第一届韬奋实验班，以后每年按照选拔组班的方式组建韬奋实验班，目前共有四级韬奋班学生在校学习。2016 年 6 月，北京印刷学院首届韬奋实验班学生经过四年学习正式毕业。

从人才培养效果看，首届韬奋实验班取得的成绩远远优于新闻出版学院其他班级，学生们取得了丰硕的学习成果，韬奋实验班的培养效果良好。由于学生个人隐性学习效果，如综合素质的提升、专业知识与能力的增长等无法准确地衡量，或者说这些隐性的效果也必须借助于可以量化的数据才能真正具有说服力，所以本文仅以显性的数据统计方式对第一届韬奋实验班学生成果做一个综述，进而反思与探究培养过程中的做法，总结培养规律，为出版人才培养提供经验与帮助。

第一，首届韬奋实验班考研率创下北京印刷学院办学以来的考研最好成绩。北京印刷学院是一所行业特色鲜明的培养应用型人才的高等学校，或许是办学传统的承袭原因，学校应届生年平均考研率多年来一直徘徊在 10% 左右，无论是学生考研参与率还是考中率都相对较低。近年来，随着就业形势的日益严峻和社会人才需求学历规格的提高，学校在引导学生考研方面做了大量的工作，包括借助学校基础教学部师资力量为本校学生创办英语能力提升班和数学考研辅导班，免费为学生辅导，但从学校整体情况来看效果不太理想，学校平均考研率并没有太大变化。从我国人才教育发展趋势看，研究生学历教育已经越来越成为社会选拔、录用人才的入门资质。学生能否考取研究生继续进行学业深造，不仅是考查学生大学四年学习成果的重要指标，更关系到学校的人才培养质量等基本问题。在考取研究生方面，首届韬奋实验班可谓成绩辉煌，24 名同学（有 1 名同学因入伍参军退出了该班）有 9 名考取了国内高校研究生、2 名考取国外高校研究生（其中，1 名同学考上北京大学，2 名同学考上南京大学，1 名同学考上中国传媒大学），首届韬奋实验班的考研率为45.8%，这样的考研比例在重点大学可能不算什么，但对于一直考研率比较低迷的北京印刷学院这样的二本院校来说还是令人为之一振。

第二，第一届韬奋实验班同学学习成绩优异，英语学习方面成绩骄人。仅以英语四六级成绩为例，2016届韬奋班参加全国英语四级考试一次通过率高达95.8%，全班仅有一个同学没有一次通过，创造了我校大学英语四级考试班级一次通过率的新纪录。在大学英语六级考试中，2016届韬奋班的大学英语六级考试通过率达50%，远远超过学校其他普通班级的水平。

第三，2016届韬奋班学生专业能力获得很好的训练，取得了优秀的实践成果。在大学四年间，本届韬奋班同学一共完成模拟书作品17件，囊括了文学、社科、生活、儿童等多种图书种类，其中"亲子互动指偶书系列——小鸟乐乐"还荣获"韬奋杯"首届全国大学生出版创意大赛图书创意优秀奖。同学们主办院刊《新出版人》，负责该刊的全部业务，一些同学还是《北京印刷学院校报》、《为学》等校内报刊的主力，负责上述报刊的采写编评各项业务。

第四，2016届韬奋班学生科研成果突出，展示了良好的科学研究能力。虽然是本科生，但该班级同学已经以第一作者身份在《出版广角》、《名作欣赏》、《出版参考》等核心期刊上发表论文近十篇。该班学生积极撰写论文参与"韬奋出版人才高端论坛"征文评选活动、全国版权征文大赛等并获得了多项奖项。2015年，北京市教委开始实施高水平交叉培养计划——实培计划，该计划要求学校遴选科研水平高的同学参与完成，2016届韬奋实验班24人中有5名同学经过严格的学院遴选入选承担了2015年度"北京市教委实培计划项目——毕业论文项目"，本班学生承担该项目数额占到学校总获批项目数的24%。这些都体现了韬奋班同学们较高的专业能力和综合素养。

4.3 北京印刷学院韬奋实验班培养模式分析

综合来看，北京印刷学院第一届韬奋实验班学生具有较高的综合素养，各方面成果都较为显著。追溯其四年的培养环节，有以下几点值得重点关注。

第一，及早确定培养理念并坚定贯彻。在韬奋实验班创立之时，学校就确定了实验班人才培养目标是培养卓越出版人才。所谓卓越出版人才，通俗理解是不同一般、高超出众的出版人才。学院在总结我校国家级特色专业——编辑出版学专业多年人才培养经验基础上，确定了理想信念教育为先、理想信念教育和专业知识教育并重的培养理念。从人类历史发展过程来看，以信息、知识的生产与传播为根本使命的出版人对社会发展影响重大。出版人是否具有理想信念，出版人具备什么样的理想信念，不仅决定出版人单个个体一生的成就大小，更是关系到国家和社会发展的大事。2016 届韬奋班在确定培养理念时，注重吸收了永恒主义教育思潮的一些观点。永恒主义教育思潮产生于 20 世纪 20 至 30 年代的美国，是对美国盛行一时的进步主义教育思潮的反拨。永恒主义教育思潮的代表人物赫钦斯提倡，“教育目的并不是人力（man power）的形成，而是全人（manhood）的发展。”因此，永恒主义教育倡导放弃仅以一些实用的知识和技能传授为主的实用主义教育原则，强调学生人伦、道德、理性的培养以增强其支配自己行动的能力，倡导教育向培养人的理性和真善美的回归。上述的培养理念不仅贯穿在培养方案的课程设置中，还要要求教师贯穿在入学教育、专业导论课程、知名专家讲座课以及相关学科基础课程讲授中，不断引导学生确定做一个“有道德、有理想、有追求”的出版人信念。事实证明，反复宣讲重要的事情一定会入脑入心。

第二，富有“生长性”的培养方案设计。培养方案是本科人才培养的纲领性文件，是人才培养过程有效实施和人才培养质量取得的根本保证。为把第一届韬奋实验班的培养方案做好，学校先后召开了“卓越新闻传播人才教育培养计划”研讨会和“韬奋实验班培养方案研讨会”等多场专题会议，数十位业界专家和学界专家参与韬奋实验班培养方案研讨论证，大到课程体系整体设计，小到每门课程讲述内容都反复讨论，专家参与有效保证了韬奋实验班的培养方案的科学性和前沿性。对比编辑出版学普通专业，韬奋实验班培养方案生长出了很多特色课程，比如韬奋原著选读、经典阅读，以及基于利用业界专家资源的韬奋大讲堂课程等，这些课程与韬奋实验班注重理想信念培养的教育理念紧密配合，有效起到了拥有理想信念、夯实专业基础的作用。同时，面对媒介融合背景下出版业数字化和国际化发展趋势，培养方案也生长出了一些以应对未来出版传媒行业发展趋势的课程。韬奋实验培养方案的生长性特点，还在于巧妙地利用了北京地区出版行业集聚、出版精英资源丰富的特点。北京地区出版行业顶级专家不仅参与了韬奋实验班的培养方案的设计，还以兼职教授身份走进课堂亲自为学生授课，这使得看似死板的培养方案获得了极大的生长空间，每一门看似死板的课程因为业界专家讲授的实践案例而鲜活生动起来。总体而言，韬奋实验班的培养方案因为充分利用了北京地区出版行业优势的专家资源，使得这份定格在规范格式下的培养方案获得了生命，它是一份能够呼吸的培养方案，每一门课程因为有优秀的教师承担而使得整个培养方案充满了活力和生长性。

第三，培养制度建设不容忽视。俗话说，严师出高徒。其实，良好的制度设计也是学生成才的必要条件。首届韬奋实验班制度建设没有经验可以借鉴，学院根据“准入准出、动态调整”一定会激励学风的思路出台了韬奋班的选拔、淘汰与增补制度。1. 选拔制度：从每届新闻出版学院新生中选拔25人左右组班，实行自愿报名、择优录取的原则。首先由学生通过个人申请，参加韬奋实验班考试选拔，学校根据实际申请情况，参考高考成绩，确定参与选拔考试的学生名单。选拔采取初试和复试两个环节，初试重在测试学生的人文基础知识，复试采取面试形式，考查学生的综合素质与能力。2. 淘汰制度：在第一、第二学年的第二学期末，对出现以下情况的学生予以淘汰：（1）出现课程挂科且年度学分绩点在2.8以下；（2）英语考试成绩年度平均分低于70分；（3）违反学校有关规定，受到纪律处分。3. 增补制度：在第一、第二学年的第二学期末，按照自愿报名、择优录取的原则，报名学生须学习成绩优异，英语成绩年度平均成绩需在75分以上，年度综合成绩需在班级排名前5。报名学生须品学兼优，无违反学校纪律行为。

第四，务必精细化的培养过程。韬奋实验班的案例表明，小班化+精细化培养是产出优质教育成果的前提。教育规律告诉我们，培养学生不能也不应该是工业化、流水线式的生产模式，因为人才培养的最高境界是因材施教，能够根据学生每个个体不同针对性地开展教育活动。但随着我国大众化教育时代到来，面对扩招后数量激增的学生，一些学校不得不从节约教育成本角度进行工业化规模化培养，大班授课成为常态，而小班化教学被认为是教育资源的极大浪费，小班授课因此也成为一些老师的奢望之举。首届韬奋实验班坚持独立组班、单独设立培养方案、单独设立教室，开展小班授课收到了很好的效果。韬奋班培养过程中很好地贯彻了精细化培养原则，比如学校为韬奋班成立了导师工作委员会，韬奋班学生实行双导师制，每位学生自大一起就配备一名校内导师，大二开始配备一名校外导师，校内导师主要由韬奋班任课教师担任，校外导师是来自出版界热心教学改革的资深专家，导师定期与所带学生见面，负责韬奋实验班学生的学习指导。再比如，为了帮助学生很好地通过国家英语四级六级考试，学院专门邀请一位经验丰富的英语教师加盟韬奋班建设小组，由她负责具体指导该班同学的英语四六级考试，效果很好。

第五，设置特色项目激发学生活力。回想起来，首届韬奋实验班最典型的特色项目有两个：一是韬奋书屋的建立。韬奋书屋是学校专门划拨经费和场地为韬奋班师生设立的阅读和分享场所，书屋管理由韬奋班学生轮流负责，值班学生专门负责登记图书借阅等事务。二是开办韬奋实验班读书会活动。韬奋班读书会以“阅读书、分享书、品评书、出版书”为中心定期举办，每次会邀请学界、业界知名专家做专场阅读推荐讲座，然后学生围绕专场推荐讲座展开与书相关的一系列活动。比如，韬奋基金理事长、新闻出版学院院长聂震宁两次为韬奋班读书会做好书推荐报告，分享光明书榜等2013年十大好书和2014年三十本好书。聂震宁以自己读书心得为基点，着重介绍了好书的内涵与精彩篇章，并穿插介绍了这些好书在评选中的幕后花絮以及作者风采，所介绍的图书题材多样，涵盖出版门类中大部分领域，各种好书从创作到出版的整个过程介绍深入浅出、娓娓道来，令在座同学受益匪浅，博得阵阵掌声。该场报告结束后，学校利用专项经典购买这些图书添置到韬奋书屋中，学生围绕这些图书阅读开展分享活动。

4.4 结语

韬奋实验班培养目标是卓越出版人才，但根底是属于编辑出版学人才教育，也就无法回避编辑出版教育一直纠结的问题，编辑出版人才培养是“出版之道”的教育呢还是“出版之术”呢？“出版之道”的教育培养学生的价值理想和专业追求，“出版之术”的教育培养学生的专业技能和职业习惯。从第一届韬奋实验班培养案例来看，出版人才培养应是“道”“术”并重，以“道”为先的教育。“道”的教育解决的是学生学习主体性和学习动力的问题，故它是根本。教育的目的是唤起人的主体性。如果我们的编辑出版教育不仅仅教授学生以专业技能和知识，而是通过四年的教育促其独立思考、严密分析、清晰判断与勇于创新，这是教育之幸，也是产业之幸。哈佛大学第28任校长德鲁·福斯特说过一句话：“一所大学的精神所在，是它特别要对历史和未来负责——而不单单或者仅仅对现在负责。”也只有“道”的教育，才会让学生设立高的理想与目标，勇于超越与挑战自我现状，敢于尝试突破向前。这不仅体现在学习上，也会体现在日常生活和人生长久的道路上。韬奋实验班的成功可以说是天时、地利、人和后的成功，良好的培养环境、恰当的制度设计、精细化的培养过程、优良的校内外智力资源等等。其实，这些都可以归结为最重要的一点：这种选择制度给予了一批孩子精细化的关注与培养，使得他们意识到自我潜能并愿意为之变成现实力量而不懈努力。

（作者：张文红，北京印刷学院）

5

北京石油化工学院：行业高校应用型人才培养模式改革新探索

以培养应用型人才为主的行业高校如何开展人才培养模式改革，是行业高校当前发展过程中面临的首要挑战。人才培养模式指学校为学生构建的知识、能力与素质结构以及实现这种结构的方式，由人才培养目标、实现培养目标的教育教学过程以及相应的质量保障体系等多方面组成。本文结合北京石油化工学院近年来在应用型人才培养模式改革中的一些探索和思考，系统介绍和分析了学校在“以学生为中心”的教育教学改革和“校企协同，工学融合”的产学合作教育方面的基本思路和具体做法，为同类院校提供借鉴。

《国家中长期教育改革和发展规划纲要（2010—2020年）》针对高等教育提出了“高等教育要适应国家和社会发展需要，更新人才培养观念，创新人才培养模式”、“促进高校合理定位、各展所长，在不同层次不同领域办出特色、争创一流”、“鼓励因校制宜，探索科学基础、实践能力和人文素养融合发展的人才培养模式”等明确要求和指导性意见，对提高高等教育质量提出了新要求，这是我国从教育大国迈向教育强国的重要举措。

行业高校多以培养符合社会需求的应用型人才为主，在办学中均形成了一定的自身特色和办学定位，但随着高等教育和社会经济的快速发展，区域经济社会发展对应用型人才表现出旺盛的需求。人才需求旺盛的形势要求地方高校必须迅速开展应用型人才培养模式改革，为区域经济社会发展培养高素质的应用型人才。作为原石化行业办学特色的高校，北京石油化工学院始终坚持为行业和地方经济建设服务，在不断更新教育思想观念的同时，学校将应用型本科人才培养模式改革思路定位于“以满足行业和地方经济发展需求为目标，以创新精神和实践能力培养为核心，坚持走产学研结合之路”，着重从专业设置、培养方案、课程教学和人才培养途径等方面进行改革与创新，构建知识、能力、素质三者有机融合的多层次、多元化、有特色的应用型本科人才培养模式。

5.1 面向行业和产业，调整学科专业结构，优化人才培养目标

5.1.1 调整优化专业结构，深化专业内涵建设

行业高校深化人才培养模式改革，应始终把学科专业结构调整放在突出位置，构建与地方和产业发展相适应的专业群，切实深化专业内涵建设。学校不断优化学科专业布局，针对北京市产业结构调整与主导产业定位进行专业结构调整，采取有效措施建立健全专业发展与人才培养的联动机制；按照“前沿、交叉、急需”原则，积极增设满足首都经济和产业发展建设需要的专业，如以服务北京生物医药产业为目标建设制药工程专业；结合石油化工产业发展需要，增设油气储运专业；以服务北京市安全生产和应急产业为目标，增设安全工程和物流管理专业；以满足首都经济及社会发展人才需求为目标，增设人力资源管理和会展经济管理专业。新专业的设立促使学校的学科专业建设，与首都经济、社会发展和行业需求的结合更加紧密。

5.1.2 明确人才培养定位，细化人才培养目标

2010 年，学校成为教育部首批“卓越工程师教育培养计划”试点高校。以卓越计划为契机，学校对办学定位、人才培养目标等核心问题进行了广泛讨论和深入研究，确立了“立足北京，面向全国，服务石化行业、新兴能源产业和区域经济社会发展，建设特色鲜明高水平应用型大学”的发展目标。作为一所以工科为主的地方普通高等学校，学校本科教育的定位是面向应用的教育，它既不同于高水平研究型大学的创新型人才培养，也有别于高职院校的职业技术教育，而是面向行业培养“高素质”应用型人才。学校不仅培

养学生掌握相关专业知识和技能，胜任某个职业岗位的能力，还应注重培养学生具备更为开阔的视野、更强的自主学习能力、技术开发、创新能力和可持续发展能力，并掌握一定的管理、经济、法律等方面的知识。

实施“卓越工程师教育培养计划”后，学校面向产业界，工科专业均从社会和行业需求出发，将通识教育和专业教育培养目标融合。全面分析工程实践能力、工程设计能力、工程创新能力目标体系，按一般性工程能力目标和专业工程能力目标结构深入细化培养目标，制定能力导向的工程应用型人才培养目标，和与培养目标相匹配的毕业要求。

如学校自动化专业，在培养目标的制定过程中，大量走访北京燕山石化公司、中国航天科技集团公司、北京京港地铁有限公司、中国航空工业集团、艾默生过程控制有限公司等大型企业，对自动化本科毕业生所需的知识、能力、素质结构进行广泛调查，采用问卷调查的方式重点了解用人单位对毕业生应具备的专业基础知识、工程设计与实践能力等能力的需求，同时对多届毕业生就业后的工作情况进行跟踪反馈调查，确定了该专业培养目标为“培养具有扎实自动化基础知识和基本技能，具有社会责任感、职业道德和人文素养，能解决自动化系统工程问题的应用型工程技术人才，简称面向生产一线的自动化系统工程师”。而生产一线自动化系统工程师所面对和服务的主要对象是“系统”，即自动化系统的工程项目设计、自动化产品集成、工程项目实施、系统运行维护、产品和系统的技术服务等，以解决自动化系统工程设计、产品集成、运行维护和技术服务等复杂工程问题所需的工程能力培养为主线，从个人专业知识和工程能力、工程环境、个人素质（态度）、个人职业能力四个方面制定了12条毕业要求，如表5－1所示。

表5－1　　自动化专业12条毕业要求

分类	本专业毕业要求
专业知识、工程能力	1. 工程知识：能够将数学、自然科学、工程基础和自动化专业知识用于解决自动化系统的工程设计、产品集成、运行维护、技术服务等复杂工程问题，并了解自动化行业的前沿发展现状和趋势
	2. 问题分析：具有运用相关知识对自动化系统的工程设计、产品集成、运行维护、技术服务等复杂工程问题进行识别和提炼、定义和表达、分析和实证及文献研究的能力，并能获得有效结论

续表

分类	本专业毕业要求
专业知识、工程能力	3. 设计/开发解决方案：在综合考虑社会、健康、安全、法律、文化以及环境等因素前提下，具有自动化系统的工程设计、产品集成、运行维护、技术服务等复杂工程问题的系统、部件及流程的设计能力，能够在设计环节中体现创新意识
	4. 研究：能够基于科学原理并采用科学方法对自动化系统的工程设计、产品集成、运行维护、技术服务等复杂工程问题进行研究，包括设计实验、分析与解释数据、并通过信息综合得到合理有效的结论
	5. 使用现代工具：在解决自动化系统的工程设计、产品集成、运行维护、技术服务等复杂工程问题活动中，具有开发、选择与使用恰当的技术、资源、现代工程工具和信息技术工具进行工程实践的能力，包括对复杂工程问题的预测与模拟，并理解其局限性
工程背景	6. 工程与社会：在解决自动化系统的工程设计、产品集成、运行维护、技术服务等复杂工程问题中，能够基于工程相关背景知识进行合理分析，能够理解和评价工程实践对健康、安全、法律和文化问题的影响和责任
	7. 环境和可持续发展：在解决自动化系统的工程设计、产品集成、运行维护、技术服务等复杂工程问题实践中，能够理解和评价工程实践对环境、社会可持续发展的影响
个人素质（态度）	8. 职业规范：具有人文社会科学素养、社会责任感，能够在工程实践中理解并遵守工程职业道德和规范，履行责任，具有健康体魄
个人职业能力	9. 个人和团队：具有团队合作和在多学科背景环境中发挥作用的能力，理解个体、团队成员以及负责人的角色
	10. 沟通：能够就自动化领域复杂工程问题与业界同行及社会公众进行有效沟通和交流，包括撰写报告和设计文稿、陈述发言、清晰表达或回应指令。并具备一定的国际视野、外语交流能力，能够在跨文化背景下进行沟通和交流
	11. 项目管理：理解并掌握工程方面项目管理和经济决策的基本知识和基本方法，并能够应用于多学科环境的工程实践中
	12. 终身学习：具有自主学习和终身学习的意识，有不断学习和适应发展的能力

5.2 构建能力导向的课程体系，促进教学内容的改革

5.2.1 “能力导向、反向设计”，重构课程体系

人才培养目标需要相应的教学内容来支撑，教学内容一般通过课程体系

来表达。传统的课程体系按基础课、专业基础课、专业课的层级方式构建，这种方式按照学科体系开设课程，虽有利于学生掌握学科知识体系，但不能很好地反映工程实际。应用型人才的培养应紧密结合岗位职业能力需求和专业特点，以能力为主线来构建课程体系。

以能力培养为核心构建课程体系，需要解决两个关键问题。第一，到底要培养学生哪些能力？第二，如何把能力培养落实到课程体系中去？这就需要在制定人才培养方案过程中“反向设计”，按从出口向内找的思维方式设计课程，转变传统的知识论的教学观。因此，学校着力改变单纯以学科的系统性为标准构建课程体系的观念，密切结合现代工程技术发展和企业需要，以提高学生的创新能力、职业素养、工程实践能力和工程素质为目标设计课程体系，科学合理地设计系列课程模块，着力促进教育教学过程中的四个融合，即科学教育、人文教育与专业教育的融合，知识教育、能力教育和素质教育的融合，理论教学与实践教学的融合，校内育人与校外育人的融合。

如自动化专业应用型自动化系统预备工程师的培养目标，通过对该职业胜任能力的分析确定了“电子系统综合设计能力”、“自动控制系统的设计分析能力”、“工业控制计算机的编程能力”、“石油化工过程控制系统的设计安装调试能力”、“石油化工过程控制系统的集成投运维护能力”等五个能力素质的目标，紧紧围绕能力素质目标的实现全面开展课程整合，重构专业课程体系和教学实施方案，学生围绕一个实际生产装置或实际工程项目的系统设计、产品集成、工程安装、系统调试、装置投运维护等环节的训练，完成一个工程产品全生命周期的过程培养。

5.2.2 “回归工程、产学对接”，优化教学内容

在专业教育方面，学校推动按照 CDIO 模式开设课程。CDIO 模式是按照工程生命周期过程来开设课程，比较真实地反映了工程实际过程，有利于学生认识工程和掌握工程规律。在 CDIO 的基础上探索过程式课程，按照工程过程、学生对工程的认知过程和学生在校的学习过程构建课程体系，课程螺旋式上升，均衡分布至课程体系，形成过程式课程体系。过程式课程系可以随着工程对象的变化而变化，可以显著增强学生对工程的适应性。

如学校改革了一年级学生开展的工程基础训练（金工实习）教学环

节，为初入工程专业学习的学生创设构思、设计、实施和运行的产品生命周期的 CDIO 工程实践环境，深入实施基于产品生成全过程的体验式金工实习训练。在客户需求与产品设计、生产流程设计、任务模块分配和实习任务安排等方面，每个实习学生小组共同完成一个产品的设计和制造过程，为学生建立起基本的工程观念和工程系统框架，而不是学习简单的金工实践操作和工艺知识。新教学方案培养学生了解产品需求、团队合作、有效沟通、多学科综合以及工程项目的整体性、系统性、复杂性的能力和理念。

同时，学校面向产业界，校企共同制定企业学习阶段培养方案，改变单纯的企业实习为企业学习阶段，为学生建立起基本的工程观念和工程能力培养框架。学校将传统的“学校课程 + 企业实习”两段式课程体系改造为“学校课程 + 企业学习课程 + 岗位实习及企业毕业设计”三段渗透式课程体系，实现校内课程与企业学习课程的交叉、知识体系学习与职业能力培养的渗透，和从学校到社会的无缝连接式校企合作教育机制。重点建设的企业学习阶段课程使企业学习不再是浅层次的到企业实习，而是完成在校内无法实现的培养目标任务，与校内学习形成优势互补。

5.3 实施“以学生为中心”的教学改革，推动教学模式的转变

5.3.1 推进个性化培养，实施自由转专业制度

随着社会和经济技术的发展，跨学科、跨专业培养人才的现象越来越普遍，学生个性化发展的要求越来越强烈。按专业录取学生不能保证所有学生都适合录取的专业，因此，学校从 2004 年开始，在充分尊重学生意愿的基础上逐步建立起自由转专业的制度，为学生提供合适的学习机会。近年来，学校每年约近百人提出转专业申请，进入新专业学习，见表 5 – 2。2014 年学校选择材料科学与工程学院试点开展“大类招生”制度，按照学分制改革的要求，在全面实施导师制的基础上增加学生学习的自主选择权，让学生自由选择专业、自由选择课程，充分调动学生学习的积极性和主动性，促进学生个性化发展。

表 5-2 2011—2015 年我校转专业情况

年度	申请人数	转专业人数	成功占比
2011	145	130	89.7%
2012	121	95	78.5%
2013	105	95	90.4%
2014	92	79	85.9%
2015	77	67	87.0%

5.3.2 贯彻 OBE 教育理念，推进“以学生为中心”教学改革

人才培养的本质和核心是“教什么”和“怎么教”，也就是教学内容和教学方法问题。2013 年学校通过本科教育工作会议围绕“以学生为中心”的教学范式改革开展教学观念大讨论，明确实施成果导向教育。成果导向教育的重点在于强调学生在学习过程结束后真正拥有的能力，其核心是学生如何学好以及学到了什么，强调教学设计和教学实施的目标是学生通过教育过程最终所取得的学习成果。改变传统的“理论传授为主”的教学方法和“一考定级”的学习评价方法，鼓励教师在课堂教学中采用案例教学法、问题教学法、研讨教学法、模拟教学法、项目教学法等，同时推进考试方法改革，实行以能力为核心的学业评价方式。学业评价是倒逼和推进教育教学改革的重要途径，为切实培养学生的实践创新能力，学校积极推进以能力为核心的“过程式、形成性”学业评价方式改革，坚持知识考核与能力考核相结合、结果评价与过程评价相结合，突出考核学生的应用能力和实践能力。

以机械工程专业为例，他们结合自身行业特点大力推进课程改革，改变理论教学与实践分割化、条块化的培养过程，围绕工程素质、工程科学、工程实践进行一体化设计专业课程体系，加强课程群建设，核心课程全部按照“任务驱动——教、学、做一体化”教学模式设计教学方案。如设计与制造类课程的整合，以机械设计与制造主题实践贯穿主干课程，让学生以团队形式通过构思、设计、实现、运作，将客户需求以工程学基本原理来表述，掌握机械系统设计与制造过程的基本理论和基本知识，完成机械系统和模块的构思、设计、制造和测试设计。学生分组后要以小组成员合作方式完成各项目要求，课程结业时要进行小组答辩，课程结业考核成绩由平时表现、项目

参与完成情况、答辩情况等多项内容综合确定。学生在上述课程的学习过程中分析问题和解决问题能力得到极大锻炼。

5.3.3 打造创新创业教育体系，提升大学生创新创业能力

优化人才培养模式，还应重视创新创业教育和第二课堂在学生实践创新能力培养中的作用，逐步构建一体化的创新创业教育体系。为培养学生的创新精神和创业能力，学校以支持开展学生直接受益项目为理念，坚持“面向应用、注重实践、学科交叉、团队合作”，以“兴趣驱动、项目引导、学生为主、注重过程”为原则，以培养学生创新创业意识和精神为核心，把创新创业教育贯穿于人才培养全过程，依托校内外实践基地，搭建创新创业项目平台，开展创新创业实践活动和大学生科技学术交流活动，建设了完善的创新创业教育体系，如图 5－1 所示。

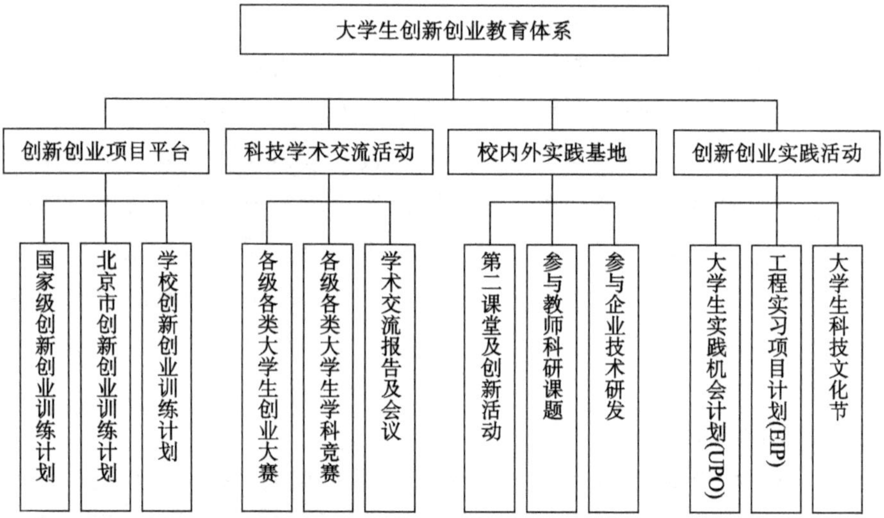

图 5－1 北京石油化工学院大学生创新创业教育体系

学校成立了校院两级管理机构，制订了《大学生研究训练［URT］计划管理规定》和《本科生创新学分实施办法》，建设了大学生创新全过程信息化网络管理平台，每年拨付 400 余万的专项经费用于资助 URT 计划、学科竞赛等创新实践活动，从组织、制度和经费保障上进一步完善了大学生创新实践活动的开展。

通过上述措施，在学校营造“鼓励创新、宽容失败”的创新创业文化氛

围，学生在参与创新实践活动的过程中得到了科学研究、创新创业精神和能力素质的训练，参加 URT 计划、学科竞赛等创新实践活动的学生人数逐年增加。2015 年学校 773 名学生参与各级各类“大学生创新创业计划”项目近 200 项，4180 人次参加 11 类 121 个大学生学科竞赛，660 人次在 51 项省部级以上学科竞赛中获奖 254 项。学校“大学生综合创新教育实践基地”和“机械工程综合创新教育实践基地”先后获批“北京高等学校示范性校内创新实践基地”2013—2015 年学生获奖情况如表 5－3 所示。

表 5－3　　2013—2015 年学生参加学科竞赛获奖情况

获奖情况	获奖项数		
	2013 年	2014 年	2015 年
全国一等奖	13	15	23
全国二等奖	32	40	32
全国三等奖	22	27	54
北京（或省、赛区）特等奖	2	2	3
北京（或省、赛区）一等奖	18	28	24
北京（或省、赛区）二等奖	50	59	43
北京（或省、赛区）三等奖	64	73	58
获奖总数	201	244	254

5.3.4 “企业课程”与“互联网＋”相结合，改造传统课堂教学

应用型人才培养必须依靠企业深度参与人才培养全过程，主要体现在校企合作组建教学团队，实行“双主讲”课程、“双导师”指导学习实习和毕业设计，共同实施企业学习阶段教学和监控教学质量。校企合作课程均由工程实践经验丰富的企业技术人员主讲，将大学课程延伸至企业车间进行，课程学习完成后由校企双方共同实施评价。如自动化专业为实现自动控制系统设计及产品集成能力、自动控制系统安装调试运行维护能力的培养，与燕山石化公司共同开发了企业学习课程，双方将原来的一门课程分为校内学习和企业学习 A、B 两门课程，其中“A”课程在校内进行，侧重于原理及工程技术基础；“B”课程在企业进行，侧重于工程技术应用（如表 5－4 所示）。

表 5－4 北京石油化工学院自动化专业企业学习课程

校企合作课程名称	学分	学时	说明
自动化专业概论	2	32	企业学习
DCS/PLC/FCS 原理与应用 A	6	48 学时 +3 周	学校学习
DCS/PLC/FCS 原理与应用 B	2	16 学时 +2 周	企业学习
计算机过程控制工程 A	6	48 学时 +3 周	学校学习
计算机过程控制工程 B	2	16 学时 +2 周	企业学习
先进控制技术	2	2 周	企业学习
过程控制系统运行及维护	2	2 周	企业学习

在工程实践实习环节安排方面，校企双方共同筛选典型的企业车间和生产一线工作岗位作为学生实习基地岗位，明确实习内容，制订实习标准、实习大纲和实习规范，精心设计实习流程，实行校企双方共同指导的“双导师制”，使学生受到现代工程师职业训练。如机械工程专业在与北京第二机床厂合作育人机制中，实行双导师制，校企共建教授—企业专家领衔的“课程教学团队”“项目研究团队”，学生参与企业真实工程项目研发，共同指导学生在企业真实工程环境中的学习和实践，共同指导和评价学生企业实习、毕业设计等。

近年来，网络 MOOC 课程已逐渐发展成为一种成熟的教育形式。2013 年始，学校陆续引入《魅力科学》、《逻辑和批判性思维》、《用经济学智慧解读中国》、《中华诗词之美》等 65 门尔雅课程和 5 门智慧树课程以有效补充学校课程教学资源。智慧树课程采用翻转课堂的形式，通过学生线上学习和师生线下研讨相结合，有效地开展师生互动，激发学生的学习兴趣。借助 MOOC 课程，学校间接引入名校、名师和名课等优质教育资源，采用翻转课堂打破传统课堂教学模式，学生的学习自主性得到充分发挥。

5.4 顶层设计，校企协同，打造校内外实践教学平台

5.4.1 “基于双赢、共同发展”，校企共建校外工程实践教育基地

学校坚持“互利共赢、共同发展”的原则，积极主动与企业建立“产

权明晰、资源共享”的工程实践教育基地。凭借历史渊源的优势，学校首先与燕山石化公司合作共建工程实践教育基地。双方分别从职工培训和学生实习出发，共同投资2000多万元，合作建设了由石油化工生产装置实验实习车间、综合性安全生产实验培训车间、大型机组动态运行实验室、动力变电站实验实训室、机泵检维修实习车间、PLC实验培训室等6个实习单元构成的石化工程教学与实践平台。实践教学基地完全仿真模拟现实生产状况，通过数字（软件）方针和物理（硬件）仿真的结合，提供了“贴近真实的工程环境、高技术含量、开放性好、通用性强、交叉联系性高”的高水平实践教学场所。

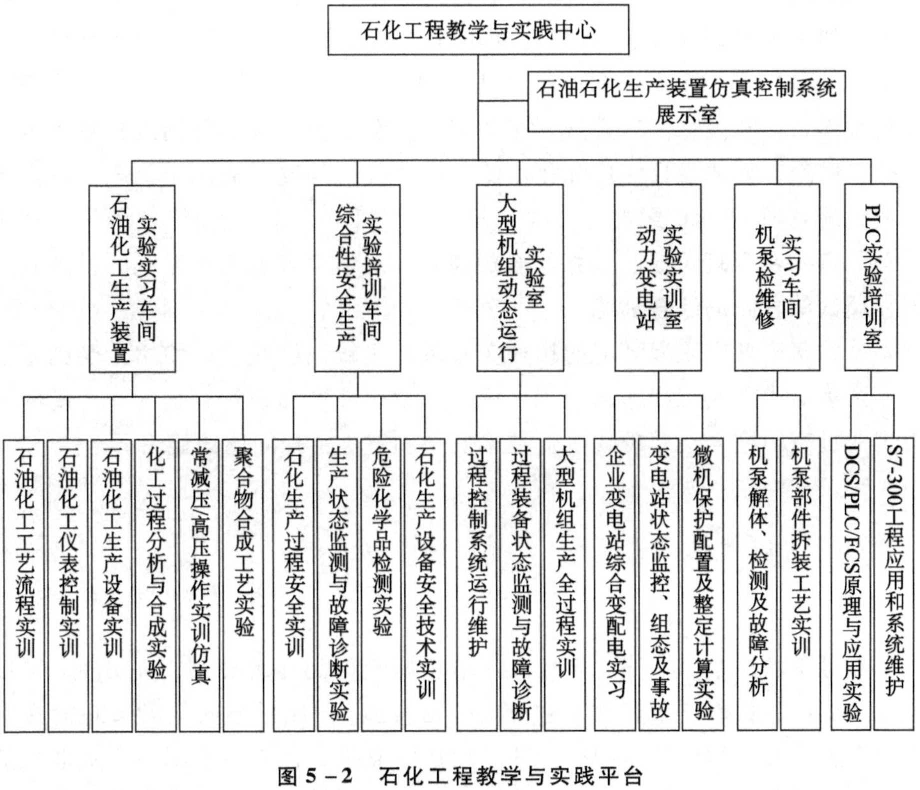

图5-2　石化工程教学与实践平台

在与燕山石化公司合作教育取得经验的基础上，学校以“每个专业都有一个深度开展合作教育的企业”为目标，将上述机制不断推广应用。目前，学校已经与120多家企业建立了产学合作教育关系，先后与北京燕山石化公司、中关村软件园、北京亦庄生物医药园、北京雪花电器集团、北京第二机床厂及北京地铁供电公司和北京地铁通号公司等单位和部门建立了密切的产学合作关系，建立了 8 家北京市级校外人才培养基地和 2 家国家级工程实践教育中心。

5.4.2 构建基于工程实践环境的校内工程实践教育平台

为切实提高学生的工程实践能力，学校与企业界技术专家反复研讨，紧密结合专业培养标准和工程综合化、系统性和复杂性特征，建设了一批由工业设备和生产装置组成的校内“模拟工厂”式实验室，包括具有鲜明石油化工特色的“小型提升管原油催化裂化实验装置”“油品实沸点蒸馏实验装置”“浆态床反应器水力学参数测定实验装置”等，开出了化学工程、石油评价与加工等大型综合实验课程。同时还购置了大型化工流程模拟与设计软件 ASPEN PLUS、CHEMCAD、PROII、PDSOFT 等，结合化工专业类课程和项目教学，让学生从工厂选址、车间布置、管线排布以及公用工程费用等方面分工协作，整体设计工厂和化工流程。学校还购置了适用于机电工程类专业实践的德国 FESTO 柔性生产线，开设了“机电一体化系统”“液压与气压传动”等一系列理论与实践相结合的课程，对学生开展机电系统的设计、拆装、调试等方面的综合训练。

这些基于真实工程环境的校内实验室和实践训练基地，使学生受到基于产品全生命周期的工程基础训练，提高了学生在产品设计、加工、装配的完整工业过程中综合运用现代工业技术发现和解决工程问题的能力。

结　语

经过不断探索和实践，学校人才培养质量得到显著提高。一方面，“以学生为中心”的教育教学改革在全校全面实施，“成果导向”教育理念在师生中深入人心，学生学习积极性和主动性明显提高，创新意识与实践能力显著增强。另一方面，校企协同育人深入实施，通过不断强化“共建共享、权责对等”的一体化工程教育环境建设，构建了“共赢共生、融通自为”的产学合作育人新机制。

在应用型人才培养模式改革实施过程中，我校的探索与实践引起了社会和高等教育界的高度关注，连续两届获得国家级高等教育教学成果二等奖。

同时，作为一项满足区域经济社会发展对应用型人才需求的教育教学综合改革，也拓宽了地方高校人才培养的模式和途径，可为各地方院校在教学理念、管理机制、校企合作等方面进行改革和创新提供参考和借鉴。

参考文献

[1] 郭文莉．新时期行业背景地方院校特色发展研究——北京石油化工学院的探索［J］．高等工程教育研究，2012（1）．

[2] 郭文莉．转型与建构：行业背景地方高校工程应用型人才培养模式改革［J］．高等工程教育研究，2012（4）．

[3] 戴波，纪文刚，刘建东，等．工程能力培养为主线建构专业人才培养模式［J］．高等工程教育研究，2011（6）．

[4] 郭文莉．“共赢共生、融通自为”的产学合作育人机制研究［J］．高等工程教育研究，2014（3）．

（**作者**：王腾、孟波、戴波、吴波、韩占生、郭文莉，北京石油化工学院）

6 中国民航大学：培养与需求“无缝隙”人才

——“中国民航人才摇篮”

校企合作办学是中国民航大学的传统特色。中国民航大学以培养面向一线运行的“实践型”工程人才为目标，质量标准实现“从业资质标准 + 本科通用标准”，在民航专业实施行业从业标准与人才培养标准相衔接的人才培养模式。

这是一所行业特色鲜明的大学，建校 63 年来，已培养 8 万余名各类毕业生，占中国民航总员工的七分之一、工程技术和管理人才的三分之一。民航业内有一个说法，“一个学校，半个民航”，这或许有些言过其实，但学校作为“中国民航人才摇篮”的地位却毋庸置疑。在中国民航大学党委书记景一宏看来，行业院校要以行业需求和工程能力为导向，持续深化面向行业需求的应用型人才培养模式改革，努力培养与民航需求“无缝隙”、与民航市场“零距离”的高质量人才。

6.1 领航：培养国际水准航空工程师

2013 年 10 月，中国民航大学中欧航空工程师学院在法国工程师学衔委员会认证中获得最高等级，同时获欧洲科学与工程硕士认证。这创造了法国工程师学衔申请 79 年以来的历史纪录，中欧航空工程师学院成为法国工程师学衔申请史上首家初次申请即获得最高等级认证的办学机构。中国民航大学大校长吴桐水说，中欧航空工程师学院是中法两国政府、两国高等教育机构和企业共同参与合作办学培养中国民航精英人才的结晶，也是国际水准航空工程师本土化培养的一次有益尝试。对中国工程师教育具有重大推动作用和示范意义。

中欧航空工程师学院是我国唯一的国际合作航空类工程师学院，由中国民航大学与法国航空航天大学校集团于2007年共同创办。据该院中方院长于丽君介绍，中欧航空工程师学院采用法文、英文和中文授课，法国教育部和法国航空航天大学校集团选派优秀教师（每年近70人次规模）承担教学主要工作，中方教师学习吸收法国教育体系辅助教学，同时聘请中欧双方知名企业专家参与部分专业课程教学、工程实习与实验指导。学生的工程实践遍布中国、法国、加拿大等国的18个城市35个知名航空企业，10%的优秀学生被派送法国合作大学学习交流。

中欧航空工程师学院充分发挥了“鲶鱼”效应。学校从创建伊始，就强调通过该平台成体系引进法国及欧洲先进教育资源，学习法国注重应用导向的人才培养方法，并在全校加以推广应用。同时以中欧航空工程师学院为纽带，培养出一大批优秀的中青年专业教师团队，至今已累计培养博士、青年访问学者60余人。

6.2　导航：让学生成为学习的主人

CDIO，即构思（conceive）、设计（design）、实现（implement）和运作（operate），是一整套国际工程教育理念和实施体系，是在产品、过程和系统的全生命周期基础上产生的工程教育新方法，目前已成为国际工程教育的重要模式之一。2010年3月中国民航大学成为教育部CDIO工程教育模式试点高校，至今学校围绕CDIO改革开展了多项创新性工作。

在国家级实验教学示范中心CDIO工作坊，电子信息工程专业大三学生杨旭东和他的同学们正在专心致志地进行着专题项目制作，杨旭东花了两周时间做的遥控车已基本完成。他说：“CDIO让我们学到很多东西，我们从大一时起就没有太多松懈的时间，每一年都有新的课题项目，比相同专业的其他同学有更多的实验机会，增强了动手能力。”中国民航大学副校长董健康表示，“实践证明，CDIO 强调知识、能力及工程素养并重，强调学生个人发展，真正体现了以人为本的教育理念。”

6.3 助航：打造校企合作新模式

2011 年，华北地区空中交通管理局（以下简称“华北空管局”）开始委派教员到中航民航大学，对已经签约到华北空管局的在校毕业生进行岗前培训。同时，双方还进一步深化合作共同推进“卓越工程师教育培养计划”。在新合作模式下，中航大与华北空管局共同协商课程体系，进行联合授课和岗位培训，合作编写教材、培训资料以及管制模拟练习，共同指导学生毕业设计，联合培养硕士研究生等。

校企合作办学是中国民航大学的传统特色。中国民航大学以培养面向一线运行的“实践型”工程人才为目标，质量标准实现“从业资质标准 + 本科通用标准”，在民航专业实施行业从业标准与人才培养标准相衔接的人才培养模式。

据中国民航大学教务处处长韩雁介绍，该模式的实现主要包括三个层面。一是课程对接并互认。改革相关专业课程，使得其既满足教育部教学要求，又涵盖行业从业人员资格考试的大纲要求，并推动这些课程获得民航局认可，这使得学生毕业后考取职业证照时可以免修该类课程；二是支持学生提前开展从业资质培训。鼓励并引导学生在周末、假期到民航局认证的执照培训中心进行学习，补充完成课内学时未涵盖的相应资格课程；三是加强学生实践。根据行业资质要求，开设相对应的工程实践课程，提高学生实践动手能力。

（作者：朱瑞新，中国经济网）

第五部分

高校招生、培养、就业联动机制制度建设

1

昆明理工大学招生规模与就业联动“红黄牌”预警机制

2010年昆明理工大学启动了招生规模与就业的联动机制，实行了专业红黄牌预警制度，经过三年的实践，已累计对18个专业给予了黄牌警告，对1个专业给予了红牌停招。通过该机制的建立，提高了招生计划编制的科学性，调动了广大院系招生宣传、专业建设和就业指导工作的积极性，提高了广大教师的参与度，为改善生源质量、提高教学质量、提高就业率起到了积极的促进作用，当然也给各学院和广大教师带来了压力。特别是学校实行绩效工资改革以后，招生计划的压缩意味着教学工作量将大幅缩水，部分教师的教学绩效点难以完成，会直接影响到教师的收入水平。招生规模与就业的联动机制可以用“一二三四五六”六个数字进行概括。“一”是指一个抓手，“二”是指两个环节，“三”是指三个指标，“四”是指该机制带来的四个作用，“五”是指流程五步走，“六”是指六条调控措施。

1.1 一个抓手

学校目前有96个本科专业，每年的招生计划稳定在7600人左右，原来在分配招生计划时，没有具体的抓手和动态调整机制，很难体现招生计划编制的科学性，存在很多问题和困难。2010年学校启动招生规模与就业的联动机制，旨在以此为抓手，提高招生计划编制的科学性、促进招生宣传、就业指导和专业内涵建设。

1.2 两个环节

要评价一个专业，主要涉及入口（招生）、中间过程（培养）、出口（就业）三个环节，其中中间过程具有点多面广、数据采集和量化困难的特点，目前学校只使用了招生和就业两个环节来评价，对于如何将培养过程纳入到“红黄牌”机制，管理者一直在努力研究和探索，在没有形成科学合理的评价标准前，主要是将工作先推动起来，目前只考虑入口（招生）和出口（就业）。

1.3 三个指标

目前，学校用初次就业率、一志愿率、其他志愿率三个指标作为联动机制的量化指标，三个指标加权求和得到综合指标。今后要进一步优化指标体系，使指标体系更加科学合理，以更好地反映专业招生和就业的真实现状，科学调控招生规模。

（1）初次就业率

初次就业率是指毕业时该专业初次就业人数与总毕业人数的百分比率，只包含开具报到证的就业人数和升学人数，不包含灵活就业人数，此数据是最具说服力的就业率。初次就业率反映出社会和用人单位对专业的需求度、对学校人才培养质量的认可度，因此以专业的当年初次就业率作为最主要的指标，在综合计算时占60%的权重。

（2）一志愿率

一志愿率是指专业进行招生录取时，专业第一志愿的录取人数与该专业总录取人数的百分比，是最能说明考生报考取向的数据。一志愿率反映出考生、家长和社会对专业的认可度，因此以专业的当年一志愿率作为第二个量化指标，在综合指标计算时占30%的权重。

（3）其他志愿率

在考生报考专业志愿时，各省的要求不尽相同，一般可以填报3到6个专业志愿，如云南省可以填报6个专业志愿，除第一专业志愿率外，其他志愿率也能反映考生的报考取向。其他志愿率是指其他志愿（第2—第6专业志愿）的录取人数与该专业总录取人数的百分比率，因此以专业的当年其他志愿率作为第三个量化指标，在综合指标计算时占10%的比重。

所以综合指标的计算公式为：

综合指标（%）= 初次就业率 ×60% + 一志愿率 ×30% + 其他志愿率 ×10%

1.4　四个作用

引入该机制后，各学院有了紧迫感，得到黄牌警告或红牌停招的专业要想摘除黄牌或红牌，参照各指标找差距，对薄弱环节进行整改，未受到红黄牌预警的专业担心下一次会排名靠后，也不能放松各环节的工作，反而需更加努力，在招生宣传、就业指导、专业建设方面形成你争我赶的局面。

（1）促进招生宣传

各学院领导班子更加重视招生宣传，更积极主动地抓好该项工作。如加强各学院网站建设、发动校友或行业合作单位宣传学院和专业、认真编撰专业介绍等，使学校的招生宣传工作得到很好地促进。

（2）促进就业指导

开展就业指导工作，大多数专业教师认为应该是专职辅导员和副书记的任务，自从实行招生规模与就业联动的红黄牌机制以来，专业教师的观念发生很大变化，跨过“一心只教圣贤书”思想壁垒，开始学着关心关注自己培养的“产品”质量，逐步形成就业指导的学校、学院、专业教师的三级负责和层层落实制，对加大就业指导工作起到了很大的促进作用。

（3）推动专业建设

专业建设范围很广，很多专业教师热衷于拿项目、搭平台、硬环境投入、软环境建设，最后发论文、拿奖杯，总以为这样就是良性循环。殊不知，忽视人才培养对专业建设的作用是不行的，专业受到黄牌减招或红牌停招后，专业教师都感到震惊，招生计划压缩后，单凭科研工作量无法完成学校下达的绩效工作量，专业受预警后，学科团队申请项目、经费投入受到很大影响。所以招生规模与就业联动的红黄牌机制的引入使专业教师和学科团队更加重视人才培养在专业建设中的作用，提高了专业学科建设平台和人才培养的结合度，推动专业建设的良性发展。

（4）辐射效应

学校实行招生规模与就业的联动机制主要还是起到前述的三个效果，但从近年运行的情况来看，也有一些很好的辐射效应。该机制的实行不仅校内引起触动，社会上也引起强烈反响，为学校搭建校际交流，搭建合作与共享平台提供有效支撑，如《人民日报》、《麦克思研究》等媒体相继作了报道，省内外高校如北京科技大学、昆明医科大学、云南师范大学、云南民族大学、南昌工程学院等先后来电来访进行交流。同时，考生和家长在填报高考志愿时也经常问及优势专业、专业红黄牌等问题，为高考选专业提供有效参考。

1.5 流程五步走

具体操作流程为：学校招生办公室收集数据，拿出初步方案报教务处审定；报请主管校领导审定；报招生领导小组审核通过；报校党委批准；学校发文。流程图见图 1 –1：

1.6 六条调控措施

综合指标计算出来后，根据结果动态调控招生计划，主要措施有：

第一，对就业率低、社会需求趋于饱和的专业要果断实施调整措施，整合相关教学资源进行专业重组或申办新专业。学校新设置专业必须充分考虑社会需求和毕业生就业实际，围绕办学特色突出学科优势，灵活设置专业方向。对于停招两年以上需要恢复招生的专业，培养单位须对人才培养方案和社会需求趋势做可行性研究后，向学校招生领导小组提交论证材料，审核批准后方能恢复招生。

第二，对初次就业率高的专业，在培养单位有扩招需求时，学校坚决予以支持，学校将从实验条件改善、学科建设、高层次人才引进等方面优先保障就业率高的专业。如当年所招的新生不能满足其专业的发展，在进行优秀

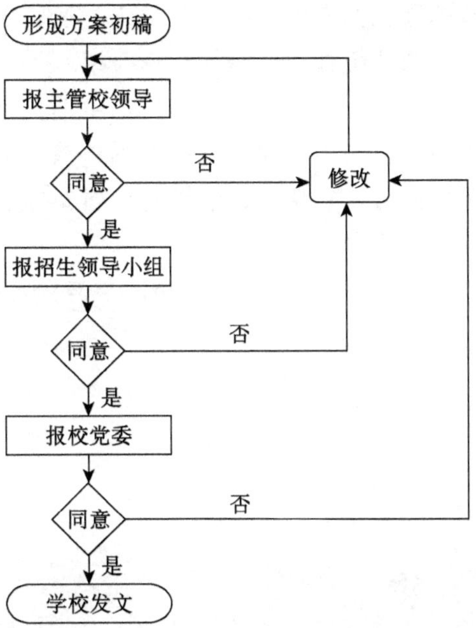

图 1－1　昆明大学招生规模与就业联动机制制定流程图

学生转专业时可优先满足这些专业的生源，可达到单独开班的，学校将给予支持。

第三，会同绩效办公室、人事处、财务处等相关职能部门，逐步研究出台经费拨款与在校生人数挂钩，培养单位的人员编制与在校生人数挂钩，招生工作与教学管理绩效挂钩的管理办法，对招生量不足的培养单位，适当减少拨款和编制人数。

第四，受黄牌警告专业次年综合指标未排在最后五名的，原则上应给予摘牌，经招生领导小组研究后上报校党委批准的，可以摘牌。摘牌当年安排招生计划时有扩招需求的专业，学校予以政策倾斜。

第五，受黄牌警告专业未达到摘牌条件的，学校将根据学科专业的实际情况作具体安排：

若该专业学科背景差，且该专业的培养规模已压缩至最小自然班，当年即红牌停招，第二年是否恢复招生可由学院根据该专业的实际情况向学校申请；

若该专业有很强的学科背景，并具有较强的师资队伍，且本年度招生规模相对较大的，可暂不发放红牌停招，将第二次黄牌警告，并把招生计划作大幅缩减，减幅达 30% 以上直至最小规模（30 人自然班）；

对连续两年被黄牌警告的专业，第三年仍未达摘牌条件的，不论其专业所依附的学科背景、师资队伍如何，一律红牌停招。

第六，被红牌停招的专业，以后需要恢复招生的，可由学院根据该专业的实际情况，向学校提交整改报告和恢复招生的申请，学校组织专家进行论证，达到恢复招生条件的可恢复招生，但招生计划安排不能多于50人。

（**资料来源**：昆明理工大学教务处）

2 北京印刷学院关于建立招生、培养、就业联动机制暂行办法

为适应国家经济社会发展需要，促进教育教学改革，以人才培养质量促就业，以就业促招生，并结合学校多年来招生、培养、就业工作的实践，构建招生、培养、就业三位一体的联动机制，实现人才供给和需求的动态平衡，提升学校的社会声誉和综合竞争力，特拟订以下工作思路和具体办法。

2.1　工作思路

（1）以招生、培养、就业的联动机制为抓手

通过招生、培养、就业的联动机制提高招生计划编制的科学性，促进招生宣传、就业指导和专业内涵建设。

（2）建立以就业为导向的内部联动机制

将就业率与招生规模、专业结构、培养模式、教学评估挂钩，并且通过一系列奖惩制度和责任制度使学校各个层面人员全部纳入招生、培养、就业一体化机制。

（3）建立校企合作的外部联动机制

建立与企业深度的合作，让企业深度介入到学校的教学、科研、招生、就业等各环节，积极吸纳行业或企业参与教学大纲修订、课程开发、专业设置和调整、人才培养模式改革、编写特色教材、实践教学设计和实施等工作。依托用人单位建立一批“零距离”实践教学基地，依托企业专业技术人才建设一支理论与技能兼备的新型职业化教师队伍，努力做到校企师资互

动、科研互促、文化互补、资源共享，实现校企在产学研方面的对接，推动人才培养模式改革。

（4）设立由招生、培养、就业三个环节若干个量化指标构成综合预警指标体系。

更好地反映专业招生、培养和就业的真实现状，科学调控招生规模，推动专业结构进一步优化。

各指标值具体计算公式为：

综合预警指标值＝招生环节指标值－培养环节指标值＋就业环节指标值

其中：

招生环节指标值＝（专业报考－志愿率＋其他志愿率×0.5）×30

培养环节指标值＝（专业净转学生比率＋专业学业警示学生所占比率＋专业学生结业率）×30

就业环节指标值＝本科专业签约率×25＋专业就业率×15

说明：

第一，专业净转学学生比率＝该专业转出学生所占比率－该专业转入学生所占比率

第二，若该专业中有来自民族地区（具体指来自西藏自治区、青海省、新疆维吾尔自治区等省份、自治区和直辖市）的少民内科班、预科班学生，如上环节的指标计算专业人数时给予扣除。

（5）做好信息、组织、制度保障，促进联动机制建立

了解社会对人才培养的需求和毕业生对社会的需求，并分别从信息的收集、处理以及传递三方面入手解决存在问题，从而建立有效的就业信息反馈系统，建立由招生就业处、教务处、学生处和相关学院定期参加的联系会制度，集中研讨协调重点工作。

（6）促进招生宣传

各学院领导班子更加重视招生宣传，更积极主动地抓好该项工作。如加强各学院网站建设、发动校友或行业合作单位宣传学院和专业，认真编撰专业介绍等，使学校的招生宣传工作得到很好地促进。

（7）促进就业指导

开展就业指导工作，逐步形成就业指导的学校、二级学院、专业教师的三级负责和层层落实制，对加大就业指导工作起到促进作用。

（8）推动专业建设

引入招生规模与就业联动的红黄牌机制，使专业教师和学科团队更加重视人才培养在专业建设中的作用，提高专业学科建设平台和人才培养的结合度，推动专业建设的良性发展。

2.2 具体措施

第一，具体操作流程：a. 学校招生就业处收集数据，会同教务处、学生处拿出初步方案；b. 报主管校领导审定；c. 报招生领导小组审核通过；d. 报校长办公会批准；e. 学校发文。

第二，每年对所有纳入招生计划的专业进行招生、培养、就业工作综合评估，对招生志愿不足、净转出比例高、就业率低、社会需求趋于饱和等综合预警指标值位于当年排名后二位的专业给予亮黄牌警示，连续两年黄牌警示后，仍然没有好转的采取亮红牌停招。

第三，学校新设置专业必须充分考虑社会需求和毕业生就业实际，围绕办学特色突出学科优势，灵活设置专业方向。

第四，被红牌停招的专业需要恢复招生的，可由学院根据该专业的实际情况，向学校提出整改报告和恢复招生的申请，学校组织专家进行论证，达到恢复招生条件的可恢复招生，但招生计划安排不能多于30人。

第五，对连续多年综合预警指标值高的专业，在培养单位有扩招需求时，学校将从实验条件改善、学科建设、高层次人才引、人员编制等方面优先保障这类专业，并在办学经费方面给予政策倾斜和支持。

第六，受到黄牌警告的专业次年综合预警指标值未排在最后二名的，经招生领导小组研究报校长办公会批准后，可以摘牌。

第七，对有很好学科基础、具有较强的师资队伍，且本年度招生规模较大的专业，第二次黄牌警示后将大幅缩减招生计划，减幅达30%以上直至最小规模（30人自然班）。

第八，被红牌停招的专业，教务处会同人事处另行制定被停招专业教师年度岗位任务考核办法。

2014年10月13日

（**资料来源**：北京印刷学院）

附　录

高校招生、培养、就业联动机制与人才培养特区建设调查问卷

尊敬的各位领导、各位老师：

您好！本问卷是北京市教委重点课题“高校招生培养、就业、联动机制建设与人才培养特区建设研究”调查的一部分，旨在了解行业特色高校招生、培养、就业联动机制建设与人才培养特区建设的相关情况，请您百忙之中根据您所了解的情况给予回答和帮助。

衷心感谢您对本次调查的大力支持，谢谢合作！

北京印刷学院课题组

2015 年 4 月 20 日

一、贵校基本情况

1. 贵校的类型？（　　）（单选题）

A. 教育部直属院校　　B. 省市主管院校

C. 地方市属院校　　D. 其他部委院校

2. 贵校的本科学生规模总数？（　　）

3. 贵校的本科专业数？（　　）

4. 贵校的省部级以上本科特色专业总数？（　　）

二、有关招生培养就业联动机制情况

1. 贵校是否已经建立了招生、培养、就业联动机制？（　　）（单选题）

A. 是　　B. 否

C. 正在建立　　D. 没有考虑过

E. 不了解

2. 您认为高校有必要建立招生、培养、就业联动机制吗？（　　）（可多选）

A. 完全有必要　　B. 有一定必要性

C. 完全没有必要　　D. 说不清楚

3. 您认为实施招生、培养、就业联动机制的主要目的是什么？（　　）（可多选）

A. 促进教育教学改革　　B. 调整专业结构

C. 更好培养人才　　D. 做好就业工作

E. 做好招生工作　　F. 推动专业特色与内涵建设

4. 您认为贵校的专业结构合理吗？（　　）

A. 很合理　　B. 较合理

C. 不太合理　　D. 很不合理

E. 说不清楚

5. 您认为贵校应该重点建设的专业比例？（　　）

A. 10%以内　　B. 11%—20%

C. 21%—30%　　D. 31%—40%

E. 40%以上

6. 您认为贵校应该逐步退出的专业比例？（　　）

A. 10%以内　　B. 11%—20%

C. 21%—30%　　D. 31%—40%

E. 40%以上

7. 您认为招生、培养、就业联动指标体系中哪一方面的指标更重要？（　　）

A. 招生方面的指标　　B. 培养方面的指标

C. 就业方面的指标　　D. 其他____________

8. 您认为招生、培养、就业联动指标体系中招生方面应该包括哪些指标？（　　）（可多选）

A. 专业报考一志愿率　　B. 报到率

C. 优秀生源（一本生源）率　　D. 其他____________

9. 您认为招生、培养、就业联动指标体系中培养方面应该包括哪些指标？（　　）（可多选）

A. 专业净转学生比率　　B. 专业学业警示学生所占比率

C. 专业学生结业率　　D. 专业考研率

E. 专业出国率　　F. 其他____________

10. 您认为招生、培养、就业联动指标体系中就业方面应该包括哪些指标？（　　）（可多选）

A. 签约率　　B. 就业率

C. 考研率　　D. 出国率

E. 就业与专业对口率　　F. 社会需求情况

11. 您认为实施招生、培养、就业联动机制最重要的环节？（　　）（可多选）

A. 专业设置和调整　　B. 人才培养模式改革

C. 课程开发　　D. 实践教学设计

E. 编写特色教材　　F. 课程开发

G. 师资队伍建设

12. 您认为实施招生、培养、就业联动机制最重要的相关配套机制？（　　）（可多选）

A. 产学研联合人才培养机制　　B. 专业预警与退出机制

C. 教学改革机制　　D. 社会化专业评价机制

E. 专业建设经费投入配套机制

13. 你认为实施招生、培养、就业联动机制关键层面是？（　　）

A. 学校领导　　B. 招生教务就业相关职能部门

C. 二级学院　　D. 专业层面

三、有关人才培养特区建设情况

1. 贵校建立人才培养特区的班级数？（　　）

A. 0　　B. 1—3 个

C. 4—6 个　　D. 6 个以上

2. 贵校参加人才培养特区的学生人数？（　　）

A. 0　　B. 50 人之内

C. 51—100 人　　D. 101—150 人

E. 151—200 人　　F. 200 人以上

3. 您认为有必要建立人才培养特区吗？（　　）（可多选）

A. 完全有必要　　B. 有一定必要性

C. 很难说有必要性　　D. 完全没有必要

4. 贵校对人才培养特区每年经费投入情况？（　　）

A. 100 万元以内　　B. 101 万—200 万元

C. 201 万—300 万元　　D. 301 万—400 万元

E. 400 万元以上

5. 您觉得建立人才培养特区的模式是？（　　）（可多选）

A. 行业人才培养实验班　　B. 国际化人才培养实验班

C. 对接企业的人才培养实验班　　D. 突出基础素质能力培养实验班

6. 贵校建立人才培养特区的模式是？（　　）（可多选）如无，可直接跳过本题。

A. 行业人才培养实验班　　B. 国际化人才培养实验班

C. 对接企业的人才培养实验班　　D. 突出基础素质能力培养实验班

7. 您认为建立人才培养特区的哪一个环节最重要？（　　）（可多选）

A. 培养目标对接社会需求　　B. 人才培养模式改革

C. 课程与教材开发　　D. 实践教学设计

E. 培养目标定位　　F. 师资队伍建设

8. 您认为目前在人才培养特区建设中最为突出的问题是？（　　）（可多选）

A. 人才培养目标定位不准　　B. 人才培养模式改革不配套

C. 缺乏特色课程与特色教材　　D. 学生质量不高

E. 师资队伍水平不够　　F. 培养目标不能有效对接社会需求

9. 您认为做好人才培养特区建设最重要的是？（　　）（可多选）

A. 学校领导重视　　B. 培养目标清晰

C. 经费及师资力量等的投入　　D. 学生的选拔

E. 人才培养模式

四、有关您的个人情况

1. 您是属于哪一个部门的教师？（　　）

A. 校级领导　　B. 教务管理部门

C. 招生就业管理部门　　D. 二级学院领导

E. 专业负责人　　F. 一线专业教师

2. 您的职称是什么？（　　）

A. 初级职称　　B. 中级职称

C. 副高职称　　D. 正高职称

3. 您在高校工作的时间有多长？（　　）

A. 5 年以内　　B. 5—10 年

C. 10—20 年　　D. 20 年以上

问卷到此结束，感谢您的配合和支持！

后　记

教育是导引人类步入文明的天梯，教育要与生产活动相结合，要适应社会发展并为社会发展服务。高等教育的发展要始终围绕国家发展和民族振兴的需要，这是高等教育发展的外部规律。高校的核心功能和首要任务是人才培养，人才培养要以社会需求为导向。

供给和需求是经济学研究的永恒主题，也是经济社会发展中一对重要的数量关系。当一种要素或资源的供给和需求达到平衡状态时，表明其配置处于最佳的均衡状态，也是一种理想状态；当供给大于需求时，则会出现供给过剩，会造成要素或资源的浪费；反之，当供给小于需求时，则会出现供不应求的状况，表明社会需求没有得到有效的满足。近年来，我国高等教育人才培养与社会需求严重脱节，一方面是人才供给满足不了国民经济和社会发展的需求，另一方面是大学生“就业难”。从绝对数量来看，高等教育在校学生数从1998年的643万上升至2015年年底的3700万人，17年间增长了近6倍。2013年全国高校毕业生规模达到700万，2014年达到727万人，2015年为749万人，2016年超过

760万人。大学生“就业难”这一主流现象不仅没有得到有效的缓解甚至愈演愈烈，随着大学生就业形势的日益严峻，毕业生就业率和就业满意度成为衡量高校人才培养质量的重要标尺。

提高高等教育办学质量是国际范围内所有国家的高校所共同面对的热点问题，也是一个难点问题，各国都在进行改革尝试和探索。设立人才培养特区，建立招生、培养、就业联动机制就是根据经济社会发展对人才需求的内在关联性，彻底扭转社会需求与招生专业、人才培养和学生就业等各自为政的分裂状态，形成与产业发展需求相适应的专业设置、招生、培养和就业动态调整机制，更好地满足社会需求，缩小社会对人才的需求与高校人才培养之间的差距，切实提高高校人才培养与社会需求之间的契合度。

产业转型升级要求调整和优化高等教育结构，供求不匹配倒逼高校进行学科专业结构的调整和优化，高校的人才培养必须适应产业领域出现的重大变革和转型。当前，我国不仅处于产业转型升级的战略机遇期，而且经过30多年的高速发展，经济发展进入了新常态，由过去的高速增长向中高速增长转变，必然要求产业从中低端向中高端方向发展，企业需从劳动密集型向资本技术知识密集型转变。

从需求方面来看，麦肯锡全球研究院发布的《全球劳动力报告：35亿人的工作、薪资和技能》报告显示，到2020年中国用人单位将需要1.42亿受过高等教育的高技能人才，如果劳动者的技能不能进一步提升，中国将面临2400万的人才缺口。

从供给方面来看，近年来，我国高校办学趋同现象严重，学科专业设置扎堆，造成学校之间的激烈竞争，出现一个种群驱逐另一个种群或种群之间两败俱伤的情况。不少高校的发展已经陷入“学院升格为大学，单科性大学转变为综合性大学，然后向研究型大学靠拢”的简单逻辑困境。许多高校把主要精力放在追求学科专业的“大而全”，专业陈旧雷同，人才培养模式与实际需求脱节。一些行业背景非常鲜明的学校热衷于升格或更名，放弃了历史积淀而成的传统优势和特色。

产生如上问题的深层次原因，是我国高等教育体系对经济社会的变化和科学技术的进步响应迟滞，学校缺乏科学的定位，高校评价机制单一，人才培养的类型、层次特征不清晰，办学封闭化倾向严重，缺乏与行业企业需求和区域经济社会发展需求紧密结合的机制。因此，亟须重构高校的生态，实现高校办学定位的精准化和科学化。在经济全球化和高等教育国际化深入发展的背景下，行业特色类高校如何围绕行业和社会需求提高人才培养质量是实践向理论界提出的一个重大课题。

《行业特色类高校人才培养模式改革与探索》一书，是2014年度北京高等学校教育教学改革重点项目（编号：2014－lh05）——“行业特色类高校设立人才培养特区与建立招生培养就业联动长效机制研究”的成果。研究的理论基础是：人才需求和供给动态平衡的原理；高校办学定位必须与国家经济社会发展和行业需求相适应，人才培养必须支撑国民经济和社会发展的原理；行业特色类高校的人才培养要适应行业发展需求的规律。课题研究的实践基础是：我国最早探索招生、培养、就业联动机制的是北京工业大学。从2006年起，北京工业大学及部分院校开始建立“招生、培养、就业和定岗定编”联动机制，就业工作同人才培养质量一样，逐渐成为衡量学院工作的重要考核指标之一。其后，南京大学、湖南大学、广州大学、北京第二外国语学院等也都先后进行了这方面的探索与尝试，2010年内蒙古自治区所有普通高校建立起就业与招生联动机制。课题立项之后，课题组先后调研了国内十多所行业特色比较鲜明的高校，发放了1000份调查问卷，在系统总结、分析和梳理的基础上，完成了行业特色类高校建立招生、培养、就业联动长效机制的调研报告和若干专论与专报，形成了若干个具体的实施方案或办法。通过本课题的研究，推进了对行业特色类高校人才培养规律的探索，促进了高校“招生、培养与就业”联动机制的常态化。课题组形成的认识如下：

（1）行业特色高校人才培养要坚持“行业急需”导向，构建以“就业为龙头，以招生和培养为两翼”的雁行人才培养模式。学校学科专业结构要适应行业发展的需求，要认真把握行业产业的发展趋势，及时更新和调整人才培养实验班的培养方案和教学内容；要优化学科专业结构，强化特色专业建设，深入推进人才培养模式、课程体系、教学大纲、教学内容和实践教学改革。

（2）人才培养过程要加强实践环节和学生创新素养的培育。要加大学科专业结构调整、强化实践教学环节，在教学过程中要重视学生创新精神和能力的培养。特别是要采取多种形式帮助学生在从事课外活动过程中，走向社会、走向企业；要在教育与行业发展需求紧密结合中探索创新人才培养模式。

（3）改革评价方式。评价指标的设置要多一些实践、少一些理论；培养过程要多一些工场、少一些教室，要从传统的结果评价转向更加重视过程评价。高校评价指标体系的设计要充分体现分类指导原则，要设计一些能够反映内涵、特色、社会贡献等方面的指标。要重点考察办学定位对经济社会和行业发展需求的适应度，要鼓励学校合理定位、特色发展，在不同层次、不同行业办出水平，争创一流。

（4）加强特色专业建设。要根据行业发展动向，在新专业培育上重点考虑新兴学科和交叉学科专业，新增复合、交叉、边缘型的学科专业，力争做到“人无我有”，形成各自不同的方向和特点，建设学校的王牌专业和龙头专业，这对于吸引优秀生源、培养品牌学生，对于增强学校的实力和知名度，更好地满足行业和社会发展对人才的急需具有十分重要的意义。

在我国高等教育面临转型和结构调整优化的宏观背景下，针对行业特色类高校人才培养模式的探索和研究是一个崭新的课题。从理论层面看，研究和探讨行业特色类高校人才培养模式是高等教育研究的前沿领域，比较系统地研究中国行业特色类高校人才培养模式和人才培养质量的专著、研究报告或论文较少，对行业特色类高校人才培养的规律研究也不多见；从实践方面看，面对我国高等教育国际化和国家建设一流大学、一流学科的现实，不论是理论界、政府主管部门还是高等教育领域，都比较重视改革的实质性推进，而对行业特色类高校已经或正在出现的转型和人才培养模式却缺乏理论上的总结和梳理。缺乏理论指导的实践是盲目的实践，同样，对实践缺乏总结的改革也是不能持久的。因此，基于当前的现实，迫切需要从行业特色类高校办出特色、办出水平、提高人才培养质量的角度探讨行业特色类高校人才培养模式改革问题。本课题的研究以及本书的出版不仅在理论上拓展了高等教育研究的理论视野，同时也为政府教育管理部门制定推动我国行业特色类高校差异化发展的相关政策提供借鉴和指导。

《行业特色类高校人才培养模式改革与探索》一书是在对课题研究成果进行整理完善的基础上形成的。主要内容包括绪论、总报告、研究专论、研究专报、典型高校案例、招生培养就业联动相关制度等部分。绪论部分主要立足于我国高等教育发展的现状和发展中出现的问题，探讨了中国高等教育的改革对策；总报告部分主要内容包括行业特色类高校的特点与设立人才培养特区的立足点，行业特色类高校在招生培养就业三个方面存在的问题，行业特色类高校设立人才培养特区的基本情况及主要做法，人才培养特区建设中出现的问题及保障措施，行业特色类高校典型高校成功经验总结的案例：分析与借鉴，行业特色类高校招生培养就业联动机制构建中国际经验的借鉴，行业特色类高校招生培养就业联动长效机制构建的保障措施等内容；专论部分主要汇编了课题组成员发表的与本课题相关的研究论文；典型案例部分汇集了国内一些行业特色鲜明的高校在人才培养方面经验介绍和总结，以供学习和参考；高校招生培养就业联动机制与制度部分汇集了若干个高校建立招生培养就业联动长效机制的制度文件，这些做法已经被实践证明是行之有效的，具有很强的借鉴和推广价值。

本课题负责人为王关义教授和韩占生教授，课题组成员包括刘益、张文红、张改梅、魏荷凤、闫朝等。研究生王乐娟、刘苏、王羽辰、胡慧中、折佩微、张辰旭参与课题资料的整理和相关专报的写作工作。课题立项之后，课题组先后组成由近20多人组成的调查小组，先后赴昆明理工大学、青岛大学、北京农学院、北京服装学院、首都经济贸易大学、北京物资学院、北方工业大学、广东财经大学、西安理工大学、西北政法大学、景德镇陶瓷大学、景德镇学院、兰州文理学院等高校调研，进行交流和访谈，向十多所高校主管教学的副校长或教务处长或相关二级学院发放调查问卷，取得了大量第一手资料，经过对这些调查问卷的系统梳理和分析形成了本书的研究成果。本书的具体分工为：王关义教授负责课题及全书的整体研究设计和结构安排，承担绪论以及总报告、部分专报、专论的撰写，刘益教授承担总报告和相关专论的写作，其他成员的贡献在书中相关章节已逐一标出，书中的观点仅代表课题组的研究发现或理论认同，相应文责自当由作者自负。

在课题调研过程中，如下高校的领导为本课题的研究提供了鲜活、丰富的、来自高校一线的资料和数据，对课题组给予无私的支持和帮助，在此一并致谢。他们是：昆明理工大学副校长易健宏教授、青岛大学原校长王安民教授、北京农学院副校长范双喜教授、教务处长张喜春教授、北京服装学院副校长贾荣林教授、首都经济贸易大学副校长王传生教授、北京物资学院副校长许晓革教授、北方工业大学副校长罗学科教授、教务处长王景中教授、广东财经大学副校长杜承铭教授、教务处长李俊教授、西安理工大学党兴华教授、西北政法大学管理学院院长张荣刚教授、景德镇陶瓷大学原副校长左和平教授、景德镇学院院长陈雨前教授、兰州文理学院校长汪建华教授、北京电子科技职业学院副院长安江英教授。也要感谢北京市教育委员会高等教育处处长邵文杰、中国地质大学副校长王训练教授、北京理工大学副校长李和章教授、北京印刷学院校长罗学科教授、副校长田忠利教授，以及魏超教授、杨虹教授、李子臣教授，此外还有高杨文、贺军生、王巍、姜东升、孙鹏等领导、专家和各位同仁所给予的咨询、支持和帮助。

本书能够付梓，首先感谢北京市教委对本研究的慷慨资助，同时感谢上述高校的领导和专家对课题所给予的咨询和帮助，也要感谢北京印刷学院李柴飞、张焕英以及本书编辑周桂元编审为本书出版所给予的帮助和付出的辛勤劳动。

在研究和写作过程中，课题组参阅了大量相关研究文献，吸收和引用了同行先期的部分研究成果，这里对这些文献的作者一并表示衷心感谢。由于调查问卷设计以及调研有限等方面原因，加之所掌握的分析资料以及研究水平所限，书中疏漏和不足之处恳请各位专家和读者批评指正。衷心希望本课题的研究成果能够为政府相关职能部门制订推动我国高等教育分类评价体系改革和人才培养质量提高的相关政策产生启发和借鉴之效。

王关义

2016 年 6 月 28 日